歩いて学ぶ日本古代史

新古代史の会［編］

1

邪馬台国から大化改新まで

吉川弘文館

はしがき

かつて、大学の恩師であった故下出積與先生は、学生時代の私にこう仰った。「君、史蹟の「蹟」という字は、足偏がついているだろ？　だから足で歩いて歴史を学ぶのも勉強法の一つなんだ」その言葉が、今も自分の耳から離れない。学生・院生時代は下出ゼミのおかげで近江・熊野・若狭・金沢・佐渡・吉備・東北地方と、あちらこちらの遺跡を見学した。さらに学生時代に自転車部であった自分は、一人ではその究極的にエコな交通手段を用い、これまた諸国の遺跡をめぐった。さらにその後、自分は古代の地方寺院を研究するようになり、全国の遺跡を巡るようになる。本書を編集しようという企画の出発点は、その恩師の言葉にある。

本書は、「学ぶ日本古代史」シリーズの第三弾になる。最初の『テーマで学ぶ日本古代史』も、次の『人物で学ぶ日本古代史』もおかげさまで大変好評をいただき、それぞれ重版となった。これらのシリーズは、これから日本古代史を学ぼうとする学生をはじめとする初学者の方々に、古代史の魅力と最新の研究成果をわかりやすく、かつ授業などで参考にしやすく解説した書として企画した。本書もその姿勢を継続している。

本書は「歩いて学ぶ」の文字通り、古代史上重要な遺跡に焦点を絞り、その遺跡の性格がどのような意義を持つのかを解説している。第一巻は古墳・飛鳥時代と大和王権の成立から大化改新までに焦点を絞り、第二巻では奈良時代を中心に律令制国家の成立から展開を、そして第三巻は平安時代に焦点を絞る。そのうえで東は東北から西は九州まで、各地の遺跡の古代史上における概要を解説する。通例このような遺跡を解説するときは、その遺跡の発掘担当者に執筆をお願いするのが常道だが、遺跡自体の解説よりも古代史の全体像からその遺跡の意義を概観するというところに目的を置いた。そのため、執筆者はいつものように新古代史の会のメンバーをはじめ、さらにその遺跡を解説するに相応しい精鋭の古代史研究者にお願いした。

だから本書は、単なる遺跡のガイドブックではない。したがってその遺跡に行くための交通手段など、便利な情報はほとんど載せていない。まして周辺のグルメ情報などは、まったくない。旅行を楽しむための本ではなく、遺跡を知るために必要な古代史の知識、地図・参考図書を掲げた、古代史研究のための入門書である。何よりその遺跡を理解するための古代史の最新研究成果が盛り込まれている。

本書で画期的なのは、その遺跡を現地で理解するための博物館や資料館のホームページに、QRコードからアクセスができることであろう。古代史を理解するには、その遺跡だけでなく、そこから出土する土器や瓦などの遺物、木簡・墨書土器・文字瓦などの文字資料も重要である。そしてそれらを現地で実見することによって、改めてその遺跡を理解し、古代史上でなぜこの遺跡が重要なのかを知ることができる。

遺跡を理解するためには、まず行く前の下調べが必要だ。そして現地に行って、改めて遺跡の立地や景観を実感することが重要である。もちろん現在ではその景観の中に鉄道や高速道路、工場、そしておびただしい数の住宅なども目に入ってくる。だが、それらを包容する山や川は、ほとんど今も変わらない。遺跡を学ぶためには、その場に立ち古代の情景を思い浮かべるという、たくましい想像力が要求されるのだ。そしてその想像力を得た瞬間に、千三百年の時空を飛び超えることができ、古代史を学ぶ者にとって至福の時間を得ることができる。そしてそこから帰った後、本書を読み返すことによって、古代が現代の自分のものになる。

もちろん遺跡によっては、十分な史跡整備が行われていないものもある。残念なことだが、今や地方の自治体に遺跡を整備する余力は無く、忘れ去られようとしている遺跡も数多い。しかしもう一度考えてほしい。我々は先人たちから、さまざまな遺産を受け継いできた。史跡・遺跡も然りだ。それを現代の都合で、このまま次の未来に渡してよいのであろうか。

本書を手にして、各地の遺跡に足を運ぼう。そうすることによって、改めてその遺跡の重要性を知ることができるのではないか。そして遺跡を未来へ、という声が積み重ねられれば、遺跡や文化財の保護にまた光を当てることができるのではないか。まず足もとを見よう。そしてその地域に誇るものがあれば、だれもが自分の住んでいる村や町、そしてやがてはこの国を大事にしようと思える日が来るのではないか。郷土愛や愛国心は、国会や学校から発せられるものではない。声を発しない大地から学ぶものなのだ。

現在、大学では古代史を勉強しようという学生が少なくなっている。たとえ古代の遺跡であっても、その上に中世、近世、近現代と積み重なっているのが「歴史」である。「歴史」を学ぶ原点は何か。日本人はこれからどこへ行くのであろうか。その疑問を解決するためには、まず原点に立つことが大事だ。だから、まずわれわれの原点である古代を、日の光を浴びて足を使って歩いて学んでみないか。教室や部屋の中、そして書物の中では見られない風景が、きっと目の前に現れるはずである。

さあ、「書を捨てよ町へ出よう」（寺山修司）ではなく、「本書を持とう遺跡へ出よう」ではないか！

新古代史の会代表幹事

三舟隆之

目次

Ⅱ　政治の舞台、飛鳥・難波

附編　伝承の世界を歩く

＊ＱＲコードは（株）デンソーウェーブの登録商標です。
＊本書所載の地図は特に断りのない限り、地理院地図Ｖｅｃｔｏｒをもとに作成しています。

①虎塚古墳→ p274
②愛宕神社（天竜谷津）→ p243
③埼玉古墳群→ p45, 88
④走水神社→ p226
⑤花の窟→ p58
⑥紀温湯→ p183
⑦浦嶋神社→ p251
⑧揖保里→ p235
⑨津島遺跡・造山古墳→ p2, 78
⑩伊賦夜坂→ p58
⑪出雲大社→ p116
⑫伊予温湯→ p183
⑬王塚古墳→ p274
⑭那珂・比恵遺跡→ p2
⑮八女古墳群→ p68
⑯江田船山古墳→ p45
⑰法隆寺→ p171
⑱纒向遺跡・箸墓古墳→ p2, 15
⑲飛鳥・藤原→ p105, 143, 157, 266
⑳葛城→ p105, 130
㉑吉野→ p259
㉒古市古墳群→ p30
㉓百舌鳥古墳群→ p30
㉔難波宮→ p195
㉕阿武山古墳→ p209
㉖有間温湯→ p183

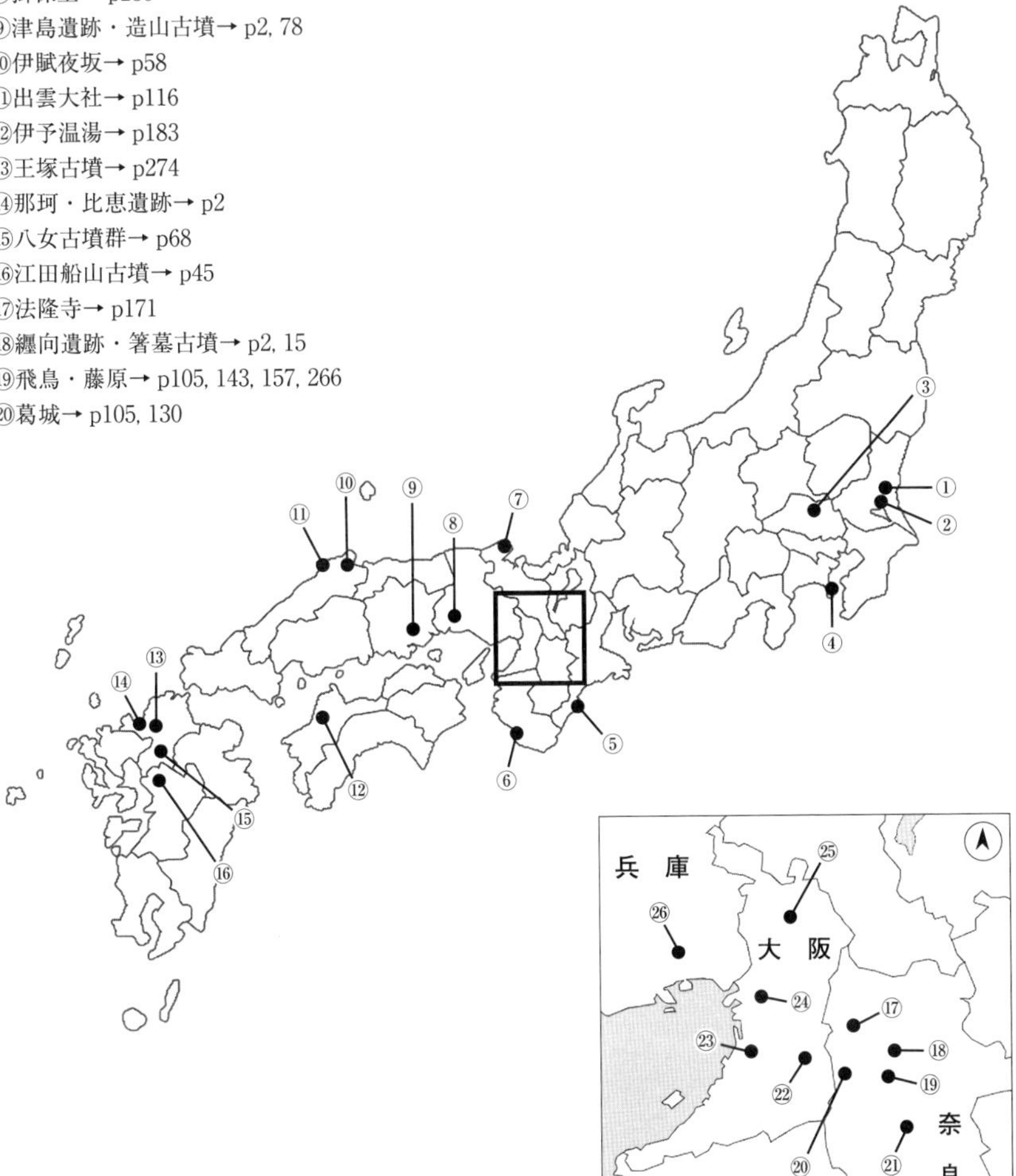

本書でとりあげる主な遺跡

I

列島を駆ける古代人

『魏志』倭人伝を歩く
――九州から畿内へ――

西本昌弘

一　女王卑弥呼と邪馬台国

卑弥呼と魏の交流

倭国ではもともと男子が王であったが、二世紀後半に長い戦乱が続いたのち、二世紀末頃一女子の卑弥呼《ひみこ》を共立して王とした。女王卑弥呼が都を置いたところが邪馬台国《やまたいこく》である。卑弥呼は景初三年（二三九）に朝鮮半島にあった帯方《たいほう》郡を通じて、魏《ぎ》の都洛陽《らくよう》に使者を送り、魏の天子から「親魏倭王《しんぎわおう》」に任命され、金印とともに錦・白絹・銅鏡などを与えられた。帯方郡から派遣された魏の使者が倭国を訪れ、これらの品々を届けたのである。『魏志《ぎし》』倭人伝《わじんでん》には、帯方郡から邪馬台国にいたるまでの旅程が方位・里数・日数によって示されており、邪馬台国には「居所《きょしょ》・宮室《きゅうしつ》・楼観《ろうかん》・城柵《じょうさく》」があったと伝えている。これらは倭人諸国に足を運んだ魏使が、直接見聞したところを記録したものと考えられる。

邪馬台国位置論争

倭国の都である邪馬台国の位置をめぐる論争は現在も継続中であるが、近年では奈良県桜井市の纒向《まきむく》遺跡において大きな発見が相次ぎ、畿内大和説が次第に有力になりつつある。一方、佐賀県では弥生時代最大級の環濠集落である吉野ヶ里《よしのがり》遺跡（吉野ヶ里町・神埼市）が発見され、九州に存在した有力なクニの姿が確認できることになった。しかし、弥生時代を通して九州の政治的中心は福岡県の奴国《なこく》であり、ここから南下するほど中国鏡などを出土する有力な遺跡は減少する（中山　一九三一）。奴国が邪馬台国でない以上、邪馬台国は九州以外の地に求められる可能性が高いのである。

ここでは、『魏志』倭人伝の旅程記事を参照しながら、帯方郡から九州の奴国へ、奴国から投馬《つま》国へ、さらに投馬国から邪馬台国へのルートを追体験しつつ、それぞれの有力な比定地で発見された遺跡・遺物などの概要を紹介してみたい。

二　奴　国

帯方郡から奴国へ

帯方郡は楽浪《らくろう》郡の南半に設置された中国の郡で、当初の郡役所は現在の韓国ソウルにあったと思われるが、まもなく北方の黄海道に後退した。この帯方郡から海岸にしたがって水行し、七千余里で狗邪韓国《くやかんこく》に到着する。狗邪韓国はのちの加耶《かや》国と同じで、現在の韓国金海にあたる。狗邪韓国から先の旅程は次のようである。

始めて一海を度《わた》ること千余里、対馬国に至る。……又南、一海を渡ること千余里、名づけて瀚海《かんかい》と曰う。一〔支〕大国に至る。……又一海を渡ること千余里、末盧《まつろ》国に至る。……東南、陸行五百里にして伊都《いと》国に到る。

……東南、奴国に至る百里。

朝鮮半島南端の狗邪韓国から海を渡り、対馬国・一支国を経由して末盧国にいたる。ここから陸上交通に転じ、東南五百里で伊都国、さらに伊都国から東南百里で奴国に到着する。末盧国はのちの肥前国松浦《まつうら》郡、伊都国は筑前国怡土《いど》郡、奴国は筑前国那珂《なか》郡にあたり、『魏志』倭人伝にみえる国名はのちの郡名に対応する場合が多い。

魏使が経由したのは各国の政治的中心地であると思われるが、重要遺跡の分布から、末盧国は佐賀県唐津市桜馬

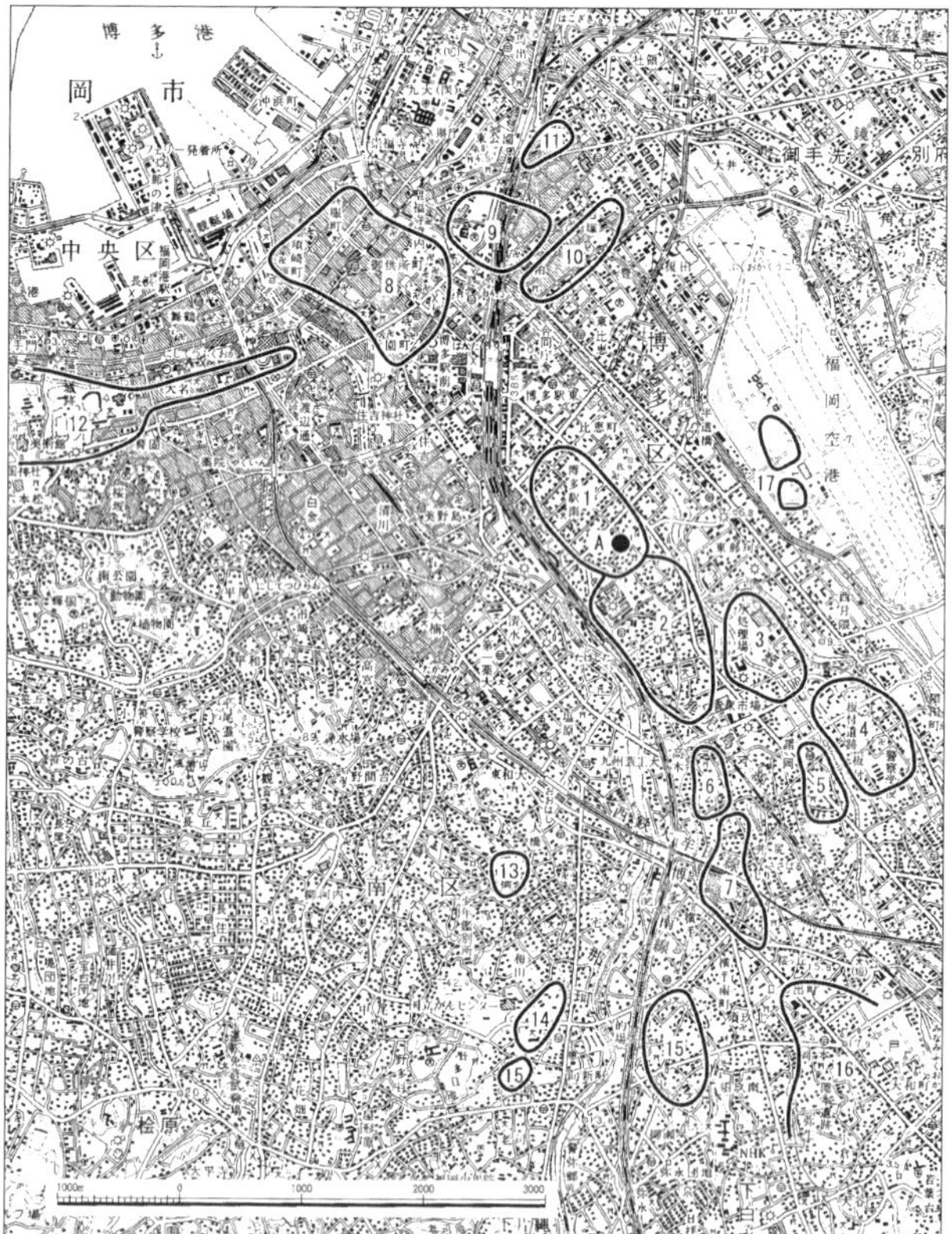

1. 比恵遺跡群　2. 那珂遺跡群　3. 那珂深オサ遺跡　4. 板付遺跡　5. 諸岡遺跡　6. 五十川高木遺跡　7. 井尻遺跡群　8. 博多遺跡群　9. 堅粕遺跡群　10. 吉塚遺跡群　11. 吉塚本町遺跡群　12. 福岡城　13. 三宅廃寺　14. 野多目拈渡遺跡　15. 日佐遺跡群　16. 須玖遺跡群　17. 雀居遺跡群　A. 比恵遺跡群 第82次地点

比恵遺跡群と周辺の遺跡（『福岡市埋蔵文化財調査報告書第832集 比恵遺跡37』2004年より）

場付近、伊都国は福岡県糸島市三雲《みくも》・井原《いわら》付近に政治的中心地が存在したと考えられている（西谷　二〇〇九）。

奴国はのちの筑前国那珂郡をさし、現在の福岡市・春日市を中心とする地域にあたる。『日本書紀』は博多湾周辺の地名を「儺県《なのあがた》」（仲哀八年条）、「儺河《なのかわ》」（神功摂政前）、「那津《なのつ》」（宣化元年条）、「娜大津」（斉明七年三月条）などと記し、『後漢書《ごかんじょ》』東夷伝《とういでん》に建武中元二年（五七）、倭の奴国が奉貢朝賀したとある。博多湾に浮かぶ志賀島《しかのしま》から「漢委奴国王《かんのわのなのこくおう》」と刻まれた金印が出土したことは有名である。那珂郡の地域が古くは奴国・儺県・那津などと称されたことがわかる。

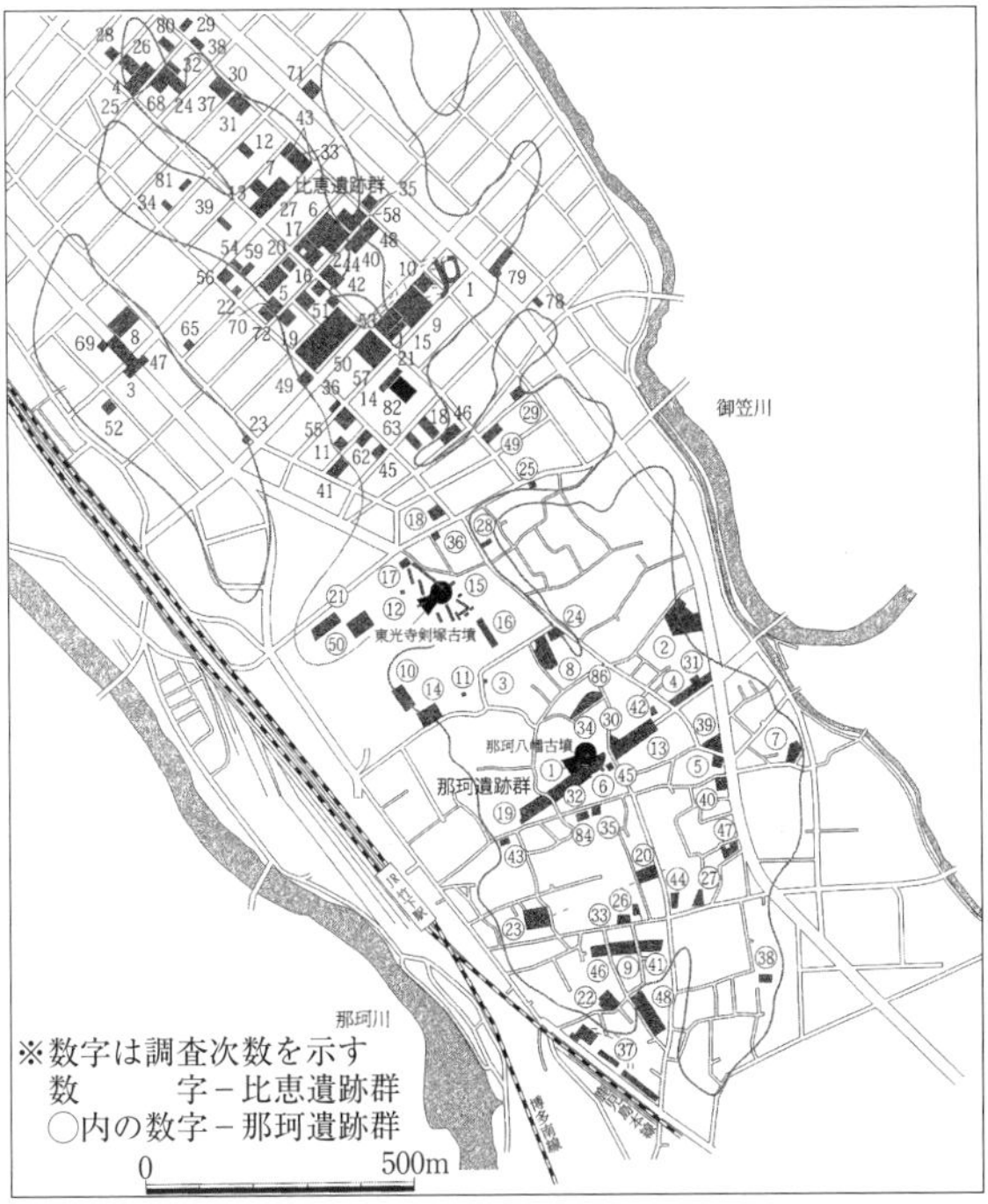

那珂・比恵遺跡調査区位置図（『福岡市埋蔵文化財調査報告書第832集　比恵遺跡37』2004年より）

須玖岡本遺跡と那珂・比恵遺跡

奴国の政治的中心地は須玖岡本《すぐおかもと》遺跡群（春日市岡本町）や那珂・比恵《ひえ》遺跡（福岡市博多区）の地に求められる。須玖岡本遺跡群のなかの大石下の甕棺墓《かめかんぼ》からは前漢鏡三十三面前後、銅剣・銅矛・銅戈計八本以上、ガラス製璧、玉類など顕著な遺物が出土し、弥生時代中期後半（前一世紀後半）の奴国王の墓とみなされている。須玖岡本遺跡から北へ約五㌔、ＪＲの博多駅から竹下駅までの間の東側に広がる那珂・比恵遺跡は、那珂川と御笠川

那珂八幡古墳

にはさまれた平野上に広がる北部九州屈指の集落遺跡で、奴国の拠点集落としてふさわしい。

那珂遺跡のなかにある那珂八幡《なかはちまん》古墳は古墳時代前期初頭の前方後円墳で、前方部が狭小な纒向型の墳丘を呈する。後円部北西側の土壙墓《どこうぼ》からは画文帯五神四獣鏡《がもんたいごしんしじゅうきょう》が出土したが、これと同じ鋳型で作られた同笵《どうはん》鏡《きょう》が椿井大塚山《つばいおおつかやま》古墳（京都府山城町）や備前車塚《びぜんくるまづか》古墳（岡山市中区湯迫《ゆば》）から出土している。椿井大塚山や備前車塚は邪馬台国や投馬国の王墓もしくは有力者墓と考えられているので、那珂八幡古墳は三世紀後半の奴国の王か有力者の墓とみてよいだろう。

須玖岡本遺跡群の一帯には奴国の丘歴史公園が整備されており、出土品を展示する春日市奴国の丘歴史資料館も建てられている。ここから北へ約五キロの場所に広がるのが那珂・比恵遺跡である。現在は市街地化が進み往時を偲ぶことはできないが、出土品は福岡市埋蔵文化財センターに展示されている。

三　投馬国

奴国から投馬国へ

『魏志』倭人伝は奴国から先の旅程を、次のように記している。

東行、不弥《ふみ》国に至る百里。……南、投馬《つま》国に至る水行二十日。

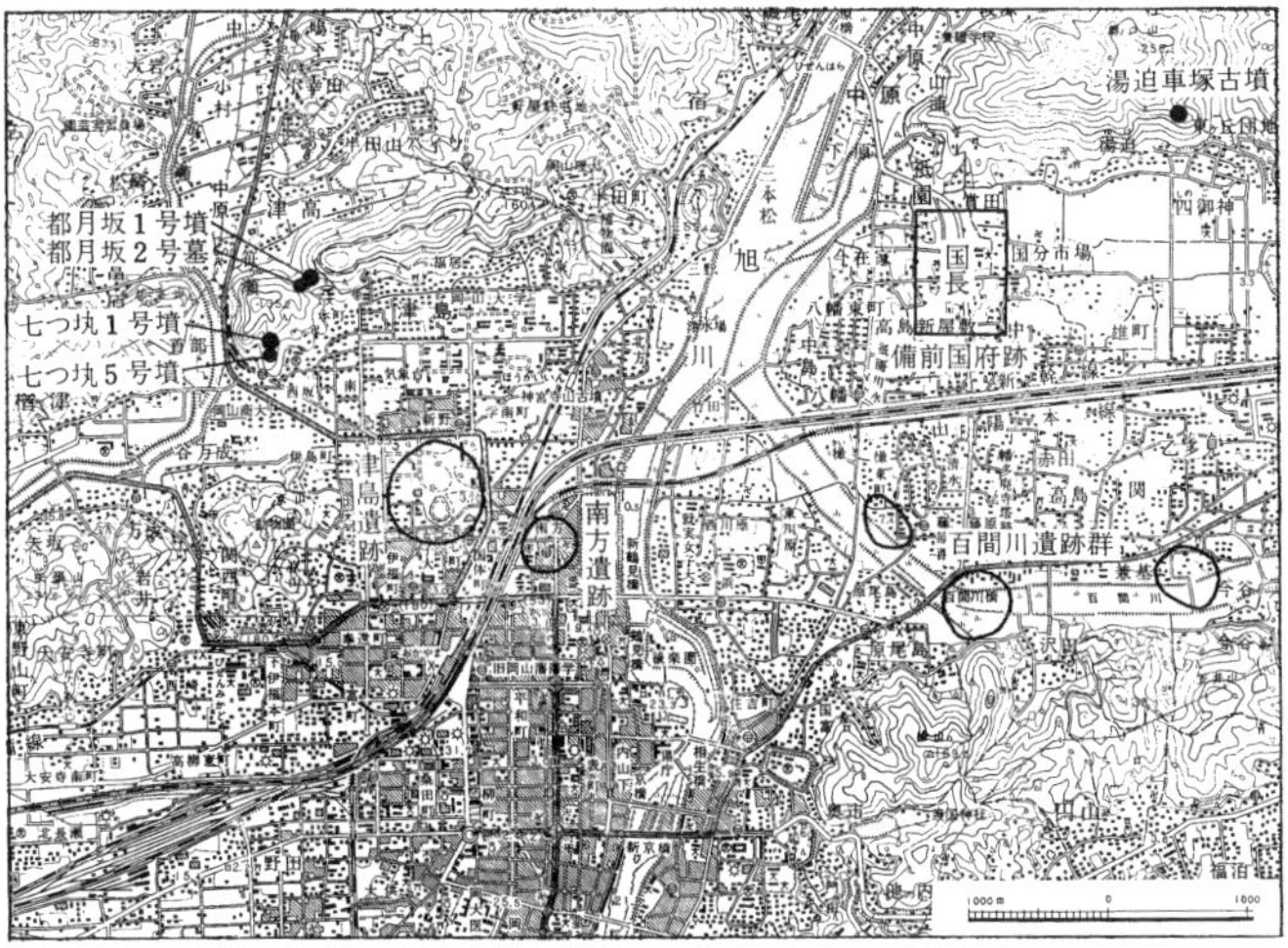

旭川流域の主要遺跡（西本　1991）

奴国から東に行くこと百里で不弥国に至り、そこから南へ水行二十日で投馬国に至るというのである。不弥国の政治的中心地については、宇美《うみ》説、穂波《ほなみ》郡（現在の福岡県飯塚市）説、太宰府説などが唱えられているが、立《たて》岩《いわ》遺跡のある飯塚付近に求めるのが有力説といえよう。いずれにしても、不弥国は福岡県の北東部に収まるので、その不弥国から文字通り「南」に向かえば、九州の中南部に投馬国が求められることになる。筑後の上妻《かみつま》郡・下妻《しもつま》郡説、日向の都万《つま》神社説、薩摩国説などがそれである。

一方、畿内説では「南」「水行二十日」の「南」を「東」と読み換え、北部九州から東方の畿内までの間に投馬国を求める。十五世紀初頭に朝鮮で作られた「混一彊理歴代国都《こんいつきょうりれきだいこくと》之図《のず》」では、九州を北、本州を南に倒立した形で日本列島を描いているが、倭に来航した魏使もこれと同様の地理観をもっており、実際には「東」へ進んでいるのを、「南」へ向かっているものと錯覚したと考えるのである（西本　二〇一二）。

北部九州から「東」へ向かったとすると、「水行二十日」の場所にある投馬国は、瀬戸内海沿岸にあった可能性が高くなる。投馬国を瀬戸内海沿岸に求める説には、備後の鞆《とも》・鞆の浦説、備中の玉島《たましま》説、備前の玉野《たまの》説、備中の総社《そうじゃ》平野説、備前の岡山平野説などがあり、かつて吉備《きび》と呼ばれた地域に集中している。このなかで有力なのは楯築《たてつき》遺跡（岡山県倉敷市矢部）のある足守川流域の総社平野説である。

楯築遺跡と備前車塚古墳

楯築遺跡は径約四三メートルの円形の墳丘に二つの突出部をもつ弥生後期後半の大型墳丘墓である。墳丘上には大型の立石をめぐらし、その中央に弧帯文石《こたいもんせき》（通称「亀石」）をすえる。巨大な木槨《もつかく》内の木棺からは大量の朱と玉類が出土した。楯築遺跡の規模と出土品の卓越性から、足守《あしもり》川流域の総社平野に当時の吉備における最有力勢力が存在していたとし（近藤　一九八三）、楯築遺跡を投馬国の王墓とみる意見も唱えられている（西谷　二〇〇九）。

ただし、古墳時代前期初頭になると、岡山平野の旭川流域に多くの前方後円（後方）墳が造営されるようになる。旭川西岸の半田山《はんだやま》丘陵に築かれた都月坂《とつきざか》一号墳・七《なな》つ圦《ぐろ》一号墳・七つ圦五号墳などであり、丘陵南方の津島《つしま》遺跡では弥生時代後期から古墳時代に及ぶ吉備最古の水田・集落遺構が確認された。一方、旭川東岸の竜ノ口山には備前車塚古墳が築かれ、竜ノ口山の南方には大規模集落である百間川《ひやつけんがわ》遺跡群が存在する。とくに備前車塚古墳では竪穴式石室から三角縁神獣鏡十一面を含む銅鏡十三面が出土した。そのうちの画文帯五神四獣鏡は京都府椿井大塚山古墳や福岡市那珂八幡古墳と同笵関係にあり、備前車塚古墳に関係する人物が畿内勢力と並んで同笵鏡配布の中心になったと推定されている（小林　一九六一）。古墳時代の開始時点に吉備の内部で大きな政治的変動があり、政治的主導権を握った備前南部の勢力が、畿内勢力と連合関係を結んだことが想定される（宇垣　一九九五）。新たな連合関係によって吉備を掌握したのが投馬国王で、国王かその側近の奥津城《おくつき》が備前車塚古墳なのであろう。

津島遺跡と津嶋郷

備前車塚古墳の立地する旭川東岸はかつての備前国上道《かみつみち》郡に属し、平安時代以降の備前国府の所在郡であった。備前車塚古墳の築かれた竜ノ口山の南方平野には「国府《こくふ》市場《いちば》」の地名が伝えられている。一方、旭川西岸は備前国御野《みの》郡に属すが、『和名類聚抄《わみょうるいじゅうしょう》』は御野郡に国府があったと記しており、ある時期にはここに備前国の中枢が置かれたようである。御野郡には御野郷・津嶋郷などの六郷が所属するが、現在、岡山大学キャンパスの南側に広がる津島遺跡はこの津嶋郷内に位置した大規模集落といえる。

津島遺跡

そして、この津嶋郷こそ投馬国の政治的中心地であると考えられる。『魏志』倭人伝にみえる倭人諸国の国名は倭語の「松浦《まつうら》」が「末盧《まつろ》」となり、「穂波《ほなみ》」が「不弥《ふみ》」と表現されたように、倭語の第二音節や第三音節を省略する傾向があったから、倭語の「ツシマ」を「ツマ」と表記したとしても不思議はない。備前国御野郡の津嶋郷（岡山市北区津島）は弥生時代後期以来の吉備地方の中枢だったのであり、この地域に投馬国の政治的中心地が存在していたと想定できるのである（西本　一九九一）。

津島遺跡は現在の岡山県総合グラウンド一帯に広がる遺跡であり、総合グラウンドの一角にある津島やよい広場には、竪穴住居・高床倉庫・水田などが復元されている。また、岡山県陸上競技場の一階にある遺跡&スポーツミュージアムでは、津島遺跡から見つかった出土品が展示されている。

四　邪馬台国

三輪山西麓の纒向遺跡

投馬国から邪馬台国までの旅程は次の通りである。

南、邪馬台国に至る、女王の都する所なり。水行十日、陸行一月。

投馬国から「南」に「水行十日、陸行一月」で邪馬台国に到着するという。ここの「南」は前述したように「東」と読み換えるのが畿内説で、「水行十日、陸行一月」は「水行十日、陸行すれば一月」と解釈する説が有力である。北部九州の不弥国から水行二十日で到達できる投馬国が岡山平野にあったとすると、そこから水行なら十日、陸行なら一月で到達できる邪馬台国は、畿内大和方面に求めるのが穏当であろう（西本　二〇一一）。

畿内大和説では以前から三輪《みわ》山の西麓に広がる纒向遺跡が邪馬台国の有力候補地として注目されてきた。纒向遺跡は三輪山西麓の纒向川扇状地に東西約二キロ、南北約二キロにわたって広がる集落遺跡で、二世紀末頃に突然あらわれ、三世紀中頃に急速に拡大し、四世紀前半に終焉を迎える。山陽・山陰・近畿・北陸・東海などから搬入された土器が多く出土し、ここを中心に各地域間の活発な交流が行われたことがわかるため、三世紀における倭国の政治的中心地として注目されている（石野　二〇〇八、寺澤　二〇一三）。

桜井市の辻地区では方位と軸線を揃えた三世紀前半の大型掘立柱建物群が発見された。建物Aと井戸、建物B・建物C・建物Dが東西に整然と並ぶものである。建物Dは東西四間、南北四間（一二・四×一九・二メートル）に復元でき、三世紀では全国最大規模の建物である。建物Bを物見櫓、建物Cを神殿とみる意見（橋本　二〇一四）や、建物Bを楼閣、建物Cを神殿、建物Dを大殿（宮室）とみなす意見（寺澤　二〇一三）が唱えられている。辻地区の大型建物群は三世紀中頃に廃絶するが、東側段丘上の尾崎花地区では三世紀後半から四世紀前半にかけての居館・倉庫・柵列・土塁などが検出されており、纒向遺跡の中心地が前期の辻地区から後期の尾崎花地区に移動したと推測されている（橋本　二〇一四）。

纒向の大型墳丘墓と初期古墳

纒向遺跡の周辺には三世紀前半の大型墳丘墓や三世紀後半の初期古墳が多数分布している。ＪＲ桜井線（万葉まほろば線）の巻向駅を降りると、駅ホームの北西すぐのところに辻地区の大型建物群があり、柱列が復元されている。そこから西方に歩くと、纒向石塚（全長九三メートル）、纒向勝山（一二〇メートル）、纒向矢塚（九六メートル）、東田《ひがいだ》大塚（一二〇メートル）など纒向型の大型墳丘墓が順番に姿をあらわす。東田大塚から南東に約一キロ歩くと、ホケノ山古墳（八〇メートル）や箸墓《はしはか》古墳がみえてくる。箸墓古墳（二八〇メートル）は三世紀中頃に造営された巨大前方後円墳で、埴輪や墳形からみて定型化した最初の前方後円墳と考えられている。宮内庁は箸墓古墳を孝霊天皇皇女の倭迹迹日百襲姫命《やまとととひももそひめのみこと》の大市《おおいち》墓に治定しているが、造営年代からみて、卑弥呼かその宗女《そうじょ》（一族の女性）の台与《とよ》が葬られた墳墓である可能性が高い。箸墓古墳から南へ約一キロ、大神《おおみわ》神社の大鳥居前に桜井市立

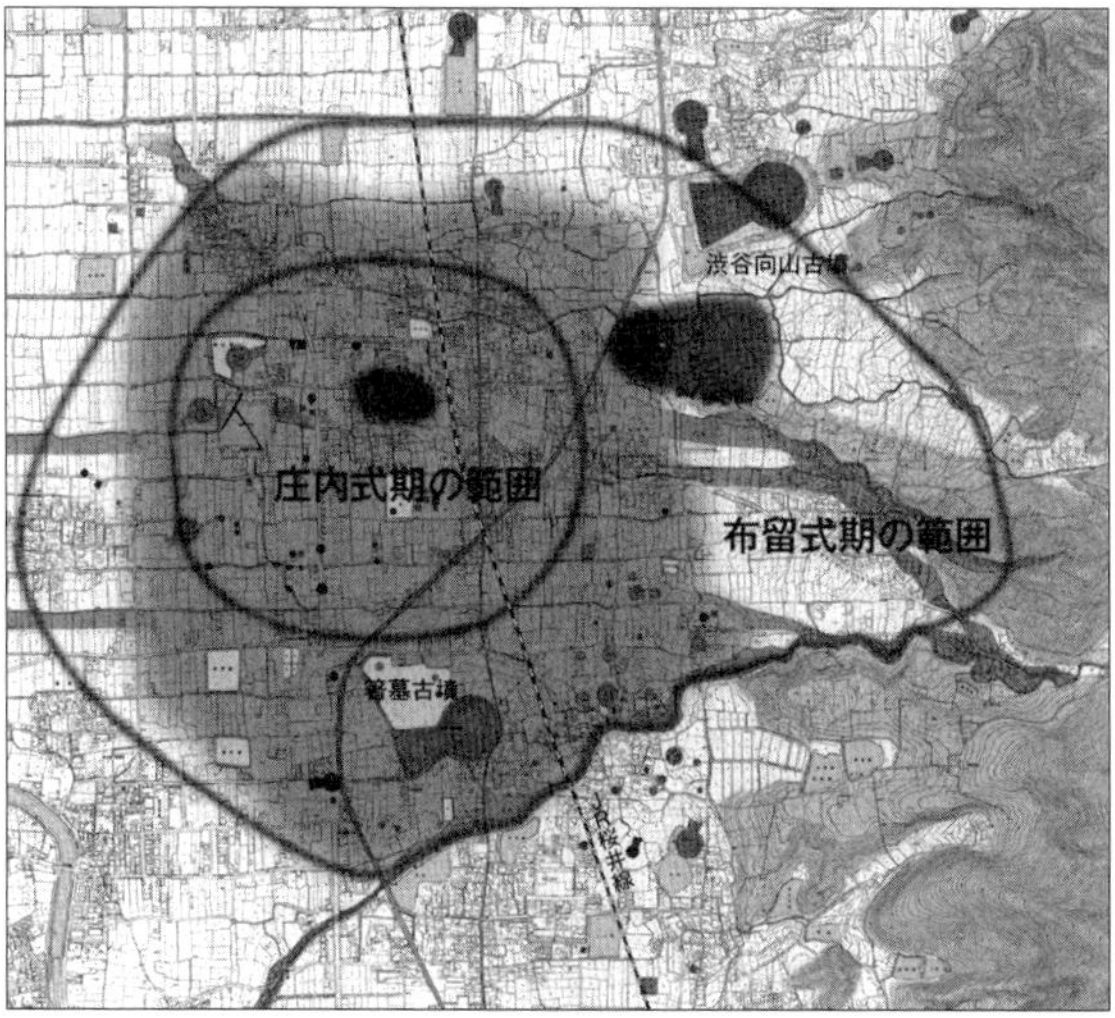

纒向遺跡の範囲（橋本　2014）

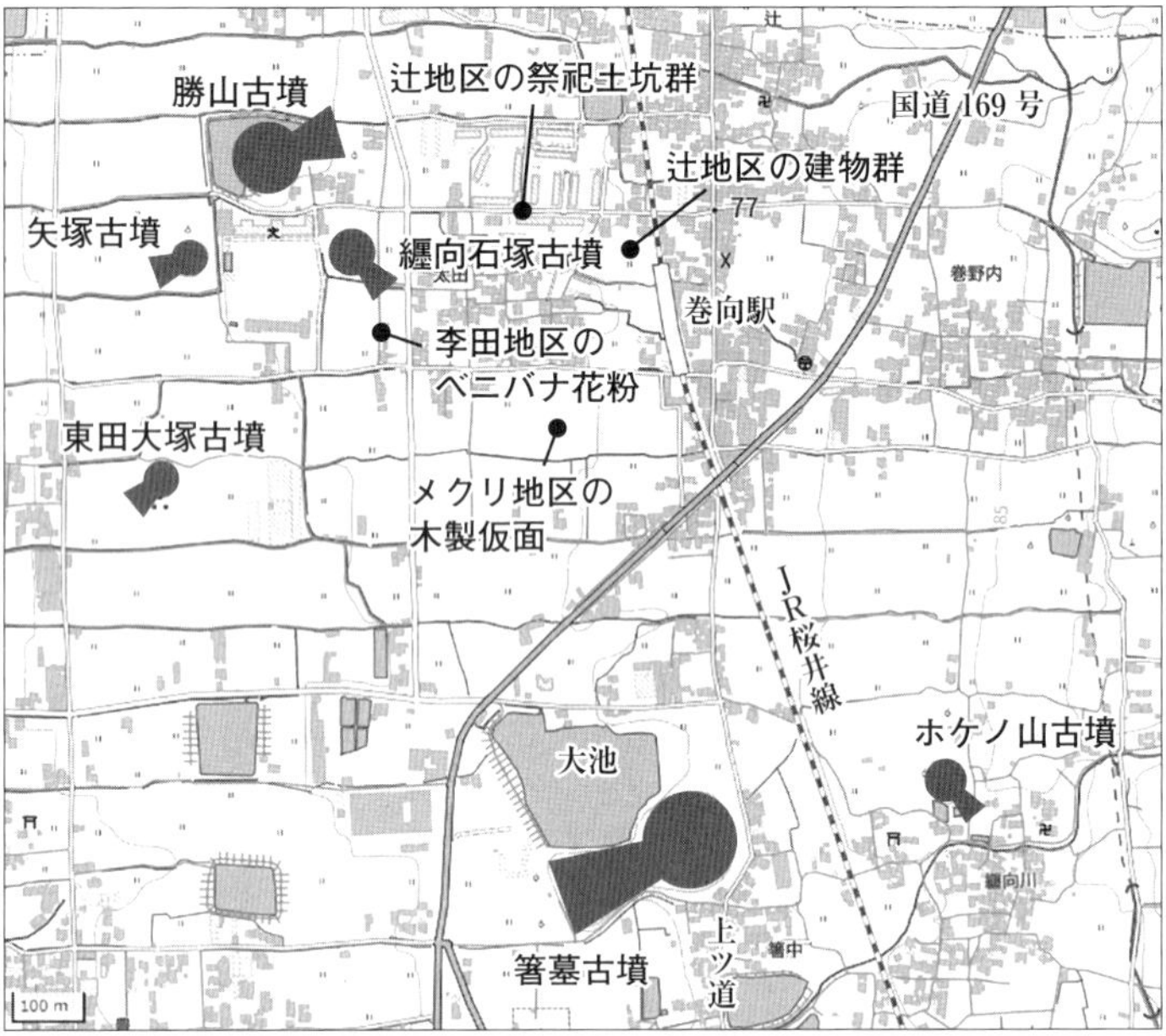

纒向遺跡と箸墓古墳（橋本　2014をもとに作成）

埋蔵文化財センターがあり、纒向遺跡など市内各地の遺跡からの出土品を展示している。

初期ヤマト政権の王宮の地

『日本書紀』によると、崇神《すじん》天皇は磯城瑞籬宮《しきのみずがきのみや》、垂仁《すいにん》天皇は纒向珠城宮《まきむくのたまきのみや》、景行《けいこう》天皇は纒向日代宮《まきむくのひしろのみや》にそれぞれ王宮を置いたが、これらの諸宮は纒向遺跡の周辺に位置するものと思われる。また、「山辺《やまのべ》の道」のルート上に位置する崇神天皇陵（行燈山《あんどんやま》古墳、約二四二メートル）と景行天皇陵（渋谷向山《しぶたにむかいやま》古墳、約三〇〇メートル）は、歴史ハイキングの絶好のポイントでもあるが、この二つの巨大前方後円墳も纒向遺跡に近接した場所に立地しているといってよい。纒向遺跡の周辺には初期ヤマト政権に関わる墳墓・古墳や王宮伝承地が集中的に立地しており、三輪山西麓のこの地が女王卑弥呼が都を置いた邪馬台国の中心地であるとともに、初期ヤマト政権の王宮の地へと続いていく重要な場所であると考えられるのである。

参考文献

石野博信『シリーズ遺跡を学ぶ　邪馬台国の候補地―纒向遺跡―』新泉社、二〇〇八年
・長年にわたる発掘調査の成果を平易にまとめ、カラー図版を交えながら、纒向遺跡とその周辺が邪馬台国の最有力候補地であることを説く。
西谷正『魏志倭人伝の考古学』学生社、二〇〇九年
・『魏志』倭人伝の記述に沿って帯方郡から邪馬台国までの行程をたどり、発掘調査の成果などをもとに各国の政治的中心地を探る。
西本昌弘「投馬国位置論の再構築」『地方史研究』二三一、一九九一年
・投馬国の位置をめぐる研究史を検討し、吉備地方における発掘調査の成果をふまえて、投馬国の政治的中心地は岡山平野の津島遺跡周辺に求められることを述べる。
宇垣匡雅「大和王権と吉備地域」松原弘宣編『古代王権と交流6　瀬戸内海地域における交流の展開』名著出版、一九九五年
小田富士雄編『倭人伝の国々』学生社、二〇〇〇年
小林行雄『古墳時代の研究』青木書店、一九六一年
近藤義郎『前方後円墳の時代』岩波書店、一九八三年
寺澤薫『卑弥呼とヤマト政権』中央公論新社、二〇二三年
中山平次郎「耶馬台国及び奴国に関して」『考古学雑誌』二一―五、一九三一年
西本昌弘「畿内大和説」『ここまでわかった！　邪馬台国』新人物往来社、二〇一一年
橋本輝彦「纒向遺跡の発掘成果」『邪馬台国からヤマト王権へ』ナカニシヤ出版、二〇一四年

関連資料館等

①岡山県陸上競技場の遺跡&スポーツミュージアム

②春日市奴国の丘歴史資料館

③桜井市立埋蔵文化財センター

④福岡市埋蔵文化財センター

①

②

③

④

ヤマト王権と古代祭祀
――山辺の道を歩く――

鈴木正信

一　日本最古の道

山辺の道

山辺《やまのべ》の道は、奈良盆地の東側の山裾に沿って南北にはしる古道である。『古事記』（以下『記』）は、崇神天皇の陵を「山辺の道の勾の岡の上に在り」（崇神段）、景行天皇の陵を「山辺の道の上に在り」（景行段）と記し、『日本書紀』（以下『紀』）はともに「山辺の道の上の陵」とする（崇神六十八年十二月壬子条ほか）。このように山辺の道は『記』『紀』に登場することから、日本最古の道ともいわれる。

ルート上には、崇神・垂仁・景行など古い時代の天皇の宮が所在したと伝えられる。また、西殿塚古墳（奈良県天理《てんり》市萱生町）を中心とする大和《おおやまと》古墳群、行燈山《あんどんやま》古墳（同柳本町）・渋谷向山《しぶたにむかいやま》古墳（同渋谷町）などで構成される柳本古墳群、後述の箸墓《はしはか》古墳（桜井市箸中）を中心とする纒向《まきむく》古墳群など、巨大な前方後円墳がいくつも築造されている。これらの古墳群は、同時期の他地域と比べて隔絶した規模を誇っている。山辺の道が通過する地域は、ヤマト王権の成り立ちを考えるうえできわめて重要な位置を占めているといえよう。

現在、自治体などのウォーキングマップに掲載されている山辺の道は、戦後に整備された東海自然歩道を踏襲しているが、とくに北部（およそ奈良市内）は古代のルートと異なることが指摘されている。そこで本章では、古代の道筋にほぼ合致するとみられる南部（桜井市・天理市）について紹介することとしたい。

海石榴市

桜井駅（JR・近鉄）から北東へ約一キロ。初瀬川（大和川）を渡ってすぐのところに、海石榴市《つばいち》《つばきいち》跡（桜井市金屋）がある。ここが山辺の道のスタート地点とされる。現在は、初瀬川にかかる馬井手橋《うまいでばし》とその少し北の住宅街に案内板が立つだけだが、古代には大阪湾への玄関口である住吉津《すみのえのつ》へとつながる河川交通の拠点であるとともに、初瀬街道や竹内街道など複数の道路が交わる陸上交通の要衝でもあり、市が立てられ多くの人々が行き交った。推古朝に遣隋使として派遣された小野妹子たちも、ここで船を下りて飛鳥へ向かった（『紀』推古十六年八月癸卯条）。平安時代には伊勢詣で・長谷寺詣での宿場町として栄え、『源氏物語』や『枕草子』にも登場している。

二　疫病鎮静の祈り

大神神社

山辺の道は海石榴市から北に向かう。案内板にしたがって金屋の集落を進んでいくと、しばらくして大神《おおみわ》神社（桜井市三輪）の境内にいたる。神社の正面から参拝したい場合は、海石榴市から初瀬川沿いを下り、国道一六九号を北上すると、右手に高さ三二メートル、柱間二三メートルの巨大な大鳥居が現れる。ここから東へ直進して二の鳥居をくぐり、参道をさらに進むと拝殿がある。現在の一般的な神社は、拝殿の後ろに本殿があり、そこに鏡などの御神体（御神宝）が収められているが、大神神社は拝殿のみで本殿を持たず、拝殿奥の三つ鳥居（三基の鳥居を横に組み合わせた特殊な形状の鳥居）から、三輪山（標高四六七メートル）そのものを御神体として拝む。その美しい円錐形の山容は、神奈備《かんなび》（神の鎮まる場所）と呼ばれ、古くから信仰の対象とされてきた。

山辺の道（南部）

大神神社拝殿

オオタタネコ伝承

『記』崇神段や『紀』崇神七〜八年条には、次のような伝承が掲載されている。崇神天皇の時代に疫病が大流行し、人々の半数が亡くなってしまうほどだった。天皇が身を清めて床に就くと、三輪山に住むオオモノヌシ（大物主神）が天皇の夢に現れ、「これは私の意志である。子孫のオオタタネコ（大田田根子命）に私を祭らせるならば、疫病は終息するだろう」と告げた。天皇は使者を各地に派遣してオオタタネコを探させ、自分のもとに連れて来させた。オオタタネコは天皇の前で、オオモノヌシから自らにいたる系譜を的確に説明した。それを聞いた天皇は大いに喜び、オオタタネコを神主に任命して、三輪山においてオオモノヌシを祭った。するとようやく疫病は収まり、世の中は平穏を取り戻した。このオオタタネコは、三輪氏（大神《おおみわ》氏）の祖先である。

この伝承では、三輪山のオオモノヌシが流行させた疫病を、子孫であるオオタタネコが鎮めたことに主眼が置かれている。「オオタタネコ」の名義は「オオ」（大きい）＋「タタ」（祟り）＋「ネコ」（古代の尊称）で構成され、「祟りを鎮める能力を持った偉大な人物」というほどの意味となる。天皇が夢占いを行った結果、疫病がオオモノヌシの意志によるものであり、オオタタネコを祭祀者とすれば疫病が終息することが判明した。そして、新たな祭祀が開始され、疫病の鎮静化を達成したという文脈になっている。ここから、古代においては王権（天皇家）が祭祀を主催し、対象となる神の子孫にあたる在地の豪族が祭祀を執行するという形態をとっていたことが読み取れる。

大神氏と鎮花祭

オオタタネコの後裔にあたる三輪氏（大神氏）は、王権の合議に参加する大夫《まへつきみ》層を構成した有力豪族であり、壬申の乱で活躍した大神高市麻呂《たけちまろ》などを輩出した。子孫は大神神社の神職を継承し、中世には高宮氏に改姓して現在も続いている。

神祇令《じんぎりょう》には、国家祭祀の一つとして鎮花祭《はなしずめのまつり》《ちんかさい》が規定されており、三輪氏（大神氏）はその執行を担当した（神祇令季春条）。鎮花祭とは、春に花が散るのにあわせて疫神が分散して疫病が蔓延するとの信仰から、疫病鎮静を目的として旧暦三月に実施される。実際、古代に発生した疫病のうち、四四％は三月から五月までの間に集中しているとのデータもある。古代の人々は疫病が発生しやすい時期を経験的に知っていたのかもしれない。いずれにしても、この祭りはかつて三輪山で行われた王権による祭祀を継承したものと考えられる。オオタタネコの伝承は、大神神社の起源を説くと当時に、三輪氏（大神氏）が祭祀を職掌として王権に仕えることの正統性（これを奉事根原《ほうじのこんげん》という）を説明しているのである。

三輪山の祭祀遺跡

三輪山で祭祀が行われた痕跡は、現在でも確認できる。大神神社の摂社である狭井《さい》神社で手続きをすれば、特別に三輪山への入山を許可していただける。山頂まで往復の行程は約四キロ。所要時間は約二〜三時間。結構な急勾配である。山中各所には、神の依り代（降臨する対象）とされた磐座《いわくら》（巨岩）が点在する。狭井神社の少し北から山中に入って行くと、山ノ神遺跡がある。道が非常にわかりにくいので、注意していただきたい。この遺跡からは一・八メートル×一・二メートルの巨岩と複数の巨石で構成される磐座が見つかり、鏡・勾玉・滑石製模造品・土製模造品など大量の祭祀遺物が出土した。神社の拝殿から東へ約二〇〇メートルの範囲は現在も禁足地とされており、ここからも滑石製模造品・土製模造品・子持勾玉などが出土している。

　こうした祭祀に関連する遺跡は、三輪山麓の約三十ヵ所で発見されており、王権による三輪山での祭祀は五世紀後半から六世紀後半に最盛期を迎えたと推定される。出土品は大神神社の宝物収蔵庫で見学できるほか、桜井市立埋蔵文化財センター（桜井市芝）でも展示されている。國學院大学博物館（東京都渋谷区）には、山ノ神遺跡の発見当時の状況が復元されている。関東在住の方は、ここで予習をしてから現地に足を運ぶのもよいだろう。

三　異類婚姻譚の舞台

檜原神社

　大神神社・狭井神社から山辺の道を北上すると、同じく摂社の檜原《ひばら》神社（桜井市三輪）にいたる。『紀』崇神六年条によると、古くは天皇家の祖先神であるアマテラス（天照大御神）を天皇の居所内で祭っていたが、その神威が畏れ多いため、皇女のトヨスキイリヒメ（豊鍬入姫命）にアマテラスを託し、倭笠縫邑《やまとのかさぬいむら》に神籬《ひもろぎ》（常緑樹などを立てた祭場）を作って祭らせたという。檜原神社は、その倭笠縫邑の跡地と伝えられる。拝殿も本殿もなく、三つ鳥居を通して磐座を拝む形態をとる。前述した大神神社の三つ鳥居は、通常は拝観できないので、檜原神社でその形状をじっくり観察するとよい。

　境内入口の注連柱《しめばしら》から後ろを振り返ると、正面に二上山《にじょうさん》《ふたかみやま》を遠望できる。ここからの眺めは、奈良県景観資産にも登録されている。とくに夕暮れ時に訪れると二上山のシルエットがとても美しいので、ぜひ一度ご覧いただきたい。

ヤマトタケルの思国歌

檜原神社から少し西に下ると、井寺上池・下池の間に「倭は　国の真秀《まほ》ろば　たたなづく　青垣　山籠もれる　倭し美《うるわ》し」の歌碑がある。「大和は国のなかで一番よいところだ。幾重にも重なりあった青い垣根のような山々囲まれた大和は、本当に美しい」という意味である。これはヤマトタケル（倭建命・日本武尊）が、西国・東国を平定して大和に戻る途中、伊吹山の神に敗北して亡くなる時に、たどり着けなかった故郷の大和を偲んで詠んだ思国歌《くにしのびうた》である（『記』景行段）。山辺の道沿いには、こうした『記』や『万葉集』の歌碑が多く設置されている。古代人の感性に触れながら歩くのもまた楽しい。

箸墓から三輪山をのぞむ

ヤマトトトヒモモソヒメの伝承

歌碑からさらに西へ下ってJR桜井線（万葉まほろば線）の線路を越えると、冒頭で触れた箸墓古墳が見えてくる。全長二八〇メートル。これ以前は、纒向石塚古墳（桜井市太田）をはじめとして、帆立貝のような纒向型と呼ばれる全長一〇〇メートル前後の古墳が築造されていたが、そこに突如として約三倍もの全長をもつ箸墓古墳が出現したのである。しかも、前方後円の形状はその後の古墳に踏襲されていった。その意味で、箸墓古墳は定型化・大型化した最初の前方後円墳であるといえる。

『紀』崇神十年九月条には、いわゆる箸墓伝承が掲載されている。孝霊天皇の娘のヤマトトトヒモモソヒメ（倭迹迹日百襲姫命）が、ある男性と結婚したが、男性は夜にだけ来て明け方には帰ってしまうため、ヒメはきちんと顔を見たことがなかった。ヒメが男性に夜が明けても留まってくれるよう頼むと、男性は承諾したが、「自分はヒメの櫛笥《くしげ》（化粧道具箱）に入っているので、姿を見ても驚かないように」と言った。翌朝、ヒメは不思議に思いながらも櫛笥を開けてみると、そこには美しい小蛇《こおろち》がおり、ヒメは驚いて叫んでしまった。すると蛇は男性の姿に戻り、「お前は私に恥をかかせた。私もお前に恥ずかしい思いをさせてやる」と怒って、空中を歩いて三輪山に帰って行った。ヒメはその後ろ姿を仰ぎ見ながら、後悔して尻餅をついたところ、その場に落ちていた箸で下腹を突いて亡くなってしまった。そこで人々は墓を作ってヒメを葬り、その墓を「箸墓」と呼んだという。

ヤマトトトヒモモソヒメと卑弥呼

男性の正体は、三輪山に帰って行ったことからも察せられるとおり、先に登場したオオモノヌシである。この神は『記』崇神段（苧環伝承）や『紀』雄略七年七月丙子条などでも蛇の姿で描かれており、大神神社の手水舎にも蛇の像が置かれている。このように人間と神（動物の姿で現れる）が結婚する伝承のモチーフは、異類婚姻《いるいこんいん》譚《たん》と呼ばれる。また、古代には鳥が死者の魂を運ぶとする信仰があり、ヤマトトトヒモモソヒメの「トトヒ」を「鳥飛《とと》ひ」（鳥が飛ぶ）の意味に解し、ヒメは脱魂型《エクスタシータイプ》の巫女《シャーマン》であったとする説がある。

その姿は『魏志倭人伝』に登場する邪馬台国の女王卑弥呼を彷彿とさせる。はたして『魏志倭人伝』には、卑弥呼が死去した時の記事に「大きな冢《つか》を作り、直径は百余歩《ぶ》であった」とあり、卑弥呼の墓は直径約一五〇㍍であったことがわかる。これは箸墓古墳の後円部の直径一五五メートルと奇しくも近似していることから、箸墓古墳を卑弥呼の墓とする説が早くから唱えられてきた。

箸墓古墳をめぐる新展開

平成二十一年（二〇〇九）には、国立歴史民俗博物館の研究チームが、古墳周辺出土の土器に付着した炭化物を放射性炭素年代測定法（放射性炭素C14の含有量から物質の年代を測定する方法）で分析したところ、二四〇～二六〇年という年代が得られたと発表した。この測定が正しければ、箸墓古墳は卑弥呼が亡くなったまさにその時期に築造されたことになる。

また、令和元年（二〇一九）には、物質を透過する宇宙線「ミューオン」を利用して墳形内部の様子を探る、最新技術を使った調査が開始された。ここに来て箸墓古墳の研究は新たな段階を迎えている。邪馬台国の所在地論争にばかり注目が集まるが、新たな研究の成果は王権（天皇家）と三輪山の神との関係を考えるうえでも重要な手がかりを与えてくれるだろう。箸墓古墳から三輪山を遠望した際には、想像力を膨らませて、空中を歩いてヒメのもとを去って行くオオモノヌシの後ろ姿を思い浮かべてみてほしい。

箸墓古墳赤色立体地図（奈良県立橿原考古学研究所・アジア航測株式会社提供）

石上神宮拝殿

四　王権の武器庫

大和神社

　箸墓古墳から山辺の道に戻り、前述した渋谷向山古墳・行燈山古墳・西殿塚古墳などを左右に眺めながら北上し、萱生《かよう》の集落を西に折れて進むと、大《おお》和《やまと》神社（天理市新泉町）の森が見えてくる。この神社は、大倭国造《やまとのくにのみやつこ》《こくぞう》（大和国東部を管掌する地方官）に任命された大倭《おおやまと》氏によって奉祭された。祭神のオオクニタマ（倭大国魂神）は、もともとアマテラスと一緒に宮中に祭られていたが、その神威を恐れた崇神天皇が娘のヌナキイリヒメ（渟名城入姫）に託して祭らせようとしたところ、ヒメは髪の毛が抜け落ち、体が痩せて祭ることができなかったため、託宣により市磯邑《いちしのむら》の長尾市《ながおち》に祭らせたのが始まりと伝えられる。この長尾市が、大倭氏の始祖にあたる。

　クニタマとは国土を神格化したもので、古代の人々はその霊威が国の繁栄を左右すると考えていた。大和神社に祭られたオオクニタマは、大和のクニタマであると同時に、日本全土を守護するクニタマの神でもあった。ちなみに、太平洋戦争で日本海軍が建造した戦艦大和には、この大和神社の御分霊が祀られていたことから、最近では戦艦をモチーフにしたアニメの聖地にもなっている。

石上神宮

大和神社からふたたび山辺の道に戻り、国道二五号の下をくぐってさらに北へ進んでいくと、三輪山と同じく神奈備として信仰された布留山（標高二六六メートル）の麓に、石上神宮（天理市布留町）が鎮座している。大和神社の東で国道一六九号から分岐する県道五一号（天理環状線）を、そのまま北上すれば近道である。参道を進むと美しい楼門が建っており、そのなかに拝殿がある。現在、拝殿奥の禁足地には本殿と神庫《ほくら》が建てられているが、ともに近代になってから新築・移設されたものであり、古代には禁足地のみを神聖な霊域として拝していたと伝わ

山辺の道（北部）

る。
石上神宮の主祭神は、フツノミタマ（布都御魂大神）である。「フツ」とは、剣を振るった音に由来するといわれる。『記』神武段や『紀』神武即位前紀戊午年六月条には、カムヤマトイワレヒコ（神日本磐余彦、のちの神武天皇）が東征して紀伊国の熊野にやってきた時、大熊が現れ、軍勢が毒気に当てられてしまった。そこで、高天原のアマテラスが横刀《たち》（剣）を地上に降すと、その霊験によりイワレヒコの軍勢は勝利を収めることができた。この横刀（剣）がフツノミタマであるという。

武器と宝物

『記』垂仁段や『紀』垂仁三十九年十月条には、垂仁天皇の子のイニシキイリヒコ（五十瓊敷入彦命）が、横刀一千口を石上神宮に奉納したとあり、『紀』天武三年（六七四）八月庚辰条にも、神宮の神庫に豪族たちから献上された宝物が収められていたことがみえる。時代が降って『日本後紀』延暦二十四年（八〇五）二月庚戌条には、石上神宮の武器を山城国葛野《かどの》郡の兵庫へ運ぼうとしたが、桓武天皇の体調に異変が生じたため、神宮に返却された。その際には十五万七千人あまりが動員されたという。

これらのことから、石上神宮はヤマト王権の武器庫としての機能を有しており、膨大な数の武器や宝物が収められていたことがうかがえる。古代には武器を神に供えて祭ることがあり（『紀』垂仁二十七年八月己卯条）、その意味で武器は祭器（神幣）でもあった。神宮に神宝として伝来した有名な七支刀《しちしとう》も、百済から献上された七枝《ななつさやの》刀《たち》（『紀』神功皇后摂政五十二年九月丙子条）に相当し、やはり王権の武器庫に収蔵されていたのだろう。

物部連氏と物部首氏

石上神宮は物部氏が奉祭したといわれるが、実は物部氏には二種類がある。一つは崇仏廃仏論争で有名な物部尾輿《おこし》・守屋《もりや》などの有力者を輩出した物部連氏《むらじ》（のち石上朝臣《あそん》氏）であり、いま一つは和邇氏の同族に当たる物部首《おびと》氏（のち布留宿禰《すくね》氏）である。

『紀』垂仁八十七年二月条には、イニシキイリヒコが老齢のため、神宝の管理を妹のオオナカヒメ（大中姫命）に譲ろうとしたが、ヒメはその役目を辞退してトチネ（十千根）に委ねた。このトチネが物部連氏の遠祖であり、以降は物部連氏が神宮の神宝を管理するようになったとある。一方、『日本書紀』垂仁三十九年十月条一云は、イニシキイリヒコの作った横刀ははじめ忍坂邑《おしさか》（桜井市忍阪《おつさか》）にあり、のちに石上神宮へ移された際、神託によって市河《いちかわ》という者が管理することになった。これが物部首氏の始祖であると伝えている。

両氏の関係については、本来は物部首氏が石上神宮を奉祭していたが、王権の軍事を掌握した物部連氏が乗り込んできて祭祀権を簒奪したとする説や、蘇我氏との抗争で物部連氏が衰退した後、蘇我氏のバックアップを受けた物部首氏が祭祀に関与するようになったとする説など、さまざまな見方が出されてきた。ただし、物部首氏はあくまでも在地での管掌者（伴造《とものみやつこ／ばんぞう》という）であるのに対し、全国各地の物部を中央で統轄したのが物部連氏である。よって、物部連氏―物部首氏という職務上の上下関係が存在し、両氏がともに神宝管理にあたったとみるのが妥当であろう。

布留遺跡

石上神宮の北を流れる布留川を渡ると、左手に天理教教会本部の駐車場があり、その一角に布留遺跡（天理市布留ほか）の案内板が設置されている。遺跡の範囲は東西約二キロ、南北二キロの広範囲に及ぶ。杣之内《そまのうち》地区では豪族居館の一部とみられる石敷遺構や、倉庫群と推定される大型の掘立柱建物群が発見されたほか、周辺には杣之内古墳群も築造されており、物部連氏との関連が指摘されている。三島地区からは、木製刀剣装具類が六十点以上も発見されており、その出土量は全国最多である。これらの遺物は、天理大学附属天理参考館（天理市守目堂町）で見学することができる。

参考文献

篠川賢『物部氏』吉川弘文館、二〇二一年
・石上神宮を奉祭した物部氏に関する最新研究。祖先伝承や職掌、氏族としての盛衰が時系列に整理されている。
鈴木正信『古代豪族 大神氏』筑摩書房、二〇二三年
・大神神社を奉祭した大神氏の動向や全国分布、三輪山祭祀をめぐる王権との関係について体系的に論じている。
和田萃『図説　飛鳥の古社を歩く―飛鳥・山辺の道―』河出書房新社、二〇〇七年
・山辺の道沿いの神社や遺跡が、美しい写真とともに紹介されている。コンパクトで持ち歩くのに便利。
清水眞一『シリーズ遺跡を学ぶ　最初の巨大古墳―箸墓古墳―』新泉社、二〇〇七年
寺沢薫『卑弥呼とヤマト王権』中央公論新社、二〇二三年
日野宏『シリーズ遺跡を学ぶ　物部氏の拠点―布留遺跡―』新泉社、二〇一九年
藤森馨『古代の天皇祭祀と神宮祭祀』吉川弘文館、二〇一七年

関連資料館等

①大神神社宝物収蔵庫
②國學院大学博物館
③桜井市立埋蔵文化財センター

④天理大学附属天理参考館
⑤奈良県ウォーキングポータルサイト「歩く・なら」
⑥奈良県立橿原考古学研究所附属博物館

①

②

③

④

⑤

⑥

倭の五王の世界
――百舌鳥・古市古墳群と大和王権――

溝口優樹

一　古市古墳群・百舌鳥古墳群と倭の五王

世界文化遺産に登録された百舌鳥・古市古墳群

令和元年（二〇一九）七月、第四十三回ユネスコ世界遺産委員会において、百舌鳥《もず》・古市《ふるいち》古墳群の世界文化遺産登録が決定した。百舌鳥・古市古墳群は古墳時代中期頃、大阪平野に築造された多数の古墳から構成されており、百舌鳥エリアと古市エリアに分かれている。百舌鳥エリアは大阪府堺市に所在する百舌鳥古墳群、古市エリアは大阪府羽曳野市・藤井寺市に所在する古市古墳群にあたる。世界文化遺産の構成資産となった古墳は、百舌鳥エリアで二十一件二十三基、古市エリアで二十四件二十六基、全体で四十五件四十九基であるが、これらは百舌鳥古墳群や古市古墳群を構成する古墳の一部にすぎない。世界文化遺産に登録された名称は「百舌鳥・古市古墳群」であるが、古墳群の形成が始まった順序としては、百舌鳥古墳群よりも古市古墳群の方が先行する。

古市古墳群・百舌鳥古墳群のなかの倭王墓

古市古墳群や百舌鳥古墳群には、同時期に造られた古墳のなかで日本列島最大規模にあたる前方後円墳が含まれており、それらは倭王の墓に相当する可能性が高い。一方、古市古墳群や百舌鳥古墳群が造営された古墳時代中期は、『宋書《そうしょ》』など中国の史書に登場する讃《さん》・珍《ちん》・済《せい》・興《こう》・武《ぶ》という五人の倭王、すなわち倭の五王が活躍した時期に相当する。したがって古市古墳群や百舌鳥古墳群には、倭の五王の墓が含まれている蓋然性が大きい。

倭の五王

倭の五王は中国南朝に遣使し、自身への朝鮮半島の諸地域における軍事権を示す官号や将軍号、倭国王の称号の承認を求めるとともに、臣下に対する将軍や郡太守《ぐんたいしゅ》への任命を求めた。倭の五王は倭国を統治するにあたって中国王朝の権威を必要とするとともに、大和王権に参画する有力者を序列化し、あるいは官僚組織に編成するため、中国王朝の将軍号・官号を必要としたのであった。なお、『宋書』倭国伝は讃と珍を兄弟、済と興を父子、興と武を兄弟とする一方、珍と済の関係について記していない。このことから、倭王を出し得る血縁集団が複数あったとみる考え方も有力である。古市古墳群や百舌鳥古墳群は、このような中国史書からうかがわれる倭の五王について、物質的な面から実態を考える手がかりとなる。

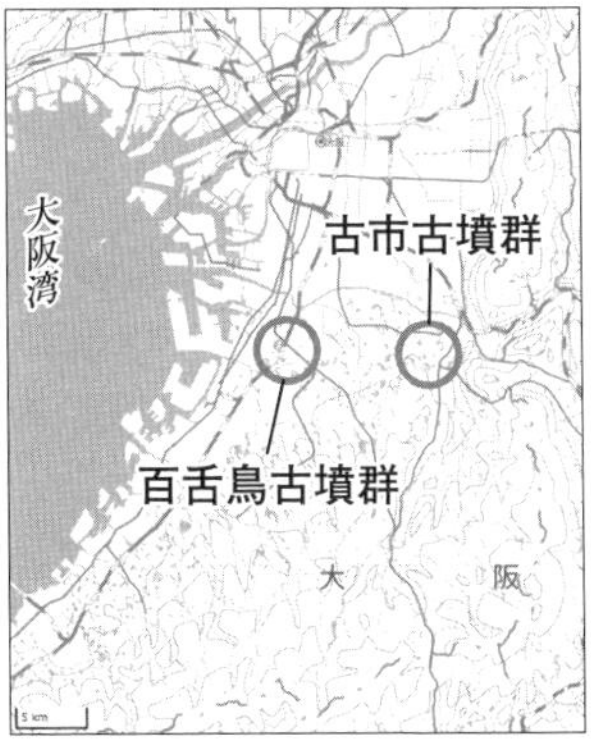

百舌鳥古墳群と古市古墳群

古市古墳群・百舌鳥古墳群のなかの陵墓

ところで、『古事記』『日本書紀』や『延喜式』といった古代の文献史料には、古市古墳群や百舌鳥古墳群の所在する地域に歴代天皇の陵が所在することが記されている。具体的には、仁徳《にんとく》・履中《りちゅう》・反正《はんぜい》の各「天皇陵」が百舌鳥古墳群の所在する地域に、仲哀《ちゅうあい》・応神《おうじん》・允恭《いんぎょう》・雄略《ゆうりゃく》・清寧《せいねい》・仁賢《にんけん》・安閑《あんかん》の各「天皇陵」が古市古墳群の所在する地域やその周辺にそれぞれあったとされる。また、日本武尊《やまとたけるのみこと》（景行《けいこう》天皇の皇子）や仲姫命《なかつひめのみこと》（応神天皇の皇后）、春日山田皇女《かすがやまだのひめみこ》（安閑天皇の皇后）、来目皇子《くめのみこ》（用明《ようめい》天皇の皇子）の陵墓も古市古墳群のあたりにあると伝えられている。現在、これらの天皇や王族の陵墓に治定された古墳が宮内庁によって管理されているが、歴史学的に被葬者を確定させることは難しい。

以上の点をふまえつつ、本章では古市古墳群および百舌鳥古墳群について、主要な古墳を中心としつつ、関係する遺跡などもあわせて紹介したい。

二　古市古墳群

北西部

古市古墳群は四世紀後半から六世紀半ばにかけて、石川と大和川が合流する地点の南西に広がる台地上に形成された。これまでに百二十基以上の古墳が確認されているが、現存するのは四十五基である。

古市古墳群形成の端緒となるのが、もっとも北に位置する津堂城山《つどうしろやま》古墳（前方後円墳、墳丘長二一〇《メートル》）である。中世に城郭として利用されたため墳丘の破壊が進んでおり、現在は外濠も埋まっているが、本来は二重の周濠がめぐる前方後円墳である。築造時期は四世紀後半とされており、古市古墳群と百舌鳥古墳群のなかではもっとも古い。前方部北側の内濠に設けられた方形の島状遺構からは三体の水鳥形埴輪が検出されており、水鳥形埴輪のもつ意味を考えるうえでも注目される。なお、津堂城山古墳の北西に位置する津堂遺跡では、古墳時代前期末から中期初頭頃の整然と並んだ掘立柱建物群が検出されており、古市古墳群の造営と深く関係すると考えられている。

津堂城山古墳から古市街道に出て南へ進み、長尾街道との合流地点から西に約七〇〇メートルいくと、「雄略天皇陵」に治定されている島泉丸山《しまいずみまるやま》古墳（円墳、直径七五メートル）がある。一見すると前方後円墳のようだが、円形の部分と方形の部分が濠によって分断されている。これは、明治十八年（一八八五）に円墳の島泉丸山古墳と、それに近接する方墳の島泉平塚《しまいずみひらつか》古墳（方墳、一辺五〇メートル）を盛り土によって造成し、前方後円形に整えたためである。

北東部

長尾街道を東へ戻り、古市街道との合流地点からさらに東へ行くと、「仲姫命陵」に治定されている仲津山《なかつやま》古墳（前方後円墳、墳丘長二九〇メートル）の北にいたる。出土した円筒埴輪の特徴などから、築造時期は四世紀末から五世紀初め頃とされている。

仲津山古墳の後円部側からふたたび長尾街道に戻って東へ進むと、「允恭天皇陵」に治定されている市野山《いちのやま》古墳（前方後円墳、墳丘長二三〇メートル）の後円部南側にいたる。市野山古墳は二重の周濠がめぐる前方後円墳で、五世紀中頃に造られたと考えられている。

市野山古墳の南から仲津山古墳の南東にかけての一帯には、古墳時代の竪穴建物群などが見つかった土師《はじ》の里《さと》遺跡が広がっている。土師の里遺跡では、埴輪窯や、円筒埴輪を棺として用いた埴輪棺などが出土しており、埴輪生産を含め古市古墳群の造営に関与した集団によって営まれた集落の遺跡だと考えられている。

土師の里遺跡の一画には、八島塚《やしまづか》古墳（方墳、一辺五〇メートル）、中山塚《なかやまづか》古墳（方墳、一辺五〇メートル）、助太山《すけたやま》古墳（方墳、一辺三六メートル）という三つの方墳が周濠を共有して東西に並んでおり、三ツ塚《みつづか》古墳と総称されている。三ツ塚

道明寺五重塔の礎石

古墳の周濠のうち、八島塚古墳と中山塚古墳の間の部分からは、修羅《しゅら》とよばれる、重量物を運搬するための木製の橇《そり》が大小二点出土している。また、同じく土師の里遺跡の一画に存在した土師の里八号墳（方墳、一辺一二メートル）では、遺骸を納めることを目的として特別に作られた円筒埴輪を使用した埋葬施設が見つかっており、被葬者像として古墳造営に従事した集団に属する人物が浮かんでくる。

市野山古墳から、その東を通る東高野街道を南へ進み、土師の里遺跡の範囲に入っていくと、道明寺《どうみょうじ》天満宮および道明寺にいたる。明治期以前、これらの寺社はもともと一体であり、この地に居住した土師《はじ》氏によって建立された土師寺《はじでら》に起源があるとされる。道明寺天満宮の南には、道明寺五重塔の礎石が遺されている。

中央部

道明寺のあたりから東高野街道をさらに南へ行くと、「応神天皇陵」に治定されている誉田御廟山《こんだごびょうやま》古墳（前方後円墳、墳丘長四二五メートル）の後円部東側にいたる。誉田御廟山古墳は二重の周濠がめぐる、古市古墳群において最大規模の古墳である。

『日本書紀』雄略天皇九年七月壬辰朔条には、河内国の報告として、「応神天皇陵」のこととみられる「誉田《ほむたの》陵《みささぎ》」を舞台とした話がある。それによれば、飛鳥戸《あすかべ》郡の人である田辺史伯孫《たなべのふひとはくそん》は「誉田陵」のもとで出会った人と馬を交換したが、手に入れた赤い駿馬が翌日には土馬となっていた。そこで「誉田陵」にかえると、土馬の間にもとの自分の馬がいたので、とりかえて土馬を置いたという。

誉田御廟山古墳の南西に位置する墓山《はかやま》古墳（前方後円墳、墳丘長二二五メートル）は「応神天皇陵」の陪塚《ばいちょう》として宮内庁によって管理されているが、誉田御廟山古墳よりも先行して造られており、この古墳自体が主墳として陪塚を従えている。墓山古墳の陪塚の一つである西墓山《にしはかやま》古墳（方墳、一辺二〇メートル）はすでに消滅しているが、鉄製の武器や農工具が大量に出土した一方で人体を埋葬した痕跡がみられないことから、「副葬用陪塚」だと考えられている。なお、墓山古墳の南東には、古墳時代中期の掘立柱建物群や計十一基の埴輪窯などが見つかった誉田白《こんだはく》鳥《ちょう》遺跡がある。

南部

ふたたび東高野街道に戻り、さらに南へ行くと、「安閑天皇陵」に治定されている高屋城山《たかやしろやま》古墳（前方後円墳、墳丘長一二二メートル）がある。中世には畠山氏の高屋城に取り込まれたため墳丘や周堤は大きく改変を受けているが、墳丘の形状や埴輪の様相などから六世紀前半頃の築造と考えられている。

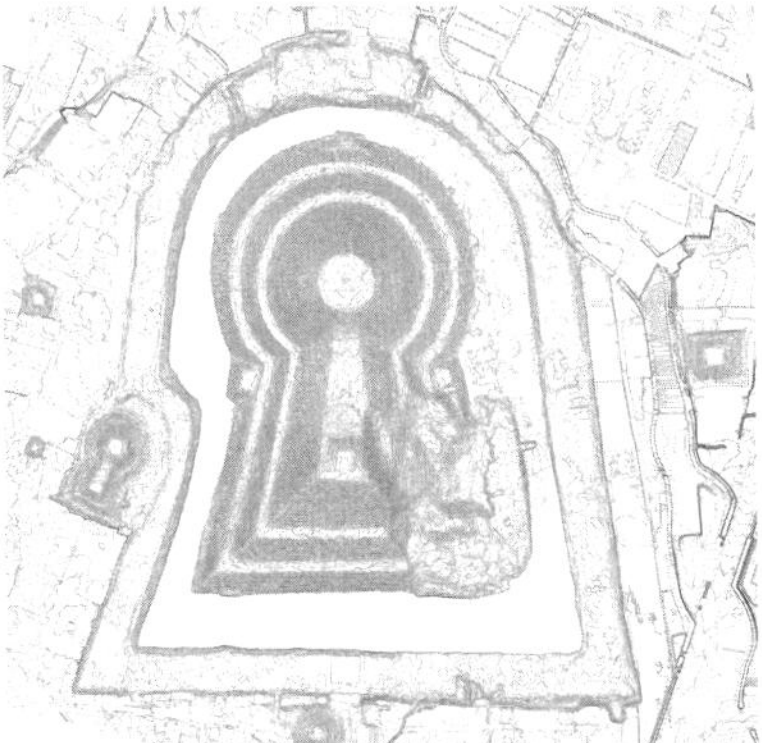

誉田御廟山古墳レーザー測量図（百舌鳥・古市古墳群世界遺産保存活用会議提供）

東高野街道を北へ戻り、竹内街道を西へ行くと、軽里大塚《かるさとおおつか》古墳（前方後円墳、墳丘長二〇〇メートル）の北側にいたる。軽里大塚古墳は日本武尊の「白鳥陵」に治定され、宮内庁によって管理されている。ヤマトタケルの墓が「白鳥陵」と呼ばれるのは、『日本書紀』の伝承に由来している。すなわち『日本書紀』景行天皇四十年是歳条によると、ヤマトタケルは伊勢国の能褒野《のぼの》に葬られたが、白鳥となって陵から出て、倭《やまと》の琴弾原《ことひきはら》、さらに河内の旧市邑《ふるいちむら》に移り、それぞれの場所に陵が造られたという。このうち、旧市邑の陵とされているのが軽里大塚古墳である。ただし、軽里大塚古墳の築造時期は五世紀後半とされており、仮にヤマトタケルが実在したとしても時期は合わない。また、伝承にみえる旧市邑の「白鳥陵」が現在の軽里大塚古墳に該当するかどうかも明らかではない。

ちなみに、『日本書紀』仁徳天皇六十年十月条にも「白鳥陵」にまつわる伝承がある。それによると、「白鳥陵」が空だとした仁徳天皇が、その陵守《みささぎもり》を役丁にあてたところ、陵守の目杵《めき》が白鹿に化けて逃げた。それを見て恐れた仁徳天皇は白鳥陵守を動かしてはならないとして、土師氏に授けたという。この伝承は、陵守の管理という土師氏による奉仕の由来を説くことに眼目があると考えられる。

軽里大塚古墳の南東には、「清寧天皇陵」に治定されている白髪山《しらがやま》古墳（前方後円墳、墳丘長一一九メートル）がある。白髪山古墳の築造は六世紀前半、高屋城山古墳に次ぐ時期で、古市古墳群を構成する大型前方後円墳としては最後にあたる。

西　部

ふたたび竹内街道に戻り、堺方面に向かって進むと、「仁賢天皇陵」に治定されているボケ山古墳（前方後円墳、墳丘長一二二メートル）の前方部側にいたる。ボケ山古墳の築造は六世紀前半で、高屋城山古墳よりもやや古い時期とされる。前方部北西側の堤に接する斜面では、野々上《ののうえ》埴輪窯跡が見つかっている。

竹内街道から北へ進み、府道三一号線を渡ると野中寺《やちゅうじ》がある。さらに府道一九〇号線を北に行くと、「仲哀天皇陵」に治定されている岡《おか》ミサンザイ古墳（前方後円墳、墳丘長二四五メートル）の南西隅にいたる。岡ミサンザイ古墳の築造時期は五世紀後半とされ、日本列島で同時期に造られた古墳のなかで最大規模の前方後円墳としては、古市古墳群では最後にあたる。

三　百舌鳥古墳群

百舌鳥と石津

百舌鳥古墳群は四世紀後半から六世紀前半にかけて、石津川《いしづ》の北に広がる台地上に形成された。これまでに百基を超える古墳が確認されているが、宅地開発などによって破壊された古墳も多く、現存するのは四十四基である。百舌鳥という地名については、『日本書紀』仁徳天皇四十三年九月庚子朔条に、仁徳天皇が百舌鳥野《もずの》で遊猟を行ったとあるのが史料上の初見である。

泉北丘陵に水源を発する石津川は現在、南海本線の石津川駅《いしづがわ》と諏訪ノ森駅《すわもり》の間のあたりで大阪湾に注いでいる。この石津川の河口部の一帯には、石津という地名が遺っている。石津の地名は古く、『日本書紀』仁徳天皇六十七年十月甲申（五日）条には、仁徳天皇が河内の石津原《いしつのはら》に行幸して陵の地を定めたことが記されている。

石津原に陵の地を定めた仁徳天皇は、その直後に陵の造営を開始したという。『日本書紀』仁徳天皇六十七年十月丁酉（十八日）条によると、陵の築造を始めた日、鹿が野のなかから走ってきて役民のなかに入り、倒れ死んだ。その鹿を調べたところ百舌鳥が耳から飛び去ったので耳のなかを見てみると、ことごとく食い裂かれていた。そのため、この地を「百舌鳥耳原《もずのみみはら》」というようになったのだという。この伝承は、陵や役民、鹿を題材にした伝承として共通性があることから、もともと白鳥陵守の伝承と一体の説話であり、やはり土師氏に伝えられたものと考えられる。

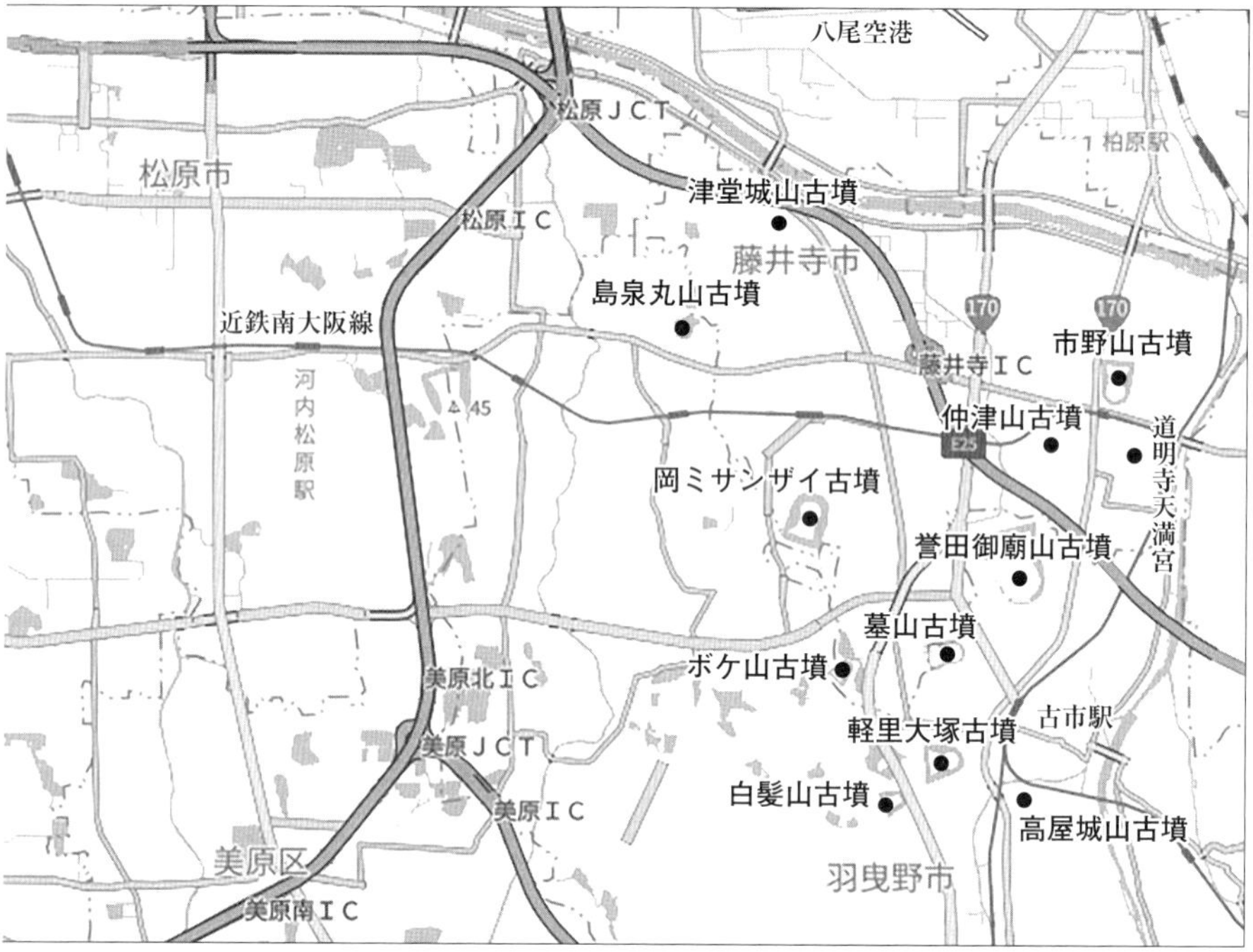

古市古墳群と百舌鳥古墳群

南西部

石津川の河口から直線距離で約一・八キロ東のあたりに乳岡《ちのおか》古墳（前方後円墳、墳丘長一五五メートル）がある。乳岡古墳が築造されたのは四世紀後半とされており、百舌鳥古墳群ではもっとも古い。本来は周濠を備えた前方後円墳であるが、昭和初期に前方部が失われ、現在は後円部が一部改変を受けながらも遺されている。

乳岡古墳から百済《くだら》川の右岸を通る大阪府道三四号堺狭山線（泉北一号線）を南東へ約一キロ進み、左手にのびる参道を歩くと、拝所の鳥居の向こうに巨大な墳丘が見える。現在「履中天皇陵」に治定されている上石《かみいし》津《づ》ミサンザイ古墳（前方後円墳、墳丘長三六五メートル）である。築造されたのは四世紀後半で、乳岡古墳に次ぐ時期と考えられている。

上石津ミサンザイ古墳から泉北一号線を

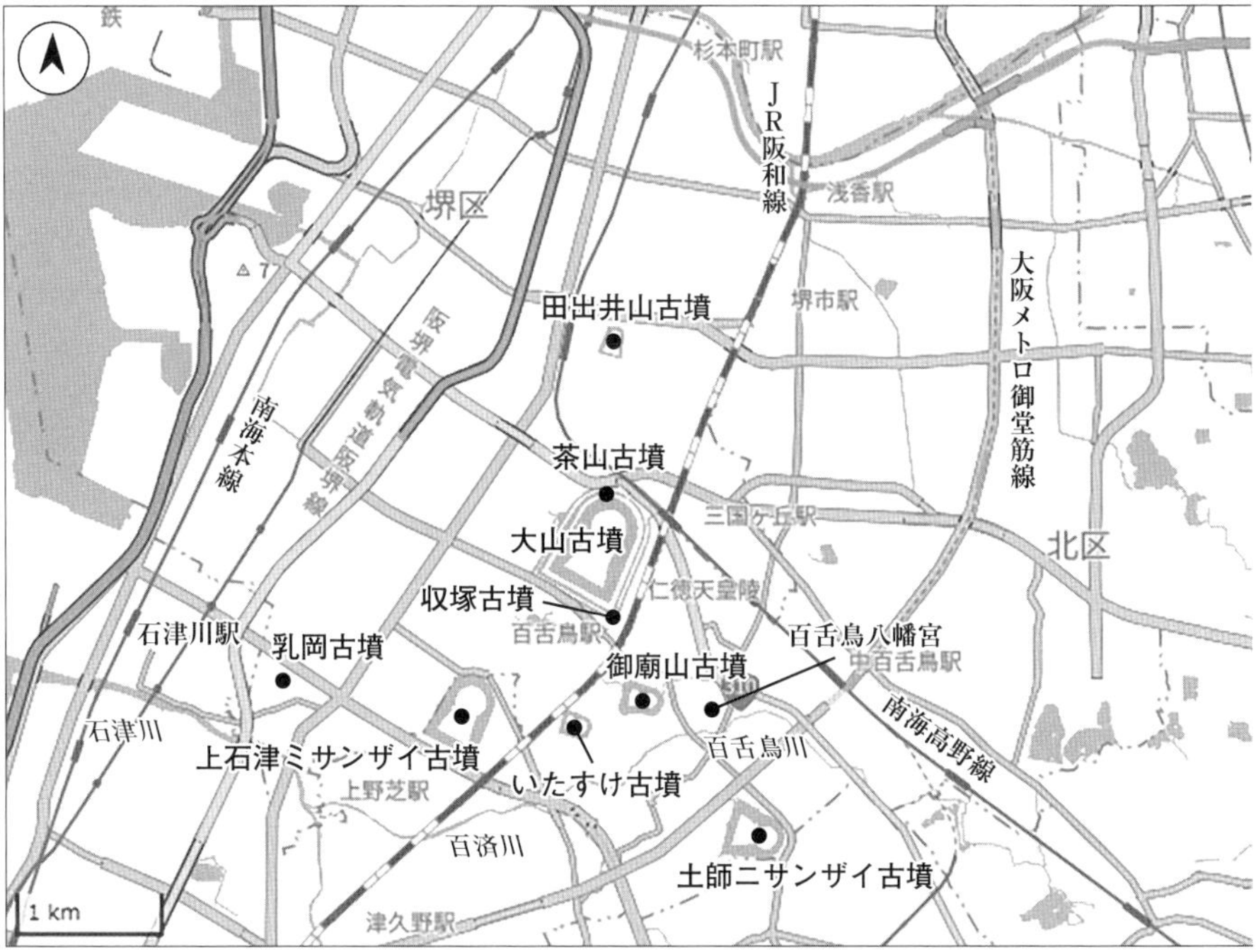

挟んだ南側には、宅地開発によって消滅した百舌鳥《もず》大塚山《おおつかやま》古墳（前方後円墳、墳丘長一六八メートル）があった。上石津ミサンザイ古墳とほぼ同時期に造られたと考えられており、多数の鉄製武器・武具などが出土している。

中央部

上石津ミサンザイ古墳の南東隅から泉北一号線を南東へ進むと、百済川と百舌鳥《もず》川の合流地点がある。ここから百舌鳥川に沿って上流へ進むと、百舌鳥八幡宮にいたる。百舌鳥川が百舌鳥八幡宮の参道の太鼓橋と交差するあたり（百舌鳥川の左岸）に、百舌鳥梅町窯跡がある。ここからは円筒埴輪や数種の形象埴輪が見つかっており、なかでも女子頭部の埴輪は大山古墳から見つかったものとよく似ている。なお、百舌鳥川の流域には、種々の木製品や鍛冶関連の

大山古墳レーザー測量図（百舌鳥・古市古墳群世界遺産保存活用会議提供）

遺構・遺物が検出された陵南《りょうなん》遺跡や、同じく鍛冶関連遺物が検出された東上野芝《ひがしうえのしば》遺跡など、百舌鳥古墳群の造営に関与した集団によって営まれたと考えられる集落遺跡が分布している。

百舌鳥八幡宮から府道一九七号深井畑山宿院《ふかいはたやましゅくいん》線を宿院の方面へ進むと、左手に百舌鳥《もず》御廟山《ごびょうやま》古墳（前方後円墳、墳丘長二〇三メートル）が見える。造出しのあたりからは囲形《かこいがた》埴輪や家形埴輪などの形象埴輪、土器類のほか、魚や笊《ざる》などを表現した土製品などが見つかっており、造出しにおける祭祀の実態を明らかにするうえで重要である。

百舌鳥御廟山古墳の南西にはいたすけ古墳（前方後円墳、墳丘長一四六メートル）がある。近接して営まれた百舌鳥御廟山古墳といたすけ古墳はいずれも東西に主軸を置き、五世紀前半頃の同時期に造られた大型前方後円墳である。

深井畑山宿院線に戻ってＪＲ阪和線百舌鳥駅の南の踏切を渡ると、収塚《おさめづか》古墳（帆立貝式古墳、墳丘長五九メートル）の奥に生い茂った木々が見える。大山《だいせん》古墳（前方後円墳、墳丘長四八六メートル）の第二堤である。大山古墳は他に例のない三重の周濠がめぐっており、その全長は八四〇メートルにおよぶ。現在、大山古墳は「仁徳天皇陵」に治定されているが、造られた時期は「履中天皇陵」に治定されている上石津ミサンザイ古墳よりも新しい。

なお、大山古墳の前方部側から深井畑山宿院線（御陵通り）を渡ったところに大仙公園がある。大仙公園内に位置する百舌鳥《もず》夕雲町《せきうんちょう》遺跡や大仙中町《だいせんなかまち》遺跡では、双孔円盤《そうこうえんばん》や臼玉《うすだま》といった遺物が出土しており、百舌鳥古墳群の造営に関わる祭祀との関係が注目されている。

北部と南東部

大山古墳の第二堤の上にある茶山《ちゃやま》古墳（円墳、直径五六メートル）を背に、国道三一〇号線と大阪府道二号大阪中央環状線にかかる榎橋歩道橋と、南海高野線にかかる耳原橋を渡って西高野街道を進み、そこから熊野街道を北へ進むと、「反正天皇陵」に治定されている田出井山《たでいやま》古墳（前方後円墳、墳丘長一四八メートル）にいたる。築造された時期は五世紀中頃とされており、大山古墳よりも新しい。

田出井山古墳から西高野街道に戻り、高野山方面へ進むと、府道二八号大阪高石線（ときはま線）と交わっている。そこから浜寺方面へ向かい、百舌鳥川を越えてさらに進むと、土師《はぜ》ニサンザイ古墳（前方後円墳、墳丘長三〇〇・三メートル）の北西隅にいたる。築造時期は五世紀後半で、百舌鳥古墳群の大型ないし超大型前方後円墳としては最後にあたる。本来は二重の周濠がめぐっており、いたすけ古墳や百舌鳥御廟山古墳と同様に主軸を東西に置く。後円部側の墳丘と堤の間では柱穴列が検出されており、周濠に架けられた橋の痕跡ではないかと注目されている。

土師ニサンザイ古墳の南西には、鍛冶関連遺物や子持ち勾玉、大溝に埋納された埴輪棺などが出土した土師《はぜ》遺跡があり、百舌鳥古墳群の造営に関与した集団によって営まれた集落遺跡だと考えられている。

内堤南西隅からみた土師ニサンザイ古墳の墳丘

四　倭王墓が大阪平野に造られた意義をめぐって

陵墓治定の正確性

陵墓に関する情報量の乏しい『古事記』や『日本書紀』と異なり、『延喜式』の陵墓歴名には、位置関係を反映した陵墓の名称や所在する国郡、兆域などの詳しい情報がある。現在、応神・仁徳・履中・反正の各「天皇陵」として治定されている古墳については、『延喜式』の陵墓歴名が指し示す古墳と一致している可能性は高い。しかし、そもそも『延喜式』の陵墓歴名に記された情報の正確性に問題があるため、これらの「天皇陵」の治定が正しいかどうかは別の問題である。むしろ、考古学の研究成果に鑑みると疑問も多い。

移動する倭王墓

ともかく、古市古墳群や百舌鳥古墳群に倭の五王たちの墓が含まれていることは間違いない。問題は、こうした倭王墓を含む古墳群が大阪平野に営まれたことの意義である。古墳時代前期、倭王墓級の前方後円墳は奈良盆地南東部の纒向《まきむく》古墳群・柳本《やなぎもと》古墳群・大和《おおやまと》古墳群、次いで奈良盆地北部の佐紀《さき》古墳群において営まれた。そして古墳時代中期になり、大阪平野の古市古墳群や百舌鳥古墳群において倭王墓級の前方後円墳が営まれることになる。

このように倭王墓級の前方後円墳が営まれる地域が変遷したことについては、さまざまな考え方がある。一つには、奈良盆地南東部の勢力から奈良盆地北部の勢力、そして大阪平野の勢力へと「王朝交替」があったとみる説がある。一方で、大和王権を構成する諸勢力間で盟主権が移動していたとみる説もある。これらの説は、古墳はその被葬者の基盤となる地域に営まれるとの見方が前提となっている。しかし、仮に古墳がその被葬者の基盤となる地域に営まれるとは限らないとすれば、倭王墓が営まれた地域の移動は、王朝や盟主権の交替とは直結しないことになる。倭王墓を含む古市古墳群や百舌鳥古墳群が大阪平野に造られた意義については、被葬者と古墳の所在地との関係をどのように考えるかが重要な論点となろう。考古学的には、古市古墳群や百舌鳥古墳群の被葬者が、近辺の集落遺跡といかなる関係にあるのかが問題になると思われる。

一方で文献史料においては、応神天皇（難波《なにわ》大隅宮《おおすみのみや》）や仁徳天皇（難波《なにわ》高津宮《たかつのみや》）、反正天皇（丹比《たじひ》柴籬宮《しばがきのみや》）のように、倭の五王の時代に相当するとみられる天皇が大阪平野に宮を置いたことが記されている。このことが、古市古墳群や百舌鳥古墳群の形成とどのように関係するかについても、今後検討を深める必要がある。

参考文献

一瀬和夫『百舌鳥・古市古墳群—東アジアのなかの巨大古墳群—』同成社、二〇一六年
・古市古墳群や百舌鳥古墳群を東アジアの歴史のなかに位置づける。
堺市文化観光局文化部文化財課編『堺の文化財　百舌鳥古墳群（第八版）』二〇一九年
・百舌鳥古墳群の最新の調査成果がカラー図版とともにわかりやすく整理されている。百舌鳥古墳群周辺の古墳についても紹介されている。
古市古墳群世界文化遺産登録推進連絡会議編『古市古墳群を歩く（第三版）』二〇一五年
・古市古墳群の最新の調査成果がカラー図版とともにわかりやすく整理されている。展示施設の情報や古市古墳群周辺マップも掲載されており、古市古墳群の現地を歩く際に便利。
大阪府立近つ飛鳥博物館編『百舌鳥・古市大古墳群展—巨大古墳の時代—』二〇〇九年
久世仁士『百舌鳥古墳群をあるく　巨大古墳・全案内（増補改訂第二版）』創元社、二〇二〇年
田中晋作『百舌鳥・古市古墳群の研究』学生社、二〇〇一年

藤井寺市教育委員会事務局編『新版　古市古墳群—藤井寺市の遺跡ガイドブックNo.6—』一九九三年
堀田啓一『日本古代の陵墓』吉川弘文館、二〇〇一年
宮川徏『よみがえる百舌鳥古墳群』新泉社、二〇一八年

関連資料館等

①大阪府立近つ飛鳥博物館
②堺市博物館
③史跡城山古墳ガイダンス棟「まほらしろやま」
④羽曳野市文化財展示室
⑤羽曳野市陵南の森歴史資料室
⑥藤井寺市立生涯学習センター「アイセル・シュラホール」
⑦藤井寺市立図書館

①
②
③
④
⑤
⑥
⑦

寧処するに遑あらず
――ヤマト王権の全国支配――

宮瀧交二

一　弥生時代から古墳時代へ

弥生時代から古墳時代への移行期

かつては、三世紀後半にいたって全国的に確認される前方後円墳の出現をもって、古墳時代が始まるとされていた。そのようななか、近年では奈良県桜井市に所在する前方後円墳である箸墓《はしはか》古墳が、『魏志《ぎし》』倭人伝《わじんでん》が正始八年（二四七）に死亡したと記す邪馬台国の女王卑弥呼の墓であるという見解に立ち、古墳時代の始まりを三世紀の中葉まで引き上げる見解も有力視されている。こうした弥生時代から古墳時代への移行期をどうみるかといった現在進行中の問題に関する最新の研究状況については、ぜひ、千葉県佐倉市の国立歴史民俗博物館や、奈良県橿原市の奈良県立橿原考古学研究所附属博物館の常設展示室に足を運んで確認していただきたい。

地域支配に不可欠な鉄製農工具・武器・武具

ところで、弥生時代以来の、稲作を中心とした農業経営の維持・発展に成功した古墳時代の豪族（在地首長）

たちは、自らが暮らす集落を拠点に、次々と周辺地域の集落を支配下に置き、その勢力圏を拡大していった。このような豪族たちにとって、自身の農業経営、具体的には農地の開墾・拡大と、水田や畠の耕作に欠かすことのできない農工具の生産・所有は、もっとも重要な課題であった。従来用いられていた木製の農具をはるかに凌ぐ作業効率をもたらす鉄製の農具は、日常的な使用によって破損したり磨滅したりした際には、回収され、ふたたび溶解・鍛造され、新たな製品に再生されて再利用されたであろうことは想像に難くない。

また、鉄製の農具のみならず、矢の先に装着する鏃《やじり》や刀・剣といった鉄製の武器や、鎧冑や盾、ひいては古墳時代に入り、豪族たちにとっては欠かすことのできない存在となっていた馬に装着する馬具といった鉄製の武具の所有を充実させていくことも、豪族間に生じた武力衝突の勝敗を左右する重要な課題でもあった。

このような鉄製の農工具・武器・武具を生産するためには原料鉄の入手が不可欠であり、大陸・朝鮮半島からもたらされる質のよい原料鉄（その多くは鉄鋌《てってい》として流通した）を入手できるか否かは、まさに死活問題と述べても過言ではないものだった。また、こうした原料鉄から、農工具・武器・武具を生産するための鍛冶の技術を有する工人集団（その技術の多くは渡来人によってもたらされたとみられる）の掌握も、不可欠であった。

倭国内の各地にあって、地域支配を確立していた有力豪族は、こぞって、大陸・朝鮮半島から原料鉄を入手するための独自の外交ルートの確保に臨んだが、結果的にこれを手中に収めることができたのは、奈良盆地を拠点にして地域支配を確立した豪族たちであった（ヤマト王権）。一方、他地域を支配していた豪族たちは、このヤマト王権との経済的・政治的関係を新たに構築・継続することで、この原料鉄（鉄鋌）の入手を確保しようとしたことは想像に難くないところである。

中国の歴史書にみえる倭王武

『宋書《そうしょ》』倭国伝《わこくでん》には、昇明二年（四七八）、倭王の武《ぶ》がもたらした上表文《じょうひょうぶん》が引用されている。

封国《ほうこく》は偏遠《へんえん》にして藩を外に作《な》す。昔自《よ》り祖禰《そでい》躬《みずか》ら甲冑を擐《めぐ》らし、山川を跋渉《ばっしょう》し、寧処《ねいしょ》するに遑《いとま》あらず。東のかた毛人五十五国を征し、西のかた衆夷六十六国を服し、渡りて海の北の九十五国を平らぐ。（藤堂明保監修『倭国伝』学習研究社、一九八五年）

倭王武は、雄略《ゆうりゃく》大王（天皇）とみられているが、宋の皇帝に対して、自ら甲冑を身に着けて国内を遠征し、「寧処するに遑あらず」すなわち休む間もなく、各地で地域支配を確立している豪族たちを次々にヤマト王権の支配下に組み入れていったことを、高らかに誇示している。

今、私たちが五世紀の日本を知るための手がかりといえば、貴重な同時代の文献史料として、五世紀末、中国南朝斉の時代にまとめられた史書であるこの『宋書』の存在が知られているばかりである。これに対して国内に残る手がかりは少なく、文献史料としては、後の八世紀に成立した『日本書紀』があるに過ぎず、五世紀の日本を知るためには、わずかに残る考古資料の検討が不可欠となっている（とくに鉄剣・鉄刀などに文字を陰刻・象嵌した金石文資料）。次節以降、このヤマト王権の雄略大王の地域支配の確立過程を、地域の側から検証してみたい。

二　埼玉県行田市の埼玉古墳群と稲荷山古墳出土の鉄剣

国指定特別史跡埼玉古墳群が語るもの

まずは、先に述べたヤマト王権の雄略大王の地域支配を日本列島の東側から確認してみたい。埼玉県行田市に所在する、国指定特別史跡埼玉《さきたま》古墳群と埼玉県立さきたま史跡の博物館を訪ねてみよう。

埼玉古墳群（埼玉県立さきたま史跡の博物館提供）

埼玉古墳群概略図

倭国の盟主となったヤマト王権の傘下に入った各地の豪族たちは、ヤマト王権という後ろ盾を得たことにより、その地域支配をより一層、堅固なものにすることができた。このような相互関係が誕生したことを視覚的に象徴・確認する役割を果たしたのは、ヤマト王権の大王とその親族・支持者たちが墓制に導入し、後にヤマト王権の支配下に入った各地の豪族たちもこれに続いた、前方後円墳という特殊な形態を有する墳墓の造営であった。

後の奈良時代には「武蔵国」と呼ばれることになるこの地域でも、五世紀代までには、弥生時代以来この地域を支配していた豪族たちはすでに大型の前方後円墳の築造を開始しており、この頃までには、ヤマト王権の支配下に入ったとみてよいであろう。今日、埼玉県内では約五千基の古墳が確認されているが、言うまでもなく今日にいたるまでに、墳丘を削平してその土を土木事業に利用するなどして消滅してしまった古墳も多くあると思われ、実際に存在した古墳の数は、この数字をはるかに上回るものであったと推測されている。しかしながら、大型の前方後円墳はおおむね消滅せずに現存している可能性が高く、その分布状況の分析からは、古墳時代の北武蔵地域内においての、豪族たちによる地域支配の時間的推移を読み取ることが可能である。そして、もっとも注目すべきなのが、後の武蔵国の北部、すなわち現在の埼玉県域において、前方後円墳をはじめとする最大規模の古墳が相次いで造営された、埼玉県行田市の埼玉古墳群である。埼玉古墳群は、大宮台地の北端に、五世紀後半に突如として登場する古墳群である。

国宝金錯銘鉄剣をどうみるか

この埼玉古墳群のなかでも最古の古墳とみられているのが、五世紀後半に築造された、墳丘の全長が一二〇メートルを測る前方後円墳である稲荷山《いなりやま》古墳である。昭和四十三年（一九六八）の発掘調査によって後円部から二つの埋葬施設が発見され、そのうちの一つである礫槨《れきかく》から、銅鏡や武具、馬具などとともに出土したのが、現在国宝に指定されている金《きん》錯銘鉄剣《さくめいてっけん》である。鉄剣にはその両面に、

稲荷山古墳出土金錯銘鉄剣（国所有〈文化庁保管〉、埼玉県立さきたま史跡の博物館提供）

金象嵌《きんぞうがん》による百十五文字が記されており、その内容は以下の通りである。

［表］辛亥年七月中記乎獲居臣上祖名意富比垝其児多加利足尼其児名弖已加利獲居其児名多加披次獲居其児名多沙鬼獲居其児名半弖比

（訓読）辛亥の年の七月中、記す。ヲワケの臣。上祖、名はオホヒコ。其の児、（名は）タカリのスクネ。其の児、名はテヨカリワケ。其の児、名はタカヒ（ハ）シワケ。其の児、名はタサキワケ。其の児、名はハテヒ。

［裏］其児名加差披余其児名乎獲居臣世々為杖刀人首奉事来至今獲加多支鹵大王寺在斯鬼宮時吾左治天下令作此百練利刀記吾奉事根原也

（訓読）其の児、名はカサヒ（ハ）ヨ。其の児、名はヲワケの臣。世々、杖刀人の首と為り、奉事し来り今に至る。ワカタケル大王の寺、シキの宮に在る時、吾、天下を佐治し、此の百練の利刀を作らしめ、吾が奉事の根原を記す也。

「辛亥年」は、「獲加多支鹵大王」がワカタケル大王すなわち雄略大王を指すとすれば、五世紀後半の西暦四七一年とみられ、稲荷山古墳の発掘調査によって出土した須恵器の年代とも一致している。その文意は、四七一年の七月に記す。ヲワケの臣（上祖、名はオホヒコ。其の児、名はタカリのスクネ。其の児、名はテヨカリワケ。其の児、名はタカヒ〈ハ〉シワケ。其の児、名はタサキワケ。其の児、名はハテヒ。其の児、名はカサヒ〈ハ〉ヨ。其の児の名がヲワケの臣）と、このヲワケの臣に至るまでの代々の者は、皆「杖刀人」という名の武人として、大王に仕えて今に至る。雄略大王（天皇）が、磯城の宮に即位した時、私はこれを補佐した。その記念としてこの剣を作らせて、大王に仕えるにいたった理由を記す。

というものである。この雄略大王に「杖刀人の首」という武官として仕えたというヲワケの臣については、畿内

（ヤマト王権）の人物とみる説と、稲荷山古墳の地元、北武蔵の人物とみる説とがあり、次のような諸説があって、いまだに決着がついていない。

a．ヲワケの臣は、代々、「杖刀人の首」として大王家に仕えてこれを補佐した畿内の豪族で、本人が北武蔵に派遣された後に没し、稲荷山古墳に鉄剣とともに埋葬された。

b．ヲワケの臣は、畿内の豪族で、「杖刀人」として大王に仕えた北武蔵の豪族らを率いた「杖刀人の首」。ヲワケの臣から鉄剣を下賜された北武蔵の豪族が帰郷して、稲荷山古墳に鉄剣とともに埋葬された。

c．ヲワケの臣は、北武蔵の豪族で、帰郷後、稲荷山古墳に鉄剣とともに埋葬された。

そもそも稲荷山古墳の本来の被葬者は、すでに発掘された後円部の二つの埋葬施設に埋葬された人物ではなく、いまだ発掘調査がされていない主体部に埋葬されているとみられており、鉄剣とともに埋葬された人物は、稲荷山古墳の本来の被葬者の親族とみる見解が有力である。また、考古学による稲荷山古墳の総合的な所見からは、その被葬者を畿内の豪族とみることは難しいとみられている。したがって、現在では、a説を採る研究者は少なく、b・c説が有力視されているのが現状である。

この国宝の金錯銘鉄剣は、現在、埼玉県行田市の埼玉県立さきたま史跡の博物館で保管・公開されている。鉄剣は、まさに鉄製ゆえに通常の展示ケースで展示したのでは錆化が進んでしまうため、ケース内に窒素ガスを充満させるために特別注文によって製作した展示ケースに入れて公開されている。筆者はかつて埼玉県に学芸員として勤務していたが、同館の学芸員から、国宝の金錯銘鉄剣をご覧になっている観覧者から「本物はどこの博物館にあるのですか？」というご質問がよくあり、これが本物だといくらお伝えしても、信じていただけないとの笑い話をよく聞いたことを思い出した。東京国立博物館や国立歴史民俗博物館に展示されているのは複製（レプリカ）であり、さきたま史跡の博物館のこの〝特注〟展示ケースに収められているものがあくまでも本物なので、ぜひ一度、展示ケースともども実物をご覧いただきたいものである。

「埼玉地域政権」とヤマト王権

埼玉古墳群に葬られた豪族は、前掲のとおり、北武蔵地域を支配していた一族であり、その政治権力と支配機構を仮に「埼玉地域政権」と呼んでおきたい。白石太一郎のいう「地域的政治連合」がこれにあたる。

その「埼玉地域政権」は、自らの地域支配を、ヤマト王権の傘下に入ることで、より強固なものにしようとしてきたとみられている。具体的には、有事にはその軍事的支援（仕奉）を担うことを確約し、定期的な物品（地域特産物）の献上（貢納）を確約することで、既成の地域支配の承認を得るとともに、鉄製農工具・武器・武具の製作に必要な原料鉄などの供給をはじめとするヤマト王権の物流ネットワークに参加することができたとみられている。北武蔵地域に暮らした民衆もまた、この「埼玉地域政権」の傘下に入った豪族に対して、仕奉と貢納を確約することにより、さまざまな物品の供給や日常の経済活動に対する支援を得ていたのではないだろうか。埼玉古墳群の古墳の造営作業にも、この地に暮らした民衆が、駆り出されていたのだろう。

ところで、埼玉県行田市の小敷田《こしきだ》遺跡からは、古墳時代の最終末期である七世紀末の出挙《すいこ》の実態を示す木簡が出土している。八世紀以降の武蔵国について記した六国史《りっこくし》の記事には、武蔵国の風水害・旱魃などの異常気象の様子や、地震・火山噴火といった天変地異の記事が数多く記されているが、古墳時代も同様の異常気象・天変地異に見舞われていたことは想像に難くない。出挙とは、このような事態にあって春先に田植えのための種籾が不足した農民たちに対して、地域を支配する豪族が、利息付きで種籾《たねもみ》を借し出す相互扶助制度である。おそらく、北武蔵地域に暮らした人々も、「埼玉地域政権」の豪族から、このような恩恵に預かっていたのではないだろうか。もっとも、豪族にとっても、支配地域からの稲をはじめとする農作物の貢納が滞っては、自らの経営が立ち行かなくなり、深刻な経済危機が生じるのであるから、出挙のような相互扶助制度の適用は、不可欠であったのではないだろうか。

三　ヤマト王権との関係構築

豪族の地域支配をおびやかす自然災害

このように、北武蔵地域で農業経営に成功し、また、陸上交通・河川交通なども掌握して、経済的にも政治的にも安定した地域支配を確立した豪族（在地首長）たちにとっては、そのより一層の維持・発展をどのようにして確立していくのかが、最大の課題であった。そもそも農業経営は、自然災害などの外的要因によっていとも簡単にその基盤を失いかねない不安定なものであったが、実際に、榛名山《はるなさん》は六世紀代に二度の大噴火を起こし、その火山噴出物（火山灰、軽石など）は、北関東一帯に大きな被害をもたらした。また、遠隔地との交易活動も、いつ何時、他の有力な豪族が台頭し、その権益を奪われかねない危険性があった。

ヤマト王権という後ろ盾の重要性

このような恒常的危機を回避するために、豪族たちは二つの手段を講じたとみられている。一つは、周辺地域にあって、自らと同様の地域支配を行っている豪族たちとの同盟関係の構築であった。互いに自らの権益が脅かされた場合には、さまざまなかたちでその保全を図るための支援を相互に提供し合うことで、現状を維持していこうとするものであり、究極的には派兵を含めた軍事的協力関係にまで及んでいたことであろう。例えば、千葉県富津市の鋸山《のこぎりやま》周辺に産出する凝灰質砂岩、すなわち「房州石」は、千葉県市川市の法皇塚《ほうおうづか》古墳、東京都葛飾

将軍山古墳の石室と房州石（埼玉県立さきたま史跡の博物館所蔵）

区の柴又八幡《しばまたはちまん》神社古墳他の現東京湾周辺の複数の古墳の石室石材に用いられており、房総半島を拠点としていた豪族が、その傘下にあった豪族に石材を提供した可能性が高い。そのようななか、埼玉県行田市の埼玉古墳群を代表する古墳の一つである将軍山《しょうぐんやま》古墳にも、この房州石が石室石材に用いられている。

その一方で千葉県木更津市の金鈴塚《きんれいづか》古墳の石室には、埼玉県の秩《ちち》父《ぶ》・長瀞《ながとろ》付近において産出する緑泥片岩が用いられている点も注目される。「房州石」と「緑泥片岩」は、それぞれに現東京湾に注ぐ河川を海を用いて遠距離輸送されたものとみられ、このような事例は、両古墳の被葬者に代表される両地域の豪族、この場合には房総半島を拠点としていた豪族と北武蔵地域を支配していた豪族とが、同盟関係を結んでいた証とみるのが自然であろう。

そして二つ目は、前掲のように自らの上位にある中央豪族と関係を深めて、その傘下に入ることであった。すなわち、四世紀の中頃までに倭国を代表する豪族の盟主となったヤマト王権の大王あるいはその重臣との関係構築である。北武蔵地域を支配していた豪族にとって、ヤマト王権という後ろ盾を得たことの意義は、今日の私たちの想像を超える大きなものであった。

四　熊本県和水町江田船山古墳出土の鉄刀

西は熊本県からも雄略大王の存在を示す大刀が出土

以上、本章では主に埼玉県行田市の埼玉古墳群を築造した北武蔵の豪族を例に、雄略大王期のヤマト王権の地域支配の実態を垣間見た。換言するならば、ヤマト王権と地方豪族との間の支配・被支配関係の具体像である。とくに、「埼玉地域政権」を確立した北武蔵地域の豪族と雄略大王との関係を示したのは、稲荷山古墳から出土した金錯銘鉄剣の銘文であったが、同様に雄略大王の名が記された鉄刀が、広く知られているように、熊本県玉名郡和水町の江《え》田《た》船山《ふなやま》古墳からも出土している。やはり「獲加多支鹵大王」すなわち雄略大王に「典曹人」として仕えた「无利弖」という人物のことを記した同時期の鉄刀であり、この時期に、ヤマトから遠く離れた北武蔵と九州の豪族が、それぞれにヤマト政権の大王ないし有力豪族から銘文鉄剣・刀を下賜される関係下にあったことがうかがわれる。こちらの鉄刀もまた国宝に指定されており、現在は東京都台東区の東京国立博物館にて保管・公開されているので、ぜひともこの機会にご覧いただきたい。

江田船山古墳出土銀象嵌銘大刀（東京国立博物館所蔵）

解明されつつあるヤマト王権の全国支配

すでに筆者に与えられた紙幅は尽きたが、『宋書』倭国伝が伝えるように、雄略大王あるいはその側近が「寧処するに遑あらず」すなわち休む間もなく、自ら甲冑を身に着けて国内を遠征して、諸国の豪族たちを支配の下に置いていったという上表文の表現は、決して虚構ではなく、また、決してオーバーな表現でもなかったであろう。少なくともここで紹介した二つの金石文の存在から、雄略大王の時代、すなわち、五世紀の後半に、ヤマト王権は、東は現在の北関東地方、西は九州地方までの諸地域を支配していた豪族たちをその支配下に置き、また、各地の豪族たちも、自らの地域支配をより強固なものにするために、周辺の豪族たちと同盟関係を築いていたことがうかがわれるのである。あとは、朝鮮半島から原料鉄や農工具・武器・武具などを入手した雄略大王が、その見返りとして何を現地に提供していたのかという疑問が残るのみであり、研究の進展がまたれている。

参考文献

白石太一郎『古墳とヤマト政権―古代国家はいかに形成されたか―』文藝春秋、一九九九年
・古墳時代の社会を考古学研究者がどのように考えているのかが、簡潔にまとめられている。
宮瀧交二「古代東国における物流と河川交通」『古代交通研究』六、一九九七年
・初期須恵器、埴輪、古墳石室石材の出土分布状況から古代東国の物流と、その前提になっていた「地域的政治連合」を具体的に検討している。
髙橋一夫『鉄剣銘一一五文字の謎に迫る　埼玉古墳群』新泉社、二〇〇五年
東京国立博物館『国宝　銀象嵌銘大刀―江田船山古墳出土―』吉川弘文館、一九九三年
藤堂明保監修『倭国伝』学習研究社、一九八五年

関連資料館等

①国立歴史民俗博物館
②埼玉県立さきたま史跡の博物館
③奈良県立橿原考古学研究所附属博物館

①

②

③

黄泉国と記紀神話の世界観
——出雲の伊賦夜坂、熊野の花の窟——

菊地照夫

一　イザナキ・イザナミ神話と黄泉国

イザナキの黄泉国訪問神話

『古事記』上巻は神々の物語で、現世である葦原中国《あしはらのなかつくに》をとりまくさまざまな他界が描かれている。そのなかで死者の世界と位置づけられているのが黄泉国《よみのくに》である。

イザナキ・イザナミの夫婦神は、まず大八嶋《おおやしま》を国生みし、その後森羅万象の神々を生む。ところが火の神カグツチを出産したときイザナミは火傷して亡くなってしまう。夫イザナキは黄泉国を訪れて亡き妻を連れ戻そうとするが、「自分の姿を見るな」という妻の指示を守らず、妻の変わり果てた姿を見てしまい、恐れおののいて逃亡する。怒り狂ったイザナミは黄泉国に属す醜女や雷、軍隊を総動員してイザナキを追いかけるが、すべて退けられ、最後はイザナミ自らが追いかけてイザナキと対峙する。その場面を『古事記』は次のように物語る。

爾《しか》くして、千引《ちびき》の石《いわ》を其の黄泉比良坂《よもつひらさか》に引き塞ぎ、其の石を中に置き、各《おのおの》対《む》き立ちて、事戸《ことど》を度《わた》す時に、伊耶那美命《いざなみのみこと》の言ひしく、「愛しき我がなせの命、かくせば、汝《なんじ》が国の人草を、一日に千頭絞り殺さむ」といいひき。爾くして、伊耶那岐命《いざなきのみこと》の詔ひしく、「愛しき我がなに妹の命、汝しかせば、吾一日に千五百の産屋を立てむ」とのりたまひき。是を以て、一日に必ず千人死に、一日に必ず千五百人生るるぞ。故、其の伊耶那美命を号して黄泉津大神《よもつおおかみ》と謂《い》ふ。……その所謂黄泉比良坂は、今、出雲国の伊賦夜坂《いふやさか》と謂ふ。

逃げ切ったイザナキは、葦原中国と黄泉国の境界の黄泉比良坂を巨岩（千引きの石）で塞ぎ、絶縁を宣言（事戸を度す）した。この時イザナミは一日に千人殺すと言い、イザナキは一日に千五百人を生むと言ったので、そのとおりに人が死に、人が生れるのだという。

黄泉比良坂は出雲の伊賦夜坂

ここに描かれたイザナキとイザナミが絶縁を宣言する黄泉比良坂が、出雲国の「伊賦夜坂」であると『古事記』は述べている。現世と黄泉国の境界が出雲国にあったというのである。『古事記』ではイザナミの葬地を「出雲国と伯伎国《ほうきのくに》との境の比婆之山《ひばのやま》」とするのも、出雲国を黄泉国に通じる地とする世界観にもとづくものだろう。

二　出雲の「黄泉比良坂」比定地を訪ねる

伊賦夜坂の伝説地

島根県松江市東出雲町揖屋《いや》に伊賦夜坂の伝説地がある。ＪＲ山陰本線の松江駅から米子方面に二つ目の揖屋駅で下車し、東へ徒歩十分ほどの場所に揖夜《いふや》神社が鎮座する。同社については後で述べることとして、ここを通り過ぎて十五分ほど歩き、人里を離れた丘陵のなかに伊賦夜坂の伝説地はある。自動車を利用すれば、国道九号線を米子方面に向かい、右側に掲げられた「黄泉比良坂」の看板を目印に右折して側道に入ると到達する。

二本の石柱に注連縄《しめなわ》を張った入口をくぐると、「神蹟　黄泉平《(ママ)》坂伊賦夜坂傳説地」と刻まれた石碑がある。この碑は昭和十五年（一九四〇）に神武天皇即位二千六百年記念事業として地元の篤志家が建てたものである。その奥に並ぶ大きな岩は、『古事記』で黄泉比良坂を閉塞したという「千《ち》引《びき》の石《いわ》」に因んだモニュメントであろう。イザナキは追い迫る黄泉国の軍勢に向けて、黄泉比良坂に生えていた桃の実を投げつけて撃退したとするが、それに因んだ桃の木も植樹されている。要するにこの一角は、神話の記述に即してその舞台が再現されているのである。

入口の石柱の手前から木立のなかに向けて山道が延びており、この道が伊賦夜坂と伝えられている。山道の途中に「塞の神」が祀られており、ここを通る時には小石を積んで通るという風習があり、今も地元に伝わっている。

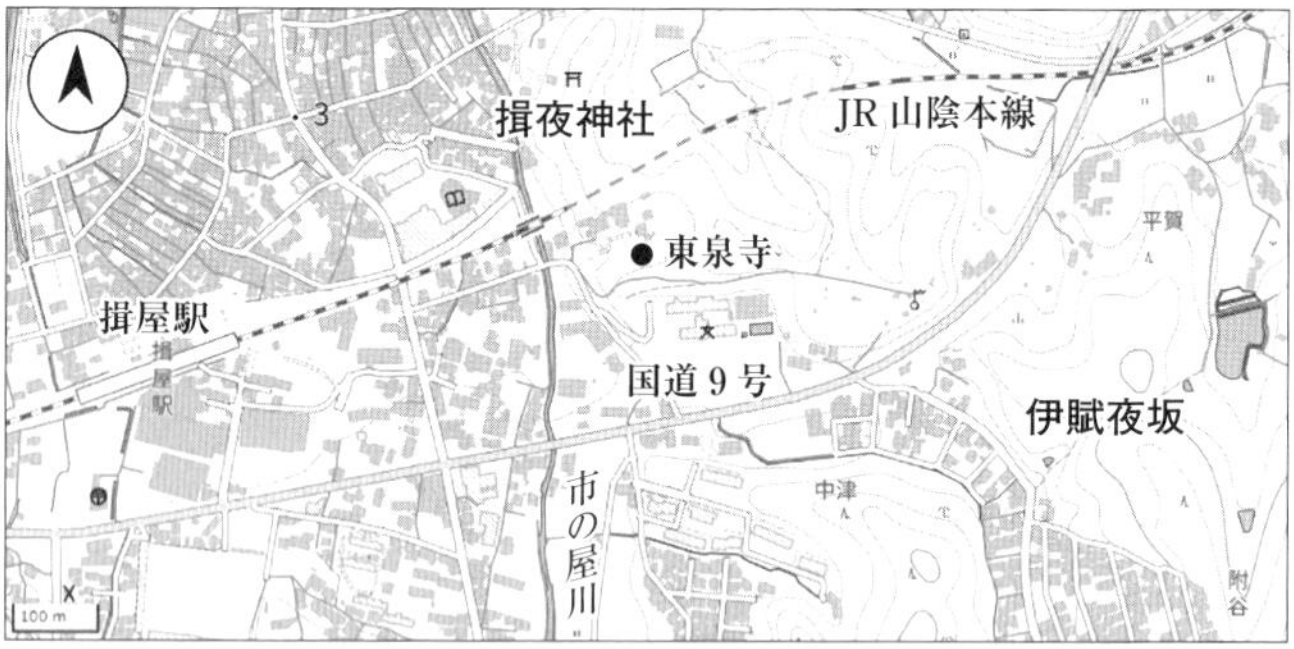

黄泉比良坂・伊賦夜坂伝説地

こうした民俗的な風習はあるものの、この地から古代にさかのぼる遺物や遺構は見つかっておらず、この場所が『古事記』に記載された伊賦夜坂であるという確証はなく、あくまで「伝説地」にすぎない。しかし同地一帯の地名が揖屋であることからすると、『古事記』の編纂された時代に黄泉比良坂がこの地域内のどこかに比定されていたことは間違いない。

揖夜神社の不吉な出来事

その点で注目されるのが、先に前を通り過ぎた揖夜神社である。『日本書紀』の斉明五年条に次の記事がある。

又、狗《いぬ》、死人の手臂《ただむき》を言屋社に噛み置けり〈言屋、此れは伊浮琊《いふや》といふ。天子の崩りまさむ兆なり〉。

ここにみえる「言屋社」は、訓注に「いふや」とあるように、揖夜神社である。犬が死人の手の部分だけを、どこからか咥えてきて、揖夜神社に置いたという不吉な出来事を伝えているが、書紀編者はそれを斉明天皇が死去する予兆とする。このような観念は、揖屋の地が死者の国である黄泉国と現世との結節点とする神話的世界観を前提としている。

黄泉国と出雲国東部

黄泉比良坂・伊賦夜坂伝説地の石碑

揖屋は出雲国の東部に位置するが、『古事記』ではイザナミの葬地を「出雲国と伯伎国との境の比婆之山」とするように、出雲国の東部としている。また中海と日本海を画する弓ヶ浜半島は、『出雲国風土記』には「夜見島」とみえ、夜見《よみ》は黄泉国にもとづく地名である。同地は伯耆（伯伎）国に属し、出雲国東部と伯耆国との境界領域にあたり、このように『古事記』の黄泉国訪問神話の世界観では、出雲国東部、伯耆国との境界領域を現世である葦原中国と黄泉国との結節点としていたのである。

弓ヶ浜半島先端の境港《さかいみなと》は、漫画家で妖怪研究家の水木しげるゆかりの地で、同氏の記念館も開設されている。

水木の関心が他界、異界に向かっていく背景には、この地周辺に伝承された黄泉国との関係も影響している（水木　二〇〇八）。

三　イザナミの葬地を熊野の「有馬村」とする説

イザナミ葬地の二説

イザナミの葬地を、『古事記』が出雲国と伯耆国の境界とするのに対し、『日本書紀』神代上の第五段第五の一書は異説を提示している。

伊奘《いざ》冉尊《なみのみこと》、火神を生む時に、灼かれて神退去りましぬ。故、紀伊国の熊野《くまの》の有馬《ありま》村に葬りまつる。土俗《くにひと》、此の神の魂を祭るには、花の時には亦花を以て祭る。又鼓《つづみ》・吹《ふえ》・幡《はた》旗を用て歌舞して祭る。

ここでは、火神を生んで亡くなったイザナミは「紀伊国の熊野の有馬村」に葬られたとしているのである。なぜイザナミの葬地には出雲と熊野の二説があるのだろうか。この問題は、ヤマト王権の宗教的世界観と関わる。

王権の宗教的世界観と熊野

『古事記』『日本書紀』の神話（記紀神話）の世界観はヤマト王権の宗教的世界観を反映している。王権の宗教的世界観とは、王権の支配する現世と、王権の権威や現世の秩序を保証する他界との関係性を示す世界観である。ヤマト王権の宗教的世界観は、五世紀～六世紀初頭段階では水平的他界観であり、他界は黄泉国あるいは根国《ねのくに》、常世国《とこよのくに》とされ、紀伊ないし熊野が現世と他界との結節点と位置づけられていた。六世紀中葉に宗教的世界観の転換があり垂直的他界観が成立し、他界が天上に求められ（岡田　一九七〇）、それにともない現世における他界との結節点が出雲とされるようになった。その際、前代の黄泉国などの他界と現世との結節点も紀伊から出雲に移され、出雲に熊野大社が祀られて熊野の地名も設けられたが（菊地　二〇一六）、出雲では熊野が音読み（ユヤ・ユフヤ）されて、それがイヤ・イフヤに転じたとみられる（内田　二〇一七）。

この理解にしたがえば、紀伊国の熊野が古い段階の葦原中国と黄泉国との結節点であり、『日本書紀』にみえる「紀伊国の熊野の有馬村」が本来のイザナミの葬地であった。

死と再生の世界との結節点熊野

古い段階の水平的他界である根国、常世国は「死と再生の世界」という性格があり、黄泉国はそこから「死の世界」の属性を特化して形成された他界とみられる。記紀の国作り神話では、国作りを終えたスクナヒコナが、また神武東征伝承では、戦いに敗れた神武の兄ミケイリヌが、それぞれ熊野から常世国に渡っており、これらも古層の宗教的世界観にもとづく伝承である。両者の常世往きには「死」が暗喩されているが、イザナミも熊野に葬られ、そこから黄泉国に移ったとするのが本来の神話であった。

黄泉比良坂も、当初は熊野の有馬村に比定されていたとみられる。有馬村には「花の窟《いわや》」という巨岩がそびえているが、イザナキが黄泉比良坂を塞いだ「千引きの石」はこの巨岩をイメージしたものであろう。

四　熊野の「有馬村」比定地を訪ねる

熊野の花の窟

熊野の「有馬村」の比定地を歩いてみよう。訪れる先は、三重県熊野市有馬の花の窟神社である。

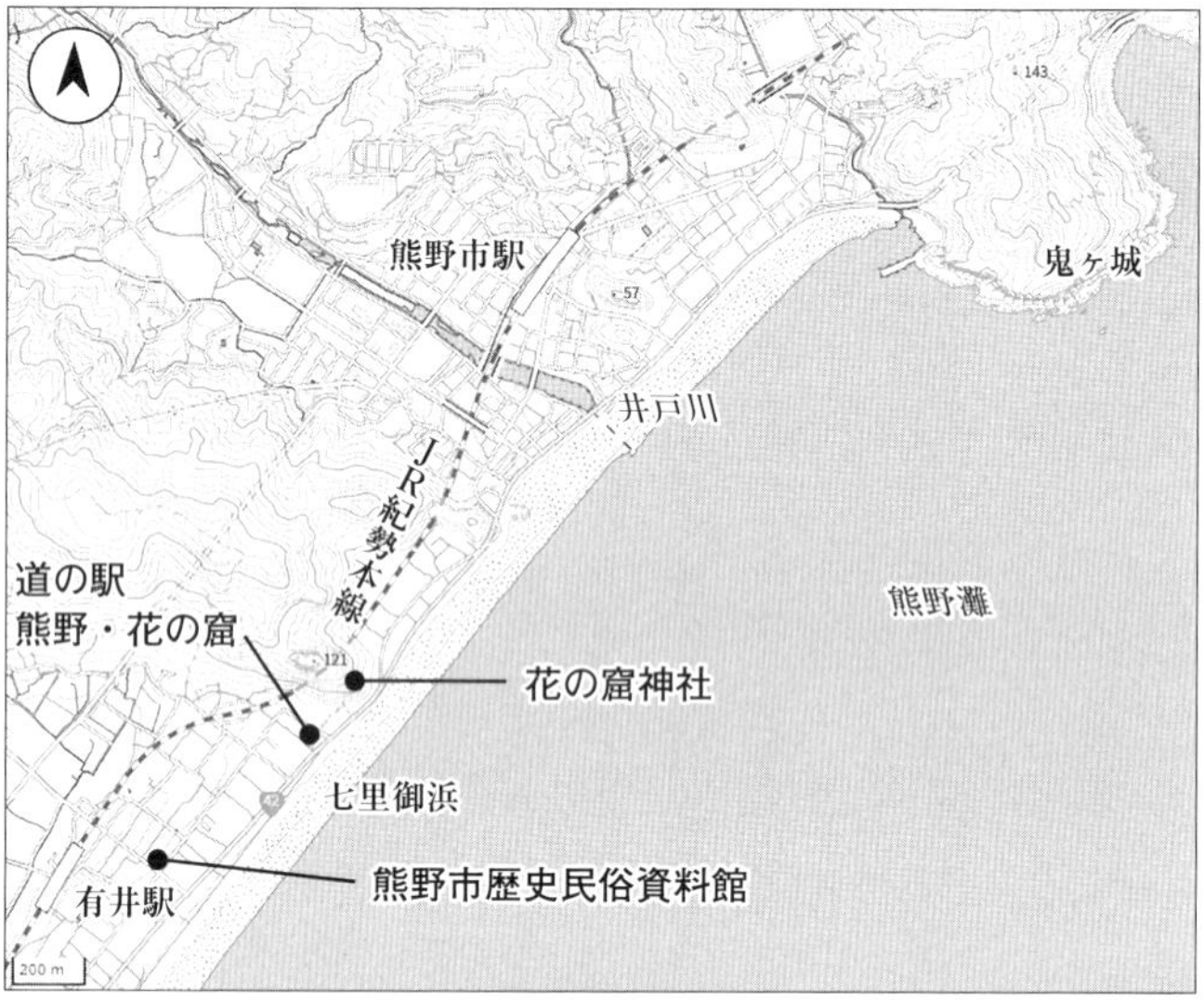

有馬村比定地

花の窟神社（以下当社と記す）は、ＪＲ紀勢本線の有井駅で下車して徒歩十分、海岸沿いの場所にある。境内入口には「日本最古　花の窟神社」という石柱が立つ。鳥居をくぐって、木の生い茂った参道を進むと参籠殿があり、そこを通り抜けると、目の前に視界に入りきれないほどの巨岩が現れる。高さは四五メートル、この巨岩が花の窟である。巨岩そのものが神体であり、当社には祭神を祀る本殿はない。巨岩の麓に、「ほと穴」と呼ばれる高さ六メートル、幅二・五メートル、深さ五〇センチほどの瓢箪《ひょうたん》形の窪みがあり、ここにイザナミが葬られたという。岩壁の手前に白石を敷き詰めて拝所としており、したがって当社には拝殿もない。このように当社は、古代の磐座《いわくら》祭祀のあり方を色濃く残しており、「日本最古」の神社であるかどうかはともかく、古いタイプの信仰にもとづく祭場であることは間違いない。

黄泉国の他界観が成立した段階では、この地が現世と黄泉国の結節点と位置づけられており、黄泉国と現世の境界の黄泉比良坂は、本来はこの地にあったと考えられていたとみられる。上述したように、黄泉比良坂を閉塞した「千引きの石」は、この花の窟をイメージして物語られたのであろう。

花の窟の名は、平安時代中期の増基《ぞうき》法師の紀行文『いほぬし』が初見だが、そこでは納経の霊場と紹介され、イザナミの葬地とはされていない。一方、十九世紀初頭に紀伊藩が編纂した『紀伊続風土記』は、花の窟を「伊奘冉尊陵」とし、拝所や鳥居も設置されており、花の窟をイザナミの葬地に比定する今日の解釈は、平安後期から十九世紀までの間に成立したということになる。

花の窟の御綱掛け神事

花の窟の岩上を見上げると、頂上には綱がかかっており、岩の上から境内の南隅にある柱まで引き渡されている。綱は、藁縄七本を束ねた長さは一七〇メートルの大縄で、その長さは日本一といわれている。年に二回、二月二日と十月二日に行われる「御綱掛《おつなか》け神事」（三重県無形文化財指定）で新しい綱が掛けられる。

御綱には「三流《みながれ》の幡《はた》」という縄で作られた三つの幡が吊るされ、幡には季節の花と扇が括られている。この「三流の幡」は、亡くなったイザナミの魂を、季節の花や幡旗を用いて祭ったという『日本書紀』の記述にもとづいている。「御綱掛け神事」は、花と幡でイザナミの魂を祭る神事であった。しかしそれが古代から今日まで延々と行われてきたということではない。おそらくは花の窟がイザナミの葬地とされた後に「御綱掛け神事」が成立したのであろう。『紀伊続風土記』によれば十九世紀初頭には現行とほぼ同様の神事が行われていることがわかる。

花の窟神社

記紀神話の他界観と熊野信仰

ところで「紀伊国の熊野」といえば、平安時代中期以降盛んになる熊野の本宮、新宮、那智《なち》の三山大社への信仰が有名である。上皇（法皇）をはじめとする貴族から庶民にいたるまで、「蟻の熊野詣」といわれるほど多くの人々が熊野を訪れた。花の窟もその一角に存在している。熊野信仰の本質は「死と再生」であり、熊野の地は阿弥陀如来の極楽浄土や観音菩薩の補陀落《ふだらく》浄土との結節点とされるが、その源流は、記紀神話にみられる熊野を結節点とする常世国、黄泉国の他界観にあった（五来　二〇〇四）。熊野三山大社を訪れた折には、ぜひとも花の窟へも足を延ばしていただきたい。

なお熊野参詣道（熊野古道）は、平成十六年（二〇〇四）に「紀伊山地の霊場と参詣道」として世界遺産（文化遺産）に登録されたが、花の窟もその一部として登録されている。

参考文献

内田律雄「熊野大神と揖夜神社」『発掘された出雲国風土記の世界』ハーベスト出版、二〇一七年

・出雲において熊野の地名が「イフヤ」と読まれていたことを、近世の文献などを手がかりに丁寧に考証している。

菊地照夫『古代王権の宗教的世界観と出雲』同成社、二〇一六年

・ヤマト王権の宗教的世界観が、六世紀中葉に水平的他界観から垂直的他界観に転換し、現世と他界の結節点が紀伊・熊野から出雲へと移る歴史的背景を考察している。

岡田精司「天皇家始祖神話の研究」『古代王権の祭祀と神話』塙書房、一九七〇年

五来重『熊野詣　三山信仰と文化』講談社、二〇〇四年

水木しげる『神秘家水木しげる伝』角川書店、二〇〇八年

関連資料館等

①熊野市立歴史民俗資料館
②島根県立八雲立つ風土記の丘
③水木しげる記念館
④道の駅熊野・花の窟

①

②

③

④

磐井の乱と石人・石馬

田中史生

六世紀の前半、筑紫で起こったいわゆる磐井《いわい》の乱は、当時の大王による列島支配そのものを問い直す性格を帯びていた。この「乱」をなんとか鎮圧した王権は、地方の政治・経済の支配拠点となるミヤケ（屯倉）を九州にはじめて設置する。その後、ミヤケは各地に広がり、近畿の王権と列島諸地域との結びつきや支配関係は以前にもまして強くなっていった。磐井の乱は、日本列島に、中央と地方の関係をはっきりと形作るきっかけともなった歴史的大事件なのである。

本章では、磐井の乱の舞台を歩きながら、「乱」の経緯や、この事件を生み出した北部九州の歴史的特性について考えてみたいと思う。

一　八女古墳群と石人・石馬

八女古墳群と岩戸山古墳

福岡県南部、八女《やめ》市から広川町・筑後市にかけて一〇キロ《キロ》ほど東西に延びる八女丘陵上に、大小三百基ほどの古墳からなる八女古墳群がある。北の広川、南の矢部川をはじめ、八女丘陵を囲む大小の河川は有明海《ありあけかい》に注ぎ、こ

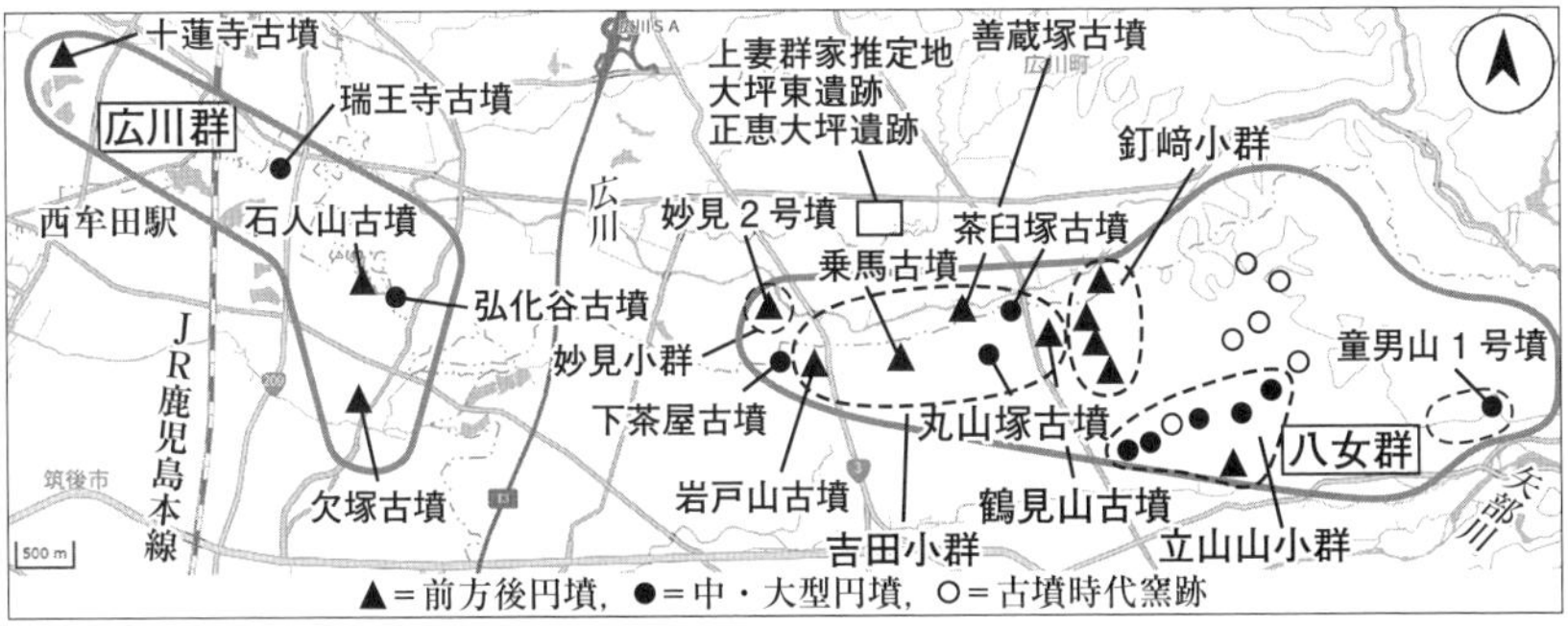

八女グループの構成（柳沢　2014をもとに作成）

の古墳群を営んだ首長たちは、有明海と深い関わりをもっていた。

磐井の墓と目される岩戸山古墳《いわとやま》も、この古墳群のなかにある。墳丘の長さは一三八メートルに達し、六世紀前半のものとしては全国でも屈指の大前方後円墳である。主体部は未調査だが、古墳の規模にふさわしい立派な横穴式石室であろう。ただし、乱で敗北した磐井がここに葬られたかどうかはわからない。現在は周囲が整備されているが、墳丘をとらえようと近づいても、あまりに大きく、木々の生い茂る丘を見上げているかのようである。古墳の北側には岩戸山歴史文化交流館が併設されている。常設展示室では、岩戸山古墳をはじめとする八女古墳群の出土品を確認しながら、地域の歴史を学ぶことができる。

岩戸山古墳については、奈良時代に編纂された『筑紫風土記《ちくしふどき》』（以下『風土記』と略す）逸文にも記述がある（『釈日本紀《しゃくにほんぎ》』所引）。それによると「筑紫君磐井之墳墓」には、石で造られた人や盾が交互に陣列を組んで周囲をめぐっていた。また東北角に設けられた別区には、堂々と立つ一体の石人の前に、裸の像が地に伏し、側には石像の猪四体が置かれていたという。また、石で造られた馬三疋《ひき》、殿舎三軒、蔵二軒もあったらしい。『風土記』は、この別区が「衙頭《がとう》」と呼ばれる政治の場を表現したもので、石人は、裁判を担当する「解部《ときべ》」が、猪を盗んだ者を問いただす場面を表現したのだという。

これらはあくまでも奈良時代の古墳の状態や解釈を伝えたものだが、実際、

別区からみた岩戸山古墳

古墳の北東側には周囲を掘り下げてつくりだした、一辺四三メートルの方形の平坦面が確認されている。残念ながらその表面は開墾などによる削平を受けていたが、正座して膝の上に両手を置く小型の裸形石人を含む石人や石馬、円筒埴輪や形象埴輪の破片も出土した。現在は別区として整備され、レプリカの石人・石馬が並べられている。

筑紫君の墳墓と石人・石馬

岩戸山古墳の四キロほど東には、五世紀前葉から半ばに築造された石人山《せきじんさん》古墳がある。八女古墳群で最初に築かれた大型の前方後円墳で、墳長は一一六メートル。この時期の九州の古墳では最大規模である。磐井の祖父の代にあたる首長墓ともされるが、八女古墳群内には石人山古墳から岩戸山古墳までの間に大規模な前方後円墳がなく、首長の権力の継承のあり方や、石人山古墳被葬者と磐井との血縁関係、系譜関係には不明な点も多い。後円部中央には横穴式石室があるが、天井部は失われ、現在はなかをのぞくことができる。内部には横口式家型石棺が安置され、蓋には直線と弧線を組み合わせた直弧文《ちょっこもん》と同心円文の浮彫がはっきりと見える。また石室前面には甲冑を着た武装石人が立つ。もともとは赤く着色されていたらしく、よく観察すると赤色顔料の一部も確認できる。

一方、岩戸山古墳の一・七キロ西側には岩戸山に続く大型の前方後円墳、鶴見山《つるみやま》古墳がある。開墾で削平を受けているが、墳丘の長さは八八メートルを測る。岩戸山から規模が縮小し、磐井の子の葛子《くずこ》の墓ではないかともされている。後円部の横穴式石室は、江戸時代に天井石が抜き取られ、墳丘は陥没している。今はそこに木々が生い茂り、石室内はよく見えない。また、ここでも前方部からは、完形に近い武装石人が出土している。

ところで、こうした古墳に並べる石製の形象物は、五・六世紀において、九州、なかでも福岡県・熊本県の有明海沿岸地域を中心に分布し、そのほとんどは阿蘇《あそ》石と呼ばれる阿蘇溶結凝灰岩で造られている。人・馬だけでなく武器・武具、鶏、壺などさまざまな種類があるが、岩戸山のものはその種類や数、サイズにおいて他を圧倒するという（柳沢 二〇一四）。また阿蘇石を用いた石棺も有明海沿岸に集中的に分布し、この地域には首長層の連携関係が築かれていたとみられる。

肥後で産出する石材は、五世紀後半から六世紀前半、特別に近畿にも運ばれていた。宇土半島馬門《まかど》産の阿蘇ピンク石を用いた石棺である。筑紫君ら有明海沿岸部の首長連合は、もともと近畿の王権に従い、また深い関係を築いていたのである。ではなぜ、全国屈指の巨大前方後円墳まで築いた磐井は、「乱」を起こしたのであろうか。

二　磐井の乱の経緯

古代史料のなかの磐井の乱

ここで、磐井の乱が古代史料にどのように伝えられているかをみてみよう。乱の経緯をもっとも詳しく伝えるのは『日本書紀』（以下『書紀』と略す）である。そこには、おおよそ次のように記されている。

継体二十一年（五二七）六月、天皇の命を受けた近江《おうみの》毛野臣《けぬのおみ》は、新羅に破られた加耶南部の国を再興しようと、六万の兵を

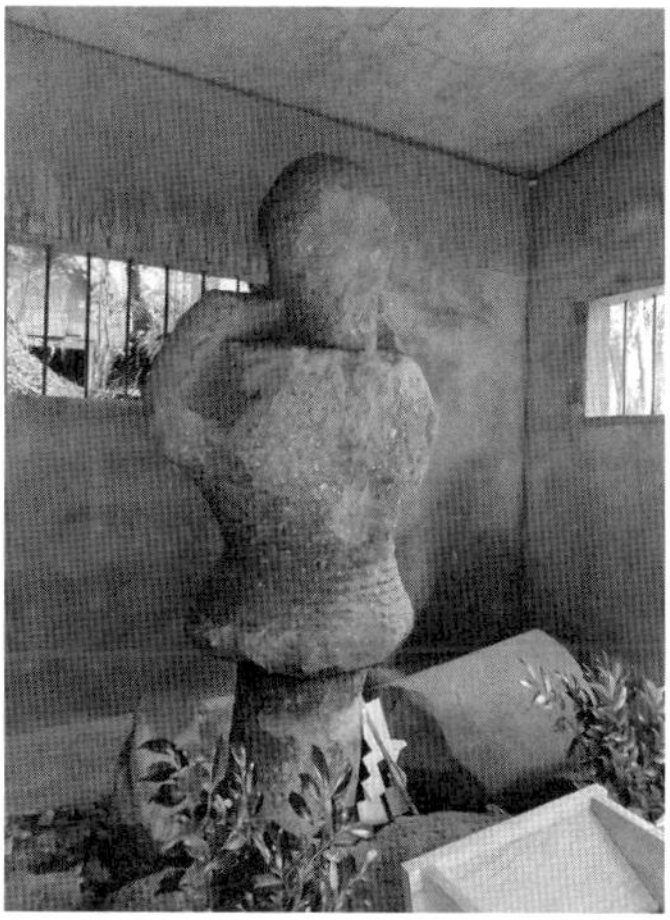

石人山古墳の武装石人

率いて朝鮮半島へおもむこうとしていた。ところがこれを知った新羅は、かねてから謀叛を企てていた筑紫国造の磐井に密かに賄賂を贈り、毛野臣の軍を防ぐようにすすめた。そこで磐井は、火・豊の二国にも勢力をはって、海路をふさぎ高句麗・百済・新羅・任那などの使節船を自身のもとに誘い入れると、毛野臣軍の進軍を阻止した。その際、磐井は毛野臣に向かって、「今でこそ使者となっているが、昔は吾が伴《ともがら》として、肩肘をすり合わせながら、同じ器で飯を食らったものだ。急に使者となったからといって、どうして私を従えることができようか」と言い放ったという。こうして毛野臣の軍は動けなくなった。そこで継体天皇は、あらためて物部大連麁鹿火《もののべのおおむらじあらかひ》を派遣する。翌年、麁鹿火は磐井軍と筑紫の御井《みい》郡で交戦し、磐井を斬り、乱はようやく鎮圧された。磐井の息子葛子は父に連座し罰せられるのを恐れ、糟屋屯倉《かすやのみやけ》を献上し許しを請うたという。

一方、『古事記』の記事はとても簡略で、筑紫君石井（磐井）が継体天皇の命に従わず無礼であったため、物部大連荒甲（麁鹿火）、大伴連金村《おおとものむらじかなむら》が派遣されて、石井が殺されたとあるだけである。磐井が継体天皇の時代のいつ決起したかは記されていないが、天皇に背いた磐井が最終的に殺害されたとすることでは異ならない。

これらに対し、奈良時代の磐井の墓の様子を記した先の『風土記』は、古老の話として、記紀と異なる磐井の最後を伝えている。それによると、筑紫君磐井は強い勢力を誇り継体天皇に従わなかったが、官軍が襲来すると、勝ち目がないと悟って豊前国の上膳県《かみつけのあがた》に逃れた。磐井を見失った官軍は、憤慨し、磐井がすでに造営していた墓に並ぶ石人の手を打ち折り、石馬の頭を打ち落としたというのである。

磐井軍の海上封鎖と糟屋屯倉

以上のうち、磐井が豊前の上膳県に逃れたとする『風土記』の伝承は、信憑性が薄いとされてきた。九世紀に成立した『先代旧事本紀《せんだいくじほんぎ》』のなかの「国造本紀」伊吉嶋造《いきのしまのみやつこ》条には、継体天皇の時代、上毛布直造《かみつけのふのあたいのみやつこ》が石井

（磐井）の従者の「新羅海辺人」を討ったとある。これは、豊前の上毛（上膳）地域の首長が、磐井に従う新羅人を討った功績で、壱岐嶋の国造に任じられたことを伝えたものと解釈されていて、磐井が敵対する首長の本拠地の上膳に逃走するはずがない、というのである。しかし近年の研究によれば、伊吉嶋造条は『先代旧事本紀』編者が物部氏の独自の伝承にもとづき造作したもので、上毛布直造に関する記述も、別の国造のものが誤入したとされ、信憑性があるのは、継体期に磐井の乱鎮圧の功績で壱岐島の国造任命が行われた部分のみであることが指摘されている（堀江 二〇一二）。

もしそうであれば、伊吉嶋造の話は、乱鎮圧が豊前方面からではなく玄界灘《げんかいなだ》方面から行われていたことを示すものとなる。『書紀』も、海路を封鎖した磐井軍と物部麁鹿火との最後の戦いが筑後の御井郡で行われたとするから、大王派遣の軍は、磐井軍を筑前の玄界灘海域からその本拠地付近の筑後まで押し込み、打ち負かしたのだろう。磐井が豊前方面に逃げたとする『風土記』の古老の話は、こうした乱の経緯に関する地元の記憶が前提となっているのではないだろうか。結局、磐井の最後がどうであったかはわからないが、少なくとも奈良時代、地元では、岩戸山古墳に磐井は葬られていないとされていたことは間違いなさそうだ。

鹿部田渕遺跡（みあけ史跡公園）

では、磐井が海路を封鎖し、近江毛野臣の軍を遮った場所はどこか。おそらくそれが糟屋《かすや》であろう。当時の北部九州では、筑紫君だけでなく宗像《むなかた》地域も相当な勢力を持っていたが、その後の首長墓の展開をみても、宗像勢力は、磐井軍に加担しなかったとみられている。だから毛野臣の水軍は、瀬戸内海から関門海峡を経て、宗像海域までは到達できたはずである。糟屋は、その先にある。つまりその糟屋で磐井が海路を封鎖したため、毛野臣の軍船は博多湾・玄界灘側へ進むことができず、対馬・壱岐を経て来航する朝鮮諸国の使節船も、磐井の勢力下に置かれてしまったとみられる。磐井の息子の葛子が、父の敗戦を受け、糟屋をミヤケとして献上したのは、ここが磐井の海上封鎖の拠点、すなわち乱の象徴的な場所であり、響灘《ひびきなだ》・宗像海域と博多湾・玄界灘をつなぐ海上の要地だったからなのである（田中　二〇一八）。

現在、その糟屋屯倉の比定地として有力視されている一つに、福岡県古賀市の鹿部田渕《ししぶたぶち》遺跡がある。この遺跡からは、六世紀中頃から後半の倉庫として用いられたみられる総柱建物や、政務の場や作業場と推定される側柱建物の跡が見つかっている。現在、鹿部田渕遺跡はＪＲ鹿児島本線ししぶ駅から徒歩五分ほどの位置にあり、「みあけ史跡公園」として整備されている。そこから歩いて北へ十分ほどの場所に海浜の松原が広がる。一部がゴルフ場となっているので、これを迂回して抜けると新宮浜の砂浜が広がる。今は穏やかなこの海で、当時は両軍の船がにらみ合っていたのかもしれない。

三　磐井の乱の背景を探る

磐井と継体王権

磐井の乱の発生当時、倭国を治めていたのは継体大王。大和盆地の外に権力基盤を持ちながら即位した王である。この頃の倭国はまだ、大王の地位を継承する血縁集団が複数存在し、一つの王統としてはまとまっていなかったとする説が有力である。こうしたなか、激しい権力闘争が発生して王位継承が行き詰まり、北陸の南部から琵琶湖周辺を基盤に、東海地域や大阪湾岸地域の首長層とも関係を深めていた継体が、大王に擁立されたとみられる。

この継体の墓と考えられている大阪府高槻市の今城塚《いましろづか》古墳では、三種の石棺のなかに阿蘇ピンク石製のものが含まれている。継体がその石棺に葬られたかどうかはわからないが、筑紫君ら有明首長連合が、もともと継体王権を支える姿勢をとっていたことは間違いない。

磐井を生み出した勢力が近畿の王権と密接な関係を築いていたことは、『書紀』において磐井が、毛野臣を「吾が伴」と呼び、体を寄せ合い一緒に食事をした仲だと語ったとすることにも表れている。倭国では五世紀半ば頃から、列島各地の地域勢力を王権のもとに編成する政策を積極的に進め、首長の子弟や渡来系技能者などが、ある一定の職掌をもって大王のもとに参集し、王宮や王権の工房に組織されて仕奉する体制（人制）がつくられた。八女古墳群の勢力や宗像の勢力も、こうした背景のなかで五世紀半ば頃から急速に成長したとみられる（田中　二〇一八）。磐井が毛野臣に語った言葉がそのまま史実かどうかはわからないが、この話は、かつて磐井が、有明海沿岸地域の有力首長の子弟として、近畿の王権に直接仕えていたことにもとづいているだろう。つまり磐井の乱は、それまで王権を支えてきた地域勢力の有力な一角が離反したことを意味しているのである。

磐井の乱の国際環境

磐井の乱が王権に与えたインパクトは、国内の問題にとどまらない。磐井の海上封鎖で王権の対外交流が停滞したことはすでにみたが、『書紀』は磐井の背後に新羅があったことも伝えている。これとは別に「国造本紀」も、磐井に従う「新羅海辺人」の存在を伝えているから、『書紀』の話も編者の創作とは考え難い。

しかし、もともと有明首長連合は、大王の外交を支援していた。倭国と同盟関係にあった百済は、四七五年、高句麗の攻撃で王都漢城と王を失い、以後しばらく混乱が続く。倭王権はその百済を支え続けたが、そのなかで四七九年、倭国の質となっていた百済王族の東城王《とうせいおう》が筑紫国の軍士五百人に護送されて百済王として即位する（『書紀』雄略二十三年四月条）。この筑紫の軍士には、有明首長連合も含まれていた可能性が高い。東城王は朝鮮半島西南部の栄山江《えいざんこう》流域を百済に編入することに強い関心を示したが、この地域では六世紀前半、倭系の前方後円墳が営まれる。被葬者像については諸説があるが、石室の構造や副葬品などから、北部九州から有明海沿岸部の倭人と深い関わりをもっていたとみられている。また倭系古墳からは、他にも朝鮮半島諸地域との関係をうかがわせる副葬品が出土している。つまり北部九州・有明沿岸部の首長層は、大王の進める対外政策を現場で支えていたと考えられるが、そこに、朝鮮半島のさまざまな勢力と直接つながる環境もあったのである。

そして磐井の時代、倭人ととくに関わりの深い朝鮮半島南端部の加耶《かや》諸国は、百済・新羅に挟まれ存亡の危機にあった。またそのなかにあって新羅の成長は著しく、優勢であった。磐井の阻んだ近江毛野臣の軍も、倭王権が、こうした朝鮮半島情勢に関わろうと派遣した軍である。九州を基盤に、朝鮮諸王権とのネットワークももつ磐井は、こうした情勢をみながら、新羅寄りの姿勢を示し、継体の大王としての対外政策を否定する行動に出たのである。しかもそれが倭人の国際交流の拠点である北部九州で起こったから、王権の権威を支える対外交流活動自体が停滞した。継体大王にとっては大打撃であったろう。

ところで『書紀』は、継体二十五年（五三一）条の継体天皇崩御に関する記事の後、百済の記録などをもとに日本で編纂されたとみられる「百済本記」を引用して、天皇と皇太子がともに亡くなったと注記している。このため、五三一年に倭国で大きな政変（辛亥の変）があったとする有力な見方がある。この問題と関連し、『書紀』が五二七年に起こったと伝える磐井の乱についても、『書紀』『古事記』その他の史料にみられる年紀のズレなどから、実際の発生は五三〇年で、翌年鎮圧されたが、その混乱のなかで政変が起こったとする説がある（山尾一九九九）。十分考えられることである。磐井の乱は、東アジアの国際環境のなかで揺れ動く「倭国」という枠組みを、日本列島と東アジアをつなぐ九州の地から問い直すものであった。だから磐井の乱後、倭国は大きく変わらざるをえなかったのである。

参考文献

田中史生「磐井の乱前後の北部九州と倭王権」新川登亀男編『日本古代史の方法と意義』勉誠出版、二〇一八年
・北部九州と王権の関係が、磐井の乱を契機にどう変化していったかを論じる。

柳沢一男『シリーズ遺跡を学ぶ　筑紫君磐井と「磐井の乱」—岩戸山古墳—』新泉社、二〇一四年
・最新の考古学の研究成果から、有明首長連合の実態、磐井の乱の実態に迫る。

山尾幸久『筑紫君磐井の戦争—東アジアのなかの古代国家—』新日本出版社、一九九九年
・磐井の乱の「日本史」における意味を、文献史学の立場からダイナミックに問う。

堀江潔「壱岐島の国造について—『先代旧事本紀』国造本紀伊吉嶋造条の評価と解釈をめぐって—」細井浩志編『古代壱岐島の世界』高志書院、二〇一二年

関連資料館等

①岩戸山歴史文化交流館　いわいの郷
②広川町古墳公園資料館

①

②

吉備の世界と反乱伝承

中村友一

一　吉備と記紀説話

「吉備」とは

古代の「吉備」と聞けば広大な地域を想定されるだろう。令制国でいえば備前・備中・備後に美作、おおよそ現在の岡山県全域と広島県の東半分にもあたるのだから。

ただ、広義の「吉備」は本章で触れきれるものではないが、「記紀」の説話や古代豪族吉備氏の中心を成すのは、やはり備前から備中の南部地域あたりだといえよう。以下、本節では、この地域に限定して「吉備」と呼称することにしたい。現在の岡山市・倉敷市・総社市あたりが該当するが、山陽本線より南側の低地は、当時はおよそ海中であったので、現在の景観とは大きく異なっていたことも念頭に置いて読み進めてもらいたい。

吉備の研究史

そもそも考古学的なものではなく、文献史学的な「吉備」の研究にはどのような論点があったのか。①吉備氏の系譜伝承に関わる問題、②吉備氏の反乱伝承に関わる問題、③吉備氏の同族と分封された地域の推定、④吉備氏の性格や勢力を有する要因の推測、⑤吉備の児島屯倉《こじまのみやけ》や白猪《しらい》屯倉について、以上が主なものであろう。律令制下の官人としての吉備真備《きびのまきび》や和気清麻呂《わけのきよまろ》に関わる論点は、少し古代吉備から変容があると思われるし本書の対象とする時代ともずれるので、本節では捨象する。

③の論点は、遺称地や古墳などの分布から吉備氏同族氏族それぞれの本拠地や勢力範囲を推測するもので、多少の意見のぶつかりはあるがそれほどの争点にはなっていない。

吉備に関する議論は吉田晶が古典的だが、避けては通れない道しるべとなっている（吉田　一九九五など）。考古学的な見地をふんだんに用いる湊哲夫の一連の研究も双璧を成しているといえよう（湊　二〇〇五など）。以降の研究は、前掲の①から④の論点を個別に深化するものが多い。

具体的には、①と②についてが「記紀」を用いて多くの議論が起こっているが、おおむね「記紀」それぞれで復元できる系譜の違いや、伝承の異同などを論じるものが多い。両書に示される係累関係や人名の差異が問題となる。この論点から④にも触れられることもあるが、どちらかといえば、吉備そのものや吉備氏の原像を論じる議論は少ないといえる。

①の論点は、『書紀』孝霊《こうれい》天皇と『古事記』孝霊段にみえる吉備氏の始祖系譜の異同についてが主である。いずれも「大吉備津彦《おおきびつひこ》」の別名があるとされる。だが、『新撰姓氏録《しんせんしょうじろく》』でも左京皇別上に吉備朝臣《あそん》は「大日本根子《おおやまとねこ》彦太瓊《ひこふとに》天皇（孝霊）皇子稚武彦命《わかたけひこのみこと》」の後裔とされており、同族の下道《しもつみち》朝臣は稚武彦命の孫吉備武彦《きびたけひこ》の後裔とされている。つまり『書紀』孝霊二年二月丙寅条の影響下にあると考えられるが、『古事記』との差異、さらに③とも関わる『書紀』応神二十二年九月庚寅条にみえる五県に分封プラス織部《おりべ》の始祖を記す系譜とも大きく異なっており、どうやら統一された氏族系譜が古い段階で生成されなかったと推定できる。

吉備氏の始祖系譜（吉田　一九九五）

浦凝別……苑臣之始祖―苑県
御友別―稲速別…下道臣之始祖―川嶋県
　　　―仲　彦…上道臣・香屋臣之始祖―上道県
　　　―弟　彦…三野臣之始祖―三野県
鴨　別……笠臣之始祖―波区芸県
兄　媛……織　部

吉備氏の反乱伝承

それでは②についてみてみることにしよう。神代にも吉備の地名や吉備神部《かんべ》も記されるが、あまり信がおける記事ではない。崇神《すじん》紀を中心にみられる吉備津彦の四道将軍としての活躍や景行《けいこう》紀の吉備武彦が日本武尊《やまとたけるのみこと》に従って東征するなど、王権内での軍事的な活躍が目立ち、何らかの功績はあったことが想定できよう。

他方、葛城《かつらぎ》氏や平群《へぐり》氏などのように反乱や誅殺された氏族は複数『書紀』の説話にみられるが、吉備氏は反乱・誅殺伝承が複数回記されていることがとりわけ特徴的だといえる。

・『書紀』雄略《ゆうりゃく》七年八月条……吉備下道臣前津屋《さきつや》（或本では国造吉備臣山）が大王家に擬した少女や小さい鶏と、自らに擬した大女・大きい鶏とを自らに擬してそれぞれ闘わせたことにより、物部の兵によって前津屋と一族が滅ぼされた。

・『書紀』同年是歳条……吉備上道臣田狭《たさ》の妻稚媛《わかひめ》を、田狭が任那《みまな》に赴任しているうちに雄略が妻としてしまった。田狭は新羅に助けを求めようとし、討伐に遣わされた田狭の子である弟君《おときみ》は討つことなく百済に留まってしまった。

・『書紀』清寧《せいねい》即位前紀（雄略二十三年）……吉備氏の母をもつ星川《ほしかわ》皇子が大王位をうかがうも、吉備稚媛もとに焼き殺された。星川皇子を助けようと水軍を率いてきた吉備上道臣らは、すでに皇子が殺されたのを聞いて引き返すが、後に領していた山部を没収された。他方、征新羅将軍吉備臣尾代《おしろ》が、雄略の没後に蝦夷《えみし》が騒擾したのを鎮圧したという所伝も、同じ時期に記されている。

以上のように、雄略天皇代を中心に吉備氏の反乱伝承が複数記されている。この点については、何らかの作為性があり、別個に成立したいくつかの物語を、原星川皇子反乱物語を整備するために吉備腹の皇子の反乱を際立たせる目的で述作されたもので、史実を反映したものではない（大橋　一九七三）という見解に大筋で賛同する。これらの伝承が史実そのものではないという考え方は、基本的に通説の位置を占めるが、それらの細部への評価はまだ定見をみないといえる（中村　二〇二四）。

二　説話の舞台——吉備の古墳と初期寺院——

吉備の古墳や史跡の分布は、簡単に巡見してみても数日は要するだろう。前節までも吉備のごく一部の事例として述べている。本節では、より記紀神話・説話と密接に関わる史跡などをみていきたい。

総社市域の遺跡

吉備地域で最初に耳にする古代史上の遺跡といえば、多くの人が巨大古墳の名をあげるだろう。訓ではいずれも「つくりやま」と読まれるが、音読みで呼び分ける造山古墳（墳丘長三五〇メートル、全国四位。岡山市北区）と作山古墳（墳丘長二八二メートル、全国十位。総社市）が著名である。だが、どちらも周湟《しゅうこう》（溝）がなかったり、すぐ近くまで道路や民家が存在するため、その巨大さに比べて威圧感というか迫力に欠ける感がある。造山古墳は五世紀前半頃、作山古墳は五世紀中頃の築造と考えられており、大和王権の説話に影響を与える時期に、この巨大な古墳を築造した勢力が吉備に存在したことは間違いない。

それだけではなく、岡山県南部県域に限ってみても造山・作山古墳のある足守《あしもり》川右岸域やその西の高梁《たかはし》川流域のほかにも、足守川左岸域の備中・備前国境付近や、備前国域の旭《あさひ》川流域・砂川流域・吉井川流域や牛窓《うしまど》湾沿岸域など、時期や規模・分布の濃淡の差異はあれども多数の古墳の分布域が存在している。

短絡的に古墳を造成していた勢力と、初期の寺院を建造した氏族とが連動するとまで言うことは控えるが、それらを育む土地の力という観点で連続性を見出すことにすると、吉備は飛鳥時代やその後にも連綿と勢力を保持する集団が存在したといえる。

さて、吉備地域が初めてであれば、まずJR吉備線（桃太郎線）沿線と、周遊バスを利用して総社市東部域を巡見するのがお勧めである。先述の造山・作山古墳の間に備中国分寺と尼寺があり、さらに両寺の間にこうもり塚古墳があることから、勢力圏の連続性を肌で感じることができる地域である。遺跡として整備されてはいないが、飛鳥期の寺院跡と目される加茂政所《かもまどころ》遺跡や古代山陽道の跡なども通過する、律令制下へ連続する歴史観を想像できる地域である。やや北の方には白鳳期の栢寺廃寺《かやでらはいじ》もある。そして、現地に立ったら思い出していただきたいのは、古代ではほぼこの地域は低地、あるいは湿地であったということである。吉備線備中高松駅のすぐ北側に、豊臣秀吉の水攻めで有名な備中高松城があることを意識してもらえればと思う。バスの便があれば、その北西にある鬼ノ城の跡にも登っていただければ、地勢が把握しやすいし、復元整備や展示もぜひ見てもらいたい。

一方、総社市市街地に移動すれば、作山古墳の西北に二キロ程で総社宮がある。この付近が備中国府域となる。市街地の南北にも古墳が存在するが、ここまで来ればJR伯備線も使うことができる。

岡山市北区域の遺跡

岡山駅方面から造山・作山古墳などを見学しようとするならば、個人的にはできうるならばそれよりも手前、岡山駅寄り・東側から巡見してもらいたい。JR吉備線の備前一宮駅の、すぐ前に吉備津彦《きびつひこ》神社が見えている。

眼前の堀と三丁川の水位を見ると、かなり低地地域であることが意識される。さらに、神社の南には、白鳳期にさかのぼると考えられる神力寺《じんりきでら》跡もある。

吉備津彦神社の背後から西と南にかけては、吉備中山という独立丘陵地が広がっている。山中には石舟《いしふね》古墳群や石室が開口している石舟古墳などもあるが、ちょっとした登山を覚悟した方がよい。丘陵の北側裾野を西に向かえば、丘陵の谷を流れる細谷川《ほそたに》という備前と備中の国境とされた両国橋を渡り備中側の吉備津神社にたどり着く。

車などがあれば古代吉備文化財センターを見学したついでに、比近の山頂にある中山茶臼山古墳《なかやまちゃうすやま》だけはぜひ見学してもらいたい。大吉備津彦の墓とされているからである。墳長は約一二〇《メートル》で、四世紀前半という古めの築造時期である。宮内庁管理下のために立入はできないが、東側の穴観音がある辺りからだと古墳の側面を眺めることができる。

この吉備中山の麓に吉備津彦神社と吉備津神社が鎮座するのも、往時を偲ぶ示唆的な感情が湧いてくる。また、丘陵地帯の南西に賀夜《かや》氏の館跡とする地や、吉備津駅近くには賀夜氏の出自とする臨済宗開祖栄西《ようさい》の出生地とする所もある。これらのことから、付近一帯が応神二十二年に分割された上道県の故地であり、賀夜（香屋臣）氏の本拠地だと想像するに難くないだろう。

ところで、記紀説話などにみえないが、『吉備津宮縁起』などには百済王子の温羅《うら》（吉備冠者《きびのかじゃ》）の伝承がある。詳細は記さないが、この地域に独特な鳴釜《なるかま》神事の起源となっている。この吉備中山の丘陵一帯を見学して回るだけでも、時間的にも歴史的にもかなりの満腹感が得られよう。

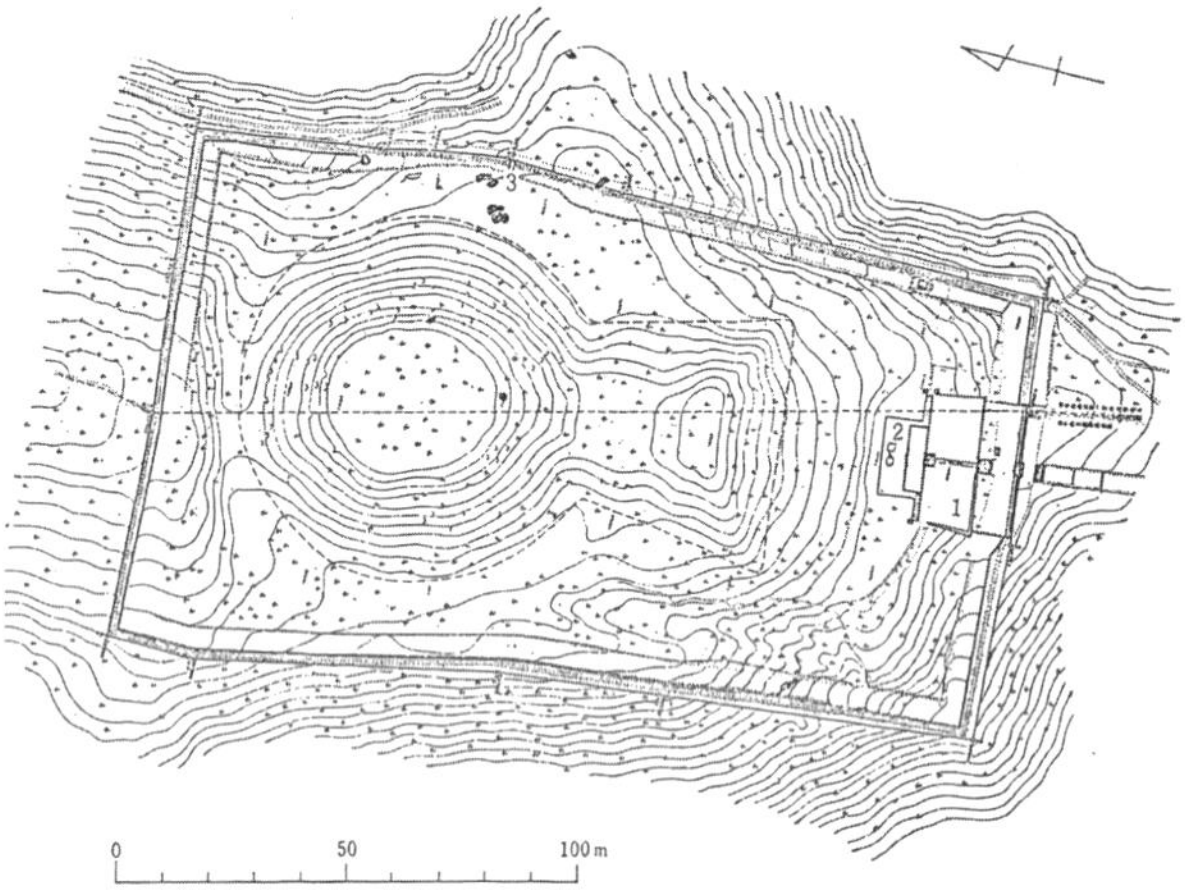

中山茶臼山古墳実側図（佐藤利秀「大吉備津彦命墓整備工事箇所の立会調査」『書陵部紀要』33，1982年）

吉備中山（麓の建物が吉備津神社，稜線のへこんでいるあたりが備前・備中国境）

近隣地域の遺跡

倉敷市北部域高梁川流域は倉敷駅あたりを拠点に北上すると見学しやすい。倉敷考古館を見学して情報を仕入れてから、電車やバスで倉敷市北部や総社市西部の古墳などを見て回るのがおすすめである。とはいえ、やはりレンタカーを借りるなどしなければ、なかなか機能的に見て回れないだろう。倉敷市のいくつかの古墳や北上して吉備真備の墓や吉備寺など、飛鳥期の寺院跡である箭田廃寺《やたはいじ》や箭田大塚古墳があり、さらに総社市西部の外れ

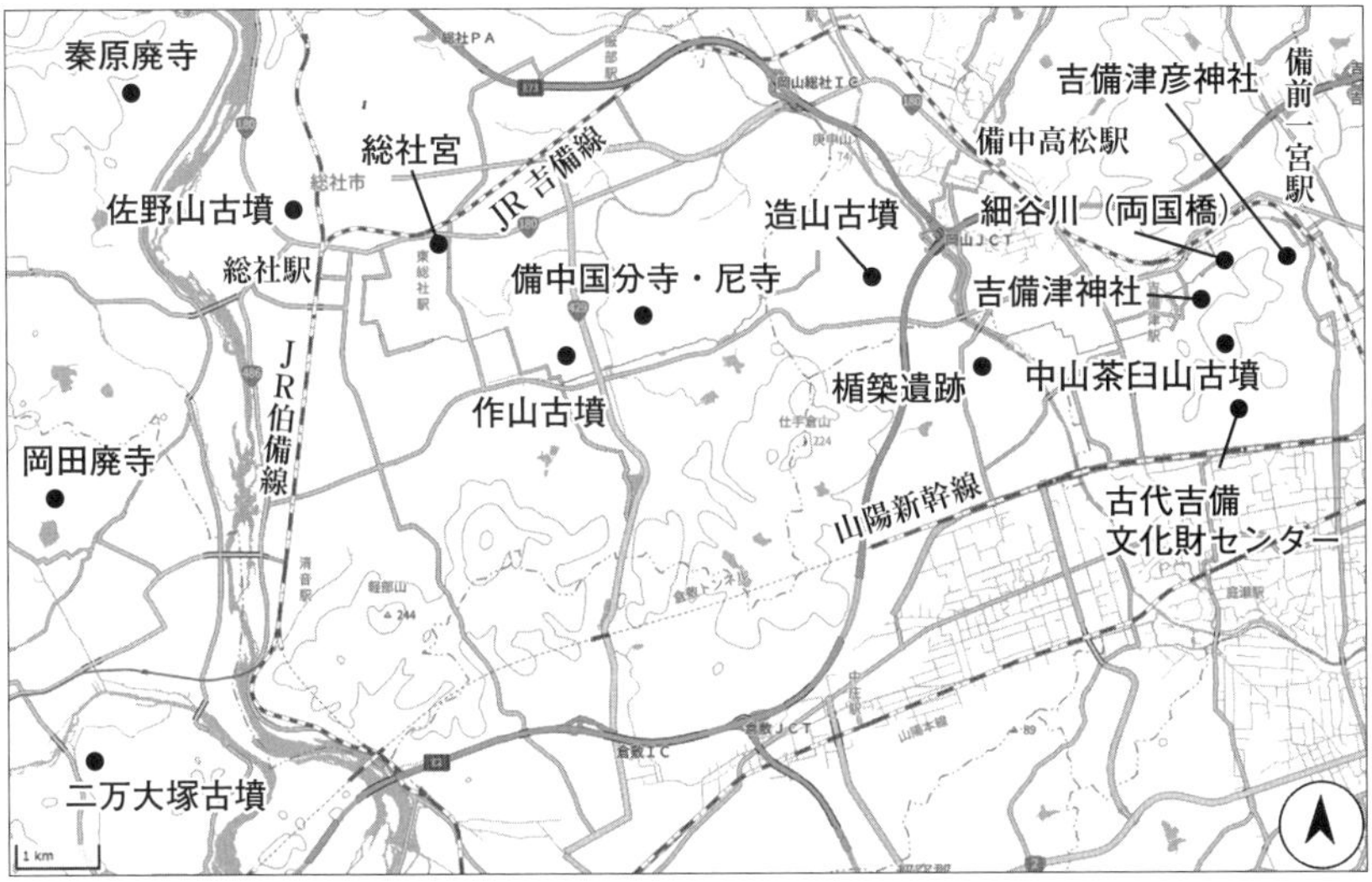

吉備の主な遺跡

には飛鳥期の秦原廃寺《はだはらはいじ》などもある。吉備氏同族内での勢力バランスが、総社市域からこちらに移ったとみる見解もある（吉田　一九九五）。

また、岡山駅のすぐ北側には津島遺跡がある。旭川より東には飛鳥期にさかのぼる賞田廃寺《しょうだはいじ》があり備前国府域が南に接しおり、西に総社宮もある。国府域を南下すると、白鳳期から平安時代にかけての幡多廃寺《はたはいじ》もあり、住宅街に塔心礎《しんそ》がみられる。逆に賞田廃寺背後の丘陵を北側に抜けると、牟佐大塚《むさおおつか》古墳が所在する。数キロ程東に向かい赤磐市に入ると、両宮山《りょうぐうざん》古墳が存在感を示すが、西に備前国分寺が接し、南に少し離れたところに尼寺跡とみられる仁王寺池がある。

主な遺跡の紹介だけでも冗長になってしまったが、まだまだ吉備中心部だけでも触れきれない古代の遺跡は多く、掘り下げきれない説話など文献史料も多い。ぜひ「記紀」を読み進めながら、それぞれの関心を中心にしながら現地を巡見してみてはいかがだろうか。

参考文献

西田和浩『吉備の超巨大古墳造山古墳群』新泉社、二〇二〇年
・造山・作山古墳だけでなく、千足古墳と直弧文といった内容がカラーで見やすくまとめられている。本章で扱った地域の中心をなす地域を散策するのにも見ておきたい書。
湊哲夫・亀田修一『吉備の古代寺院』吉備人出版、二〇〇六年
・吉備地域の古代の寺院跡と、それと目される遺跡がほとんど網羅され、わかりやすく簡便に紹介されている。造営主体氏族や瓦の関係性などにも目を配っており、現地でもガイドブック的な役割にもなるお得な書。
吉田晶『吉備古代史の展開』塙書房、一九九五年
・専門の研究書であり、精読するのは初学者にはなかなか難しいかもしれないが、「吉備」が色々な問題をはらんでいることを感じとっていただければ。また、図版や表なども含めて、巡見の予習・復習に必須な書である。
大橋信弥「「吉備氏反乱伝承」の史料的研究―星川皇子反乱事件をめぐって―」『日本古代の王権と氏族』吉川弘文館、一九九六年、初出一九七三年
門脇禎二『吉備の古代史』山陽放送株式会社、一九八八年
志田諄一「吉備臣」『古代氏族の性格と伝承』雄山閣、一九七二年
中村友一「広域地域名を冠する氏族から見る『日本書紀』」小林真由美・鈴木正信編『『日本書紀』の成立と伝来』雄山閣、二〇二四年
平林章仁『雄略天皇の古代史』志学社、二〇二一年
前川明久「吉備の反乱」佐伯有清編『古代を考える　雄略天皇とその時代』吉川弘文館、一九八八年
湊哲夫「吉備の首長の「反乱」」門脇禎二・狩野久・葛原克人編『古代を考える　吉備』吉川弘文館、二〇〇五年

関連資料館等

①岡山県古代吉備文化財センター

②岡山市埋蔵文化財センター

③倉敷考古館

①

②

③

国造と屯倉の設置
——武蔵国造の乱と上毛野氏——

中村光一

一　国造と屯倉

国造とは

国造《くにのみやつこ》は、ヤマト王権に協調的な有力地方豪族が任命されてその地域を統治した地方官で、支配権を保証される一方、服属の証として大王のもとに子女を舎人《とねり》や采女《うねめ》として出仕させ、当該地域の特産品などの貢進を行った。また、大王が各地に所有する直轄領である屯倉《みやけ》や、支配下にある名代《なしろ》・子代《こしろ》と呼ばれる人々の管理を行い、軍興が起こされた際には兵士を提供するなどヤマト王権への奉仕を求められた。

『古事記』では成務記《せいむ》に「大国・小国の国造を定め賜ひ、亦国々の堺と大県《あがた》・小県の県主《あがたぬし》及を定め賜ひき」、『日本書紀』でも成務天皇五年九月条に「諸国に令して、国郡に造長（国造を指す）を立て、県邑《あがたむら》に稲置《いなぎ》を置《た》つ」とあり、ともに成務朝の設置を記しているが、成務天皇についてはその実在性自体に疑問がもたれており、これらの起源説話はにわかには信じがたい。かつては、国造の設置は四、五世紀までさかのぼるとする説が有力であったが、近年は六世紀代に下るとする説が一般的である。

なお、『先代旧事本紀《せんだいくじほんぎ》』の巻十「国造本紀」は、全国の百三十余りの国造を列挙し、それぞれの設置時期と初代国造名を簡略に記している。

屯倉とは

屯倉は、ヤマト王権の支配体制下で全国に設置された直轄領を指すとされ、その初見は『日本書紀』垂仁《すいにん》天皇二十七年是歳条に「屯倉を来目邑《くめのむら》に興《た》つ」とあり、景行《けいこう》天皇五十七年十月条にも「諸国に令して田部《たべ》、屯倉を興つ」と記されている。しかし、これらの記述はその起源を古くみせるための文飾と考えられ、実際には大王の権力が強くなる五世紀代の仁徳《にんとく》朝の頃（ただし「記紀」記載の所伝に父応神《おうじん》と重なる部分が少なくないことから、仁徳の実在を疑う説もある）から設置されたと考えられる。

ただし、その管理方法や充てられる労働力は多様で、六世紀を境に前期屯倉と後期屯倉とに分け、前者は大王によって開発された直轄領的性格を有して律令制下の畿内官田につながり、後者は国造の領域内に設定されることでヤマト王権の勢力を浸透させていく機能を果たし、白猪《しらい》屯倉（岡山県内に比定する説が有力）での戸籍作成など、律令制的地方支配の先駆けをなしたともとらえられている。

国造・屯倉についての諸問題

しかし、国造制はヤマト王権によって各地の有力地方豪族の地位がそのまま認められて全国一律に制度化されたわけではなく、王権と個別に関係を築いた豪族の存在形態によって多様性を維持しつつ、二次的に再編された結果として成立したものととらえられており、東日本の国造制の成立は六世紀末まで下るとする説もある。

一方、屯倉の成立とその性格も、各地域で多様であったことが想定されており、そもそも「屯倉」の表記に関しても『日本書紀』に特有のもので、他の文献では「屯家」「御宅」「三宅」「三家」と多様な記述例もあることから、表記に「ミヤケ」を使用する立場もある。安閑《あんかん》紀に屯倉の設置記事が集中することについても、『日本書紀』編纂の際に、そこに多年にわたる設置をまとめて記載したことによるもので史実ではないとする捉え方がある一方、同時期にヤマト王権による朝鮮半島の加耶《かや》地域への介入が図られることから、半島政策の経済的裏づけとして屯倉の大量設置が行われたとする説もある。このようなことから、研究者間ではミヤケは直轄領＝土地ではなく、あくまで政治的・軍事的、あるいは貢納奉仕のための拠点であるとの理解が一般的となってきている。

以上のような諸問題を考えた場合、本章のサブタイトルにも掲げた「武蔵国造の乱」（以下、本文中では「乱」と記す）は、東国における国造制と屯倉の設置を考えるうえでさまざまな示唆を与えてくれる説話であるといえよう。

二　「武蔵国造の乱」が語るもの

安閑紀の説話

『日本書紀』には、安閑天皇元年（五三四）閏十二月是月条の記事として以下の説話が載せられている。

武蔵国造笠原直《あたい》使主《おみ》と同族小杵《おき》と国造を相争ひて〈使主・小杵、皆名なり。〉、年経るに決め難し。小杵、性阻《うぢはや》くして逆《さから》ふこと有り。心高びて順《まつろ》ふこと無し。密に就きて援を上毛野君《かみつけぬのきみ》小熊《おくま》に求む。而して使主を殺さむと謀る。使主覚りて走げ出づ。京《みやこ》に詣でて状を言す。朝廷臨断《つみさだめ》めたまひて、使主を以て国造とす。小杵を誅す。国造使主、悚憙《かしこまりよろこび》懐《こころ》に交《み》ちて、黙已《もだ》あること能はず。謹みて国家《みかど》の為に、横渟《よこぬ》・橘花《たちばな》・多氷《おほひ》・倉樔《くらす》、四処の屯倉を置き奉る。

これを現代語訳すると、「武蔵国造の笠原直使主と同族の小杵（笠原直を称していたか否かは明らかではない）は、武蔵国造の地位を巡って長年争っていた。小杵は性格が険悪であったため、密かに上毛野君小熊に助力を請い使主を殺害しようとした。小杵の謀《はかりごと》を知った使主は逃れて京に上り、朝廷に助けを求めた。その結果、朝廷は使主を武蔵国造と定め、小杵を誅した。これを受け、使主は感謝の気持ちから横渟・橘花・多氷・倉樔の四ヵ所の屯倉を朝廷に献上した」ということになろう。

屯倉の比定地

使主が献上したとされる四ヵ所の屯倉については、地名比定や古墳分布などを元に検討が加えられた結果、

横渟屯倉……武蔵国横見郡（埼玉県比企郡吉見町）

橘花屯倉……武蔵国橘樹郡御宅郷（神奈川県川崎市幸区北加瀬から横浜市港北区日吉付近）

多氷屯倉……「多氷」を「多末《たま》」「多米」、あるいは「多水」の誤記として、武蔵国多磨郡（後、多摩郡）（東京都あきる野市）

倉樔屯倉……「倉樔」を「倉樹」の誤記として、武蔵国久良郡（後、久良岐郡）、（横浜市南東部）

にそれぞれを充てる説が有力である。なお、橘花・多氷・倉樔の三ヵ所が比較的近い場所に位置しているのに対し、横渟だけが離れた場所に置かれたこと

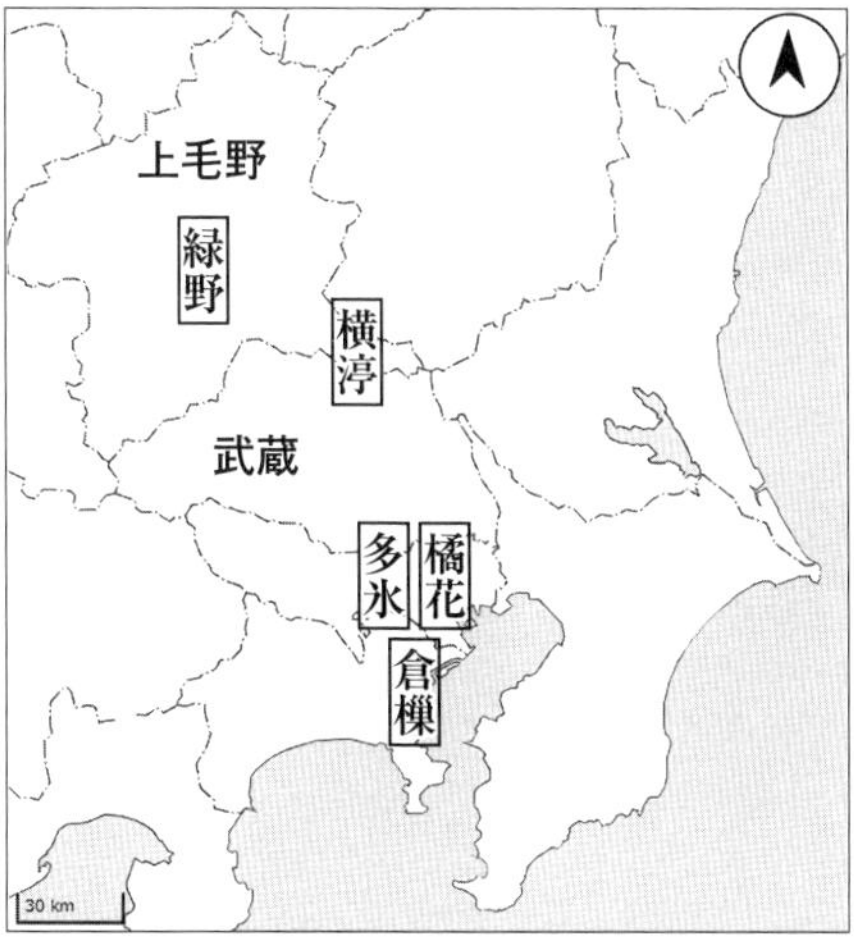

屯倉の比定地（嵐山町教育委員会『丘陵人の叙事詩－嵐山町の原始・古代』嵐山町博物誌第4巻〈考古・歴史編〉，2003年所収の地図をもとに作成，一部改変，県境は現在のもの）

については、この地域が旧入間川水系の河川交通と、南北武蔵と上毛野をつなぐ陸上交通の拠点であったことに理由を求める見解がある。

上毛野氏の伝承

一方、小杵が頼ったとされる上毛野君小熊は、『日本書紀』に豊富な説話をもつ上毛野氏一族の一人で、氏の名としての上毛野を冠した最初の人物として知られている。上毛野氏は崇神《すじん》天皇の皇子豊城命《とよきのみこと》を祖とし、命は兄弟である活目尊《いくめのみこと》（即位して垂仁天皇）との夢占いの結果、「御諸山《みもろやま》（三輪山）の山頂で東方に向かって槍《ほこ》や刀をふるう夢」をみたことから、父帝から東方の支配を命ぜられたとされている。上毛野氏はこの始祖伝承のほかに、朝鮮半島での軍事活動や、東北地方における蝦夷《えみし》征討に関しても伝承を残している。また、七世紀には、白村江《はくすきのえ》の戦いにおいて上毛野君稚子《わかこ》がヤマト王権の前将軍（第一軍の将）として朝鮮半島に派遣されたほか、天武朝に「帝紀及上古諸事」の記定に携わった上毛野君三千《みちち》がおり、いずれも中央貴族として活躍している。

皇別氏族の真偽はともかくとして、その主張を『日本書紀』に盛り込むことを可能とする力をもち、また、群馬県内には五世紀代に墳丘長二一〇㍍《メートル》という東日本最大の規模を有する天神山古墳（群馬県太田市）が築かれていることから、かつて上毛野氏を現在の群馬県から栃木県にかけての地域（毛野）に覇を唱えた「東国の大豪族」ととらえる見方があった。

そして小杵が小熊を頼ったのは、上毛野氏がヤマト王権に対抗しうる勢力を有していたためであり、「乱」の翌年の安閑天皇二年に上毛野域内に緑野《みどの》屯倉（群馬県藤岡市緑野・倉屋敷付近）が置かれたのは、小杵誅殺に連動して小熊の勢力を削ぐためであったと考えられた。

磐井の乱との類似性

ところで、安閑天皇元年の説話は「乱」と称されるが、使主と小杵は同族間で国造の地位を巡って争ったものの、『日本書紀』の記事からは武力による衝突があったようには読み取れない。また、小熊が具体的にどのような介入を行ったのかも不明である。それでもこれが「乱」と称される所以は、これをさかのぼる七年前の継体《けいたい》天皇二十一年（五二七）に、近江毛野《おうみのけの》を将軍とするヤマト王権による新羅への兵発遣を九州の有力豪族である筑紫君磐井《いわい》が阻み、これに対して、翌年に物部麁鹿火《もののべのあらかひ》が派遣され鎮圧した事件との類似性が指摘されているためである。磐井の率いる軍は筑紫の御井《みい》郡（福岡県小郡《おごおり》市、久留米《くるめ》市付近）で王権側の軍と交戦するが激闘の末敗れ、磐井は斬られ、その子の葛子《くずこ》は死罪を免れるために糟屋《かすや》屯倉（福岡県糟屋郡付近）を献上したとされている。なお、『日本書紀』では磐井を筑紫国造であったと記している。

六世紀段階での北部九州最大の前方後円墳で、『筑後国風土記』逸文の記事を元に磐井の墓に擬せられている岩戸山《いわとやま》古墳（福岡県八女《やめ》市）には、「石人石馬」と呼ばれる北部九州固有の石製立物（人物・馬・盾など）が置かれるなど独自性がみられる。一方、磐井は下向してきた毛野に対し、「昔は吾が伴《ともだち》として、肩摩《す》り肘觸《す》りつつ、共器《おなじけ》にして同食《ものくら》ひき（昔は仲間として肩や肘をすり合わせ、同じ釜の飯を食った仲ではないか）」と叫んだと記されており、磐井にヤマト王権に出仕した経歴があったことをうかがわせている。

現在、この「磐井の乱」は北部九州の豪族連合を束ねて強大化した磐井を王権が打倒したもので、磐井が拠点の地理的位置から朝鮮半島との外交に従事した可能性が指摘されている。当初は王権に協力的であった磐井が外交権益の独占や新羅《しらぎ》との独自の関係構築の動きをみせたため、王権によって排除されたとみるもので、この「地方豪族の反乱と鎮定、屯倉の成立、国造制の導入」という組み合わせは、「乱」と共通したものといえよう。

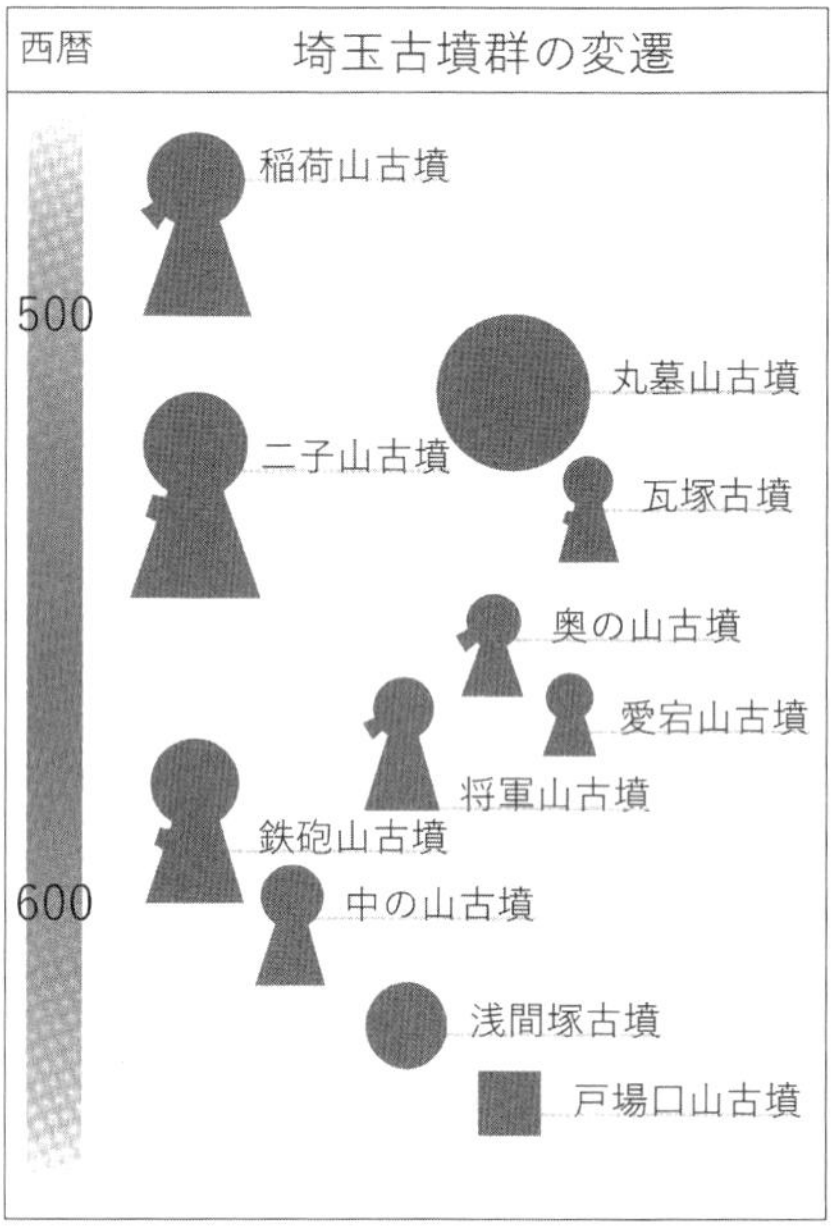

埼玉古墳群の変遷（埼玉県立さきたま史跡の博物館　2022）

七鈴鏡（伝群馬県出土，東京国立博物館所蔵，ColBase〈https://colbase.nich.go.jp/〉より）

甘粕説の登場

この「乱」について、文献研究と、武蔵、上毛野地域における古墳築造の変遷とを結び付けた考察を初めて行ったのが甘粕健である。甘粕は、多摩川東西両岸に四世紀から五世紀にかけて築造された諸古墳に注目し、その支配領域を多摩川流域を中心とした南武蔵全体と想定した。そして、この首長系譜が五世紀で途絶えることをもって多摩川流域の優位性が失われ、それに代わってそれまで「見るべき古墳のなかった」北武蔵に埼玉《さきたま》古墳群として有力な古墳が築かれはじめることを指摘した。さらに、「乱」後に設置された屯倉のうち、橘花・多氷・倉樔が前記の場所に比定されることから、南北武蔵にみられる古墳の消長を「乱」の伝承と結びつけ、勝利をおさめた使主の本拠を示すのが埼玉古墳群で、一方敗れた小杵は南武蔵を本拠とする豪族であったとした。

さらに甘粕は、六世紀前半頃に上毛野を中心に分布する鈴鏡《れいきょう》（鏡体の外周に本体と一体化した複数の鈴を配した鏡）が下毛野《しもつけぬ》・武蔵にいたる広範囲の分布圏をもつことに注目し、それが巫女が用いる祭器と考えられることから、「特異な祭祀形態によって結ばれた一つの文化圏」を想定した。一方、滑石製模造品の共通性から上毛野の南武蔵への影響力を指摘する一方、亀塚古墳（東京都狛江市）の副葬品にみられるヤマト王権との関係性についても注目し、五世紀後半から六世紀初頭における南武蔵の古墳の多様性は、分立する各豪族が連合して武蔵国造という単一の地方政権を形成する一方、ある者はヤマト王権と結び、ある者は上毛野と結びつくといった重層構造に起因する可能性があるとした。

そして四世紀後半から五世紀後半までの約百年間は武蔵の最高首長権は力の均衡した国内諸勢力の間で平和的に継承されたが、六世紀前半にいたって南武蔵の勢力が北武蔵を武力で倒し国造の地位を奪取しようと試みた。しかし、事は武蔵国内の問題にとどまらず、当時武蔵国造について一種の宗主権をもっていた上毛野君に対して、笠原直使主がヤマト王権と結ぶことで慣習を破り、国造の世襲制を確立した政変が「乱」であると解釈した。

研究史の整理

甘粕の主張は、五世紀後半から六世紀前半にかけての雄略《ゆうりゃく》朝・継体朝の列島規模の変革に続いて、安閑朝にも地方支配システムの刷新がなされたと考えるダイナミックな構想にもとづくもので、以後、この研究を起点として、説話の真実性、使主と小杵の勢力範囲とその墳墓の比定、小熊の勢力と乱への関わり方、屯倉の比定、国造制の開始といったさまざまな問題点に対して多様な議論が展開されることになった。この背景には、発掘などによって膨大な考古学的知見が蓄積されてきたこともあげられよう。

この論争について「百家争鳴の状況」と評した城倉正祥は、平成二十三年（二〇一一）段階で研究史の総括を行っているが、それによると、「乱」の伝承はある程度の歴史的事実を含んでいると考えられるものの、それは地域的な紛争にとどまらず、ヤマト王権による列島規模の地域支配構造の刷新の一環とみるべきで、古墳時代中期から後期にかけての上毛野・北武蔵・南武蔵における古墳の消長はこの状況と連動する可能性が高い。しかし、五世紀～六世紀前半における南北武蔵は、異なる文化圏を形成していたことが考古学的成果によって明らかとなってきたことから、南北武蔵の対立を説く甘粕の学説は成立し難く、説話の元になる歴史的事実としては北武蔵内における争乱である蓋然性が高い。

なお、勝利した使主の本拠地は行田市から鴻巣市周辺であり、『和《わ》名《みょう》類《るい》聚《じゅう》抄《しょう》』にも埼玉《さきたま》郡に笠原郷がみえることから、その一族の墓域を埼玉古墳群とすることについては大方の意見の一致がみられる。一方、小杵の本拠地については、墳丘長一一五メートルの野本将軍塚古墳（埼玉県東松山市）を有する野本古墳群のある比企地方と埼玉古墳群周辺とする二説がある。乱の時期は説話の人物との関連をどの古墳に求めるかによって変わってくるが、掲載図の埼玉古墳群の編年になぞらえれば、五世紀末（稲荷山古墳、一二〇メートル）、六世紀前半（二子山古墳、一三二メートル）、六世紀後半（将軍山古墳、九〇メートル）の三説が提示されており、一方屯倉の設置時期は六世紀前半、六世紀末の二説があるとした。

三　武蔵、上毛野の大古墳

埼玉古墳群について

ここで、「乱」の勝者である使主の一族の墳墓として有力視される埼玉古墳群についてその概要を述べておきたい。同古墳群は五世紀後半から七世紀中頃にかけて、百五十年以上にわたって築造され、現在はさきたま古墳公園として整備されている。公園内には前方後円墳八基、大型円墳一基、いくつかの小円墳跡が残されており、公園の隣接地にある浅間塚《せんげんづか》古墳、戸場口《とばぐち》山古墳跡も同古墳群に含まれると考えられている。

一般的に前方後円墳の周濠《しゅうごう》は楕円を半分に切ったような盾形をしているのに対し、本古墳群では、いずれも方形の多重周濠を有しており、それが特徴の一つとなっている。また稲荷山・二子山・鉄砲山・将軍山の各古墳の中堤に造出しが付く点、丸墓山古墳を除くと葺石《ふきいし》が認められない点、古墳の主軸がほぼ一定の方向を向いている点が指摘されている。

本古墳群の大型古墳の築造の状況をみると、古墳の西側が見えやすい立地を選び、すでに築かれた古墳の西側からの景観をなるべく遮らないように築造されている様子がうかがえる。これは、葬送儀礼の場と考えられる西

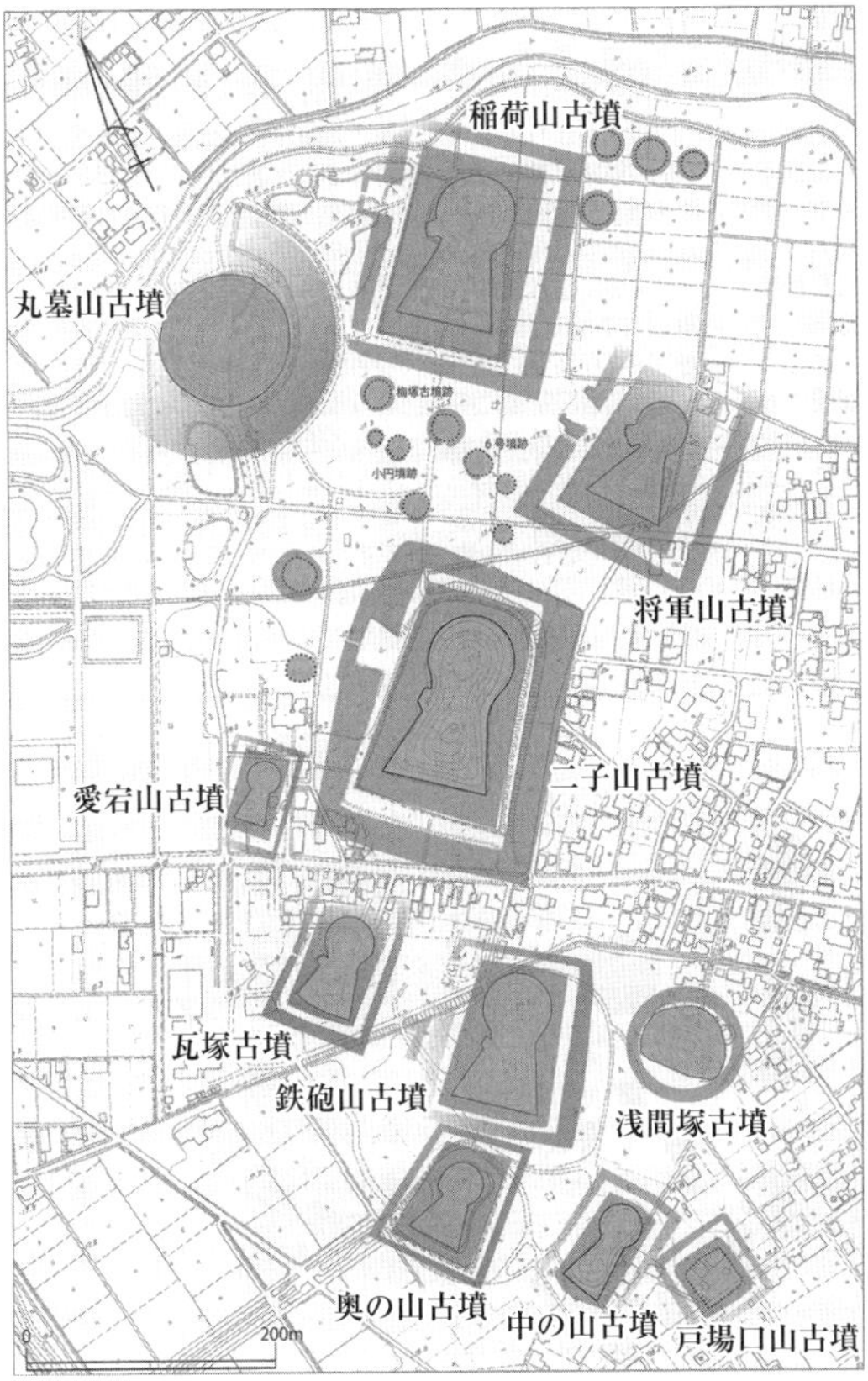

埼玉古墳群全体図（埼玉県立さきたま史跡の博物館2022）

側の墳丘造出しを正面ととらえていたためで、立地の制約を受けつつもおおむね北から南という築造順序になっている。しかし、丸墓山古墳のみは、築造当時南側に十分な土地があったにもかかわらず、稲荷山古墳の西側からの景観を遮るように台地のへりに築かれている点で例外的存在となっている。

稲荷山古墳出土鉄剣銘の発見

本古墳群は県名発祥の地とされる「埼玉」の地にあり、多くの古墳が現存する全国有数の大古墳群であるが、その名が一般にも広く知られるようになったのは、昭和五十三年（一九七八）に稲荷山古墳から出土した鉄剣（昭和五十八年〈一九八三〉国宝指定）から、金で象嵌《ぞうがん》された百十五文字の銘文が発見されたことによる。同古墳の埋葬施設は、礫槨《れきかく》（第一主体部）と粘土槨（第二主体部）の二つが確認されており、鉄剣が出土したのは前者である。しかし、両槨とも後円部の中央からややずれた場所にあり、しかも出土した副葬品が、編年から古墳築造時期より新しい六世紀前半に位置づけられるため、中央に同古墳の真の造墓者のための主体部があると考えられている。

鉄剣はすでに昭和四十三年（一九六八）に実施された発掘で出土していたが、保存処理を行う過程で銘文の存在が明らかとなり、「乎獲居臣世々為杖刀人首奉事来至今獲加多支鹵大王寺在斯鬼宮時吾左治天下令作此百練利刀記吾奉事根原也」と、獲加多支鹵大王《わかたけるのおおきみ》（雄略天皇）に仕えた乎獲居臣《をわけのおみ》という人物がこの鉄剣を作ったとあることから、乎獲居臣と同古墳の被葬者との関係が議論されるなかで、埼玉古墳群自体の研究も大いに進展することとなった。

埼玉古墳群の構造

一般的に古墳時代中期までは、各地を代表する大型前方後円墳は交通や開発の拠点など、築造する集団にとって効果的な場所に築造地が移動する場合が多いが、後期になると墓域の固定がみられるようになり、首長の地位につく集団が絞り込まれていったと考えられている。このことは、ヤマト王権が地方豪族のなかの優勢な系統を地方官として任命した国造制の成立を、考古学的にも裏づけているといえよう。

しかし、そのことによって一つの古墳群内に複数の首長の系列が含まれることになり、同古墳群の場合も単純な一系列ではなく、古墳規模と円筒埴輪規格の組み合わせに差があることが指摘されている。掲載図からもうかがえるように、まず一〇〇メートル級の前方後円墳として五条突帯《とつたい》（たが）の大型円筒埴輪をもつ稲荷山古墳→二子山古墳→鉄砲山古墳の主系列があり、これと並列して六〇メートル前後の前方後円墳や大型円墳で四条突帯の中型円筒埴輪を備える天祥寺裏古墳（円墳、消滅）→奥の山古墳→愛宕山古墳→中の山古墳の系列が築かれた。このほか、主系列に匹敵する規模をもちながら円墳にとどまった丸墓山古墳、円筒埴輪が大型ながら突帯を四条とする瓦塚古墳や将軍山古墳といった存在があり、同古墳群は二ないし三の系譜を内包していたと推測されている。

ここまでは大方の研究者の間で見解がほぼ一致しているが、前述の「百家争鳴」のたとえのように、「乱」の説話と照応する古墳については意見が分かれていることから、以下、これまで東国の古墳時代について精力的に研究に取り組み、参考文献にあげた一般書、専門書の双方で近著をもつ若狭徹の説を一例として紹介したい。

主要古墳の位置づけ

若狭は、本古墳群で最初に築造された稲荷山古墳の被葬者は、水運の掌握や地域開発を背景に勢力を養い、その子弟（礫槨被葬者で銘文鉄剣の所持者）の上番によってヤマト王権に認知された人物であったとする。これは前述の筑紫君磐井と同様に、東国からも王権の膝下に奉仕した地方豪族の子弟がいたことを意味している。

一方、日本最大の円墳（直径一〇〇メートル）で墳丘の高さと容積量が本古墳群随一の規模をもち、唯一葺石が施されている丸墓山古墳は、墓域が近接することから稲荷山古墳の被葬者との近縁関係がうかがえ、その被葬者は二代目の首長位を継承し、上毛野の影響のもとに大古墳の築造を始めたものの、王権との関係形成に失敗して前方後円墳の承認が得られなかったため円墳にとどまったと推測した。

その後、三代目の首長となった二子山古墳の被葬者が王権の承認を得てふたたび前方後円墳を築造するが、それは埼玉県最大の規模をもち、六世紀前半では今城塚《いましろづか》古墳（大阪府高槻市、一八一メートル、継体天皇の真の陵とする説が有力）、河内大塚山古墳（大阪府羽曳野市・松原市、三三五メートル、陵墓参考地として雄略天皇陵とする）、岩戸山古墳（前出）、断夫山《だんぷさん》古墳（名古屋市、一五一メートル）に並ぶ大古墳で、東国では後述する七輿山《ななこしやま》古墳（藤岡市、令和二年〈二〇二〇〉の調査で墳丘長一五〇メートルと判明）に次ぐ墳丘長を有していた。

以上の状況から、若狭は前方後円墳の築造を達成できなかった丸墓山古墳の被葬者を王権に排除された小杵、二子山古墳の被葬者を国造の地位を得た使主にそれぞれ擬される人物とし、後者については、東京湾東岸にまで埴輪を供給し、古墳時代後期では東日本最大級の埴輪生産遺跡である生出塚《おいねづか》埴輪窯（埼玉県鴻巣市）が同古墳の造営を機に本格稼働していることから、二子山古墳被葬者の経済力は、農業のみならず手工業生産と河川水運の掌握をも背景にしていたとした。

上毛野域内の勢力の消長

では、若狭は「乱」のもう一人の登場人物上毛野君小熊をどのように位置づけているのであろうか。

若狭は、まず五世紀代の上毛野地域において突出した規模をもち、王者の埋葬施設にふさわしいとされた長持《ながもち》形《がた》石棺が使用された天神山古墳について、被葬者を「ヤマト王権に対抗しうる『毛野政権』の首長」「ヤマト王権を構成した同盟者」「ヤマト王権から派遣された将軍」とその捉え方は異なるものの、上毛野地域、あるいはそれに加え下毛野地域までをも含む広範な地域に威を及ぼしていた人物ととらえる従来説に対し、そもそも、古墳時代中期までの地方豪族の勢力範囲は各水系を単位とするそれほど広範囲にわたるものではなかったと指摘する。

そのうえで、『日本書紀』に記されているように対外活動の面でヤマト王権の一翼を担った上毛野の勢力は「外来文化という果実」を手にするために結集し、それまでの経済圏を越えて「外交・軍事指揮者」を共立したのが天神山古墳の被葬者であり、その結果として五世紀中葉以降の上毛野地域に「渡来人と多様な技術群」がもたらされた。また、同古墳が古市《ふるいち》古墳群（大阪府羽曳野市、藤井寺市）の誉田御廟山《こんだごびょうやま》古墳と類似した墳形をもつことから、河内の勢力との結びつきを想定した。

七輿山古墳（藤岡市教育委員会提供）

しかし、共立は一代にとどまり、その解消後はふたたび水系ごとに前方後円墳が複数併存するようになり、その状況下で西毛（群馬県西部）地域では五世紀後半に河内の勢力（雄略）と結びつきをもった榛名《はるな》山麓の首長（居館址が発見された三ツ寺Ⅰ遺跡、保渡田《ほとだ》古墳群〈高崎市〉を築く）が力を伸ばした。そして、この勢力が榛名山の噴火によって衰えると、それに代わって台頭したのが六世紀第２四半期に七輿山古墳を築いた緑野を中心とする勢力である。

この古墳は古墳時代後期では東日本最大級の規模をもち、前述した継体の真の墳墓と考えられる今城塚古墳とは同規格、継体妃の出身地である尾張の断夫山古墳とは同規模同規格墳であることから、尾張地域と連携（緑野郡には尾張郷があり、尾張からの移住を想定する説もある）して新たに勢力を伸ばしてきた継体を支援することで、六世紀前半に上毛野の盟主となり、さらに武蔵の首長位まで干渉する勢威を誇ったのではないかとした。

しかし、武蔵への影響力の行使を危険視した王権側は、継体の死を境にその勢力の弱体化を図り、埴輪や須恵器を生産する東国有数の窯業地帯でもあったこの地域に六世紀中葉頃に緑野屯倉を置くことで掣肘を加え、その結果、以後この地域に大型前方後円墳は築かれず、六〇㍍級の前方後円墳の築造にとどまることとなった。以上の状況をふまえ若狭は、七輿山古墳の被葬者が『日本書紀』編纂時に上毛野君小熊に擬された人物ではなかったかと推測している。

さらに王権の介入後、西毛では支配域が三つのエリアに分かれるが、そのうちの井野川・旧利根川流域を占め華麗な副葬品（国宝）をともなう綿貫観音山古墳《わたぬきかんのんやま》（高崎市）、総社二子山古墳《そうじゃふたごやま》や三基の大型方墳を擁する総社古墳群（前橋市）を築造した勢力が上毛野国造の地位を得て、のちに総社の地に国府が置かれたのもその権勢に依るものであったとした。

「乱」研究の現在

若狭の描いた「乱」の姿は、当初は権力闘争が一族内部であったものが、勝利のために旧来の地域秩序を越えて王権の支援を求め、それを得て首長の地位を得た側はやがて屯倉の設置や国造就任を通じて王権を構成する一員となり、地域共同体によって首長が共立される旧来の方式に加え、王権の権威を背景として地域内での権力を維持する方式を強化していった。換言するなら、王権と東国との関係は一方的、抑圧的に構築されたものではなく、双方的な利害にもとづくものであったと想定したものである。

そして、全国的には七世紀初頭に前方後円墳の築造が終焉を迎え、首長墓が方墳や円墳などに転換する墓制上の変革がなされるが、東国における国造制の施行はそれと連動した動きであったとする立場から、埼玉、群馬両県域に存在する古墳群・古墳の消長を位置づけたものといえよう。

しかし、「乱」についてはこれとは異なるシナリオを想定する研究者もおり、また、武蔵国造の地位をめぐる内紛が北武蔵内で起こったとすると、使主が献上した屯倉の多くが南武蔵地域にあることが問題となる。若狭説についても、埼玉古墳群において武蔵国造の地位をめぐる内紛の勝者と敗者の墓が並んで築造されたと想定する点、また、誅殺された小杵の墓が丸墓山古墳であるとすると、円墳ではあるものの勝者である使主の墓より容積において勝っていることについての疑問も出されている。若狭自身も、被葬者の比定については、先行する一般書より後刊の専門書の方がより慎重な扱いをしている。

「乱」については、その理解に多大な影響を与えた甘粕健の研究が発表されてからすでに六十年余になるが、研究者間でいまだ意見の一致にいたらぬ種々の論点を残しており、古墳時代の東国のあり様を考えるうえで、考古学、文献史学の両分野にわたって尽きぬ問題を提供し続けているといえよう。

参考文献

埼玉県立さきたま史跡の博物館『特別史跡　埼玉古墳群ガイドブック』二〇二二年

・ハンディなサイズながら埼玉古墳群の各古墳について詳細に記されている。同館のミュージアムショップで購入できるので、本書を手に同古墳群を訪れてほしい。

篠川賢『国造―大和政権と地方豪族―』中央公論新社、二〇二一年

・国造制について、複数の専門書を出されている著者が新書の形で自論をまとめたもので、ヤマト王権の屯倉制・部民制などとの関係や、国造制の変遷を大化改新や律令制定などの歴史過程のなかに総合的に位置づけている。

若狭徹『古代の東国1　前方後円墳と東国社会』吉川弘文館、二〇一七年

若狭徹『古墳時代東国の地域経営』吉川弘文館、二〇二一年

・前者は一般向けの概説書ではあるが、後者に結実する諸論文をふまえ古墳時代の東国地域が活写されている。後者は現職に異動するまで埋蔵文化財担当職員として長年勤務した高崎市がある群馬県（かつての上毛野）を中心に、考古学的成果のみならず文献資料や金石文もふまえて東国豪族の地域経営の実態が語られている。

甘粕健「武蔵国造の反乱」『古代の日本　第七巻　関東』角川書店、一九七〇年

城倉正祥「武蔵国造争乱―研究の現状と課題―」『史観』一六五、二〇一一年

鈴木正信『日本古代の国造と地域社会』八木書店、二〇二三年

関連資料館等

①埼玉県立さきたま史跡の博物館

②藤岡歴史館

①

②

大和の県と県主

中村友一

一　「倭国六県」の位置と性格

「県・アガタ」とは

古代には「県《あがた》」という行政的な地域名称が存在していた。行政的とぼかしたのは、令制前には境界をはっきりさせた行政区分はあまり浸透しておらず、人を中心とした把握だと考えられているからである。それらの管掌されている人に関わる地域が、ある程度領域的な広がりをもっていたといえる。そのような「県」や、その長である「県主《あがたぬし》」については、史料の信憑性などの問題もあるが、あわせて約七十の事例が知られる。古くから注釈や論及がなされてきた「県」であるが、直轄地であったり供御料《くごりょう》地であったり説が分かれる。筆者の見解は、また別に論じるので、その機会に譲らせていただく。

そもそも『日本書紀』（以降は『書紀』と略す）では、以下のように記される。

諸国に令して国・郡に造長を立てさせた。県・邑《むら》には稲置《いなぎ》を置き、並びに楯・矛を賜ってその表《しるし》とした。すなわち山河を隔てて国・県を分け、阡陌《せんぱく》に随って邑里を定めた。（『書紀』成務《せいむ》天皇五年九月条〈原漢文〉）

本条では、行政的な区画が古い時代に設定されたものとして、より古い代の成務天皇に記事が架けられたとみなされる。本条の直前、成務四年二月丙寅朔条には、人民の野心が悛《あらた》まらないのは「国・郡に君長が無く、県・邑に首渠が無いからである。今より以後、国・郡に長を立き、県・邑に首を置てよう」と命じている。

両条とも国はともかく、大宝令で規定された「郡」の文字により潤色されていることからも、そのまま史実とみなすことはできない。ただ「県」の存在が、『書紀』編纂時において、古い行政地域名称として存在していたことはうかがうことができる。

『古事記』においても同様に、成務段に「建内宿禰《たけうちのすくね》を大臣として、大国・小国の国造を定め賜い、また国々の堺、及び大県・小県の県主を定め賜られた」と記している。

ここでは県主のみ記されることから、土地区画よりもその主である、人を主眼とした設定だとうかがえる。さらに『書紀』では稲置が長として置かれたとみえるが、『書紀』では神武二年二月に珍彦《うずひこ》に来目《くめ》邑を賜い倭国造として、弟猾《おとうかし》に猛田《たけだ》邑を賜い猛田県主とし、弟磯城名黒速を磯城県主としたとある。さらに釼根は葛城国造とされたが、その子孫は葛野主殿県主部となったと記されている。「県主」の初見記事である。「県」自体は本条の直前の神武即位前紀に、大和盆地中部東側の菟田県（奈良県宇陀市や曽爾村・御杖村）などが先行してみえている。「県」が郡と同様に「コオリ」と読まれた可能性や、行政組織や範囲としての問題（小林　一九九四）は、今なお残る問題だが、ここでは県と県主とされるもののみを問題とし、すべての事例を本項目で触れきれるものではないので、大和の県を中心に紹介させていただくことにしたい。

「倭国六県」とは？

「県」は訓読みしたとしても「アガタ」でよいと思われる（吉田　一九九五）が、県と県主などは必ずしも対応していたと考えられていたわけでもないようである。

『日本書紀』（以下『書紀』）には、大和国の範囲に春日・猛田・十市《とおち》・高市《たかいち》・磯城の県がみえる。また、いわゆる「大化改新詔」とされる詔の一部、大化元年（六四五）八月庚子条には「倭国六県」とみえる。

数の上では平安時代前期にまで降る『延喜式《えんぎしき》』神祇・祝詞の条に、「倭六御県」と三ヵ所みえるので、そこに記された県をみてみることにしたい。

ただし、祝詞にみえる「倭六御県」は、時期的にも質的にも「大化改新詔」にみえる「倭国六県」とは連続性がない（篠川　一九九六、堀川　二〇一〇）、という見解に賛同する立場であることをお断りしておく。

そのようなわけで、地名としての継承関係のみは想定できるとして、延喜式祝詞のなかでも祈年祭祝詞に具体的にみえる六県をあげると、①高市、②葛木（葛城）、③十市、④志貴（磯城）、⑤山辺、⑥曽布《そう》（添）となる。奈良県の地理にある程度明るい方ならすぐにピンとくると思うが、おおよそ奈良盆地の北部・中部から南西部にかけてに収まってしまう範囲である。

大和盆地北部・中部の三つの県

北から順に⑥曽布（添）、⑤山辺、④志貴（磯城）となり、各個簡単にみていく。

⑥の曽布県は、分割されて以降、添上・添下となる。前者はおおむね奈良市東部・中部の大部分と大和郡山市や天理市の一部にもまたがり、後者は奈良市の西部に加え、大和郡山市の西北部・生駒市の一部が該当する。

現在、平城宮跡のすぐ北側にこんもりとした市庭《いちにわ》古墳（平城天皇陵）があるが、それを右手に見つつ旧道を北上すると二キロ程、奈良市歌姫町に添御《そうのみ》県坐《あがたにいます》神社がある。すぐ南西の畑のなかには塩塚古墳もあって見所が多く、散策ついでに足を伸ばしてみてもらいたい。

添御県坐神社（歌姫町）

神社の位置が令制前から変わっていないとは考えにくいが、佐紀盾列《さきたたなみ》古墳群の大きな古墳が多数所在する状況下に曽布県が置かれていた情景が想像できるのではなかろうか。

しかしながら、奈良市の西部寄り、最近蛇行剣《だこうけん》や大型の楯型銅鏡が出土して著名になった富雄丸山《とみおまるやま》古墳から数キロ離れた所に奈良市三碓にも添御県坐神社が存在し、こちらの方が現在では有力な感がある。いずれにせよ、どちらが延喜式内社の該当社か明確にできない問題があり、神社は移転や合祀なども多く、明確に故地がわからない場合も多い。この場合は、添上・添下郡に分割されたことをふまえて分社のような由来も想定できようか。ただいずれにしても曽布の地に県があったことは疑うことはできない。

⑤山辺県は、現在も「山辺の道」として散策コースとしても著名となっているのでご存じの方も多いだろう。現在の天理市の大部分に加え、近隣の一部地域が該当する。

山辺《やまべの》御《み》県《あがた》坐《にいます》神社は、現在天理市別所町、三輪山の南西の麓近辺に小さな祠がある程度のものである。おそらく、もう一つの伝承地の方が故地に近しいものと思われる。つまり、天理市西井戸堂町の中つ道（橘街道）沿いにある山辺御県神社の方である。こちらは平坦地に位置している。

いずれにしても山辺郡域の東側には、大和古墳群をはじめとして南北に大小の古墳が多数立地しているが、山辺県の中心は盆地の比較的平坦の地にあった想定できよう。ただし、三輪山を中心に、前王朝以来重要視された

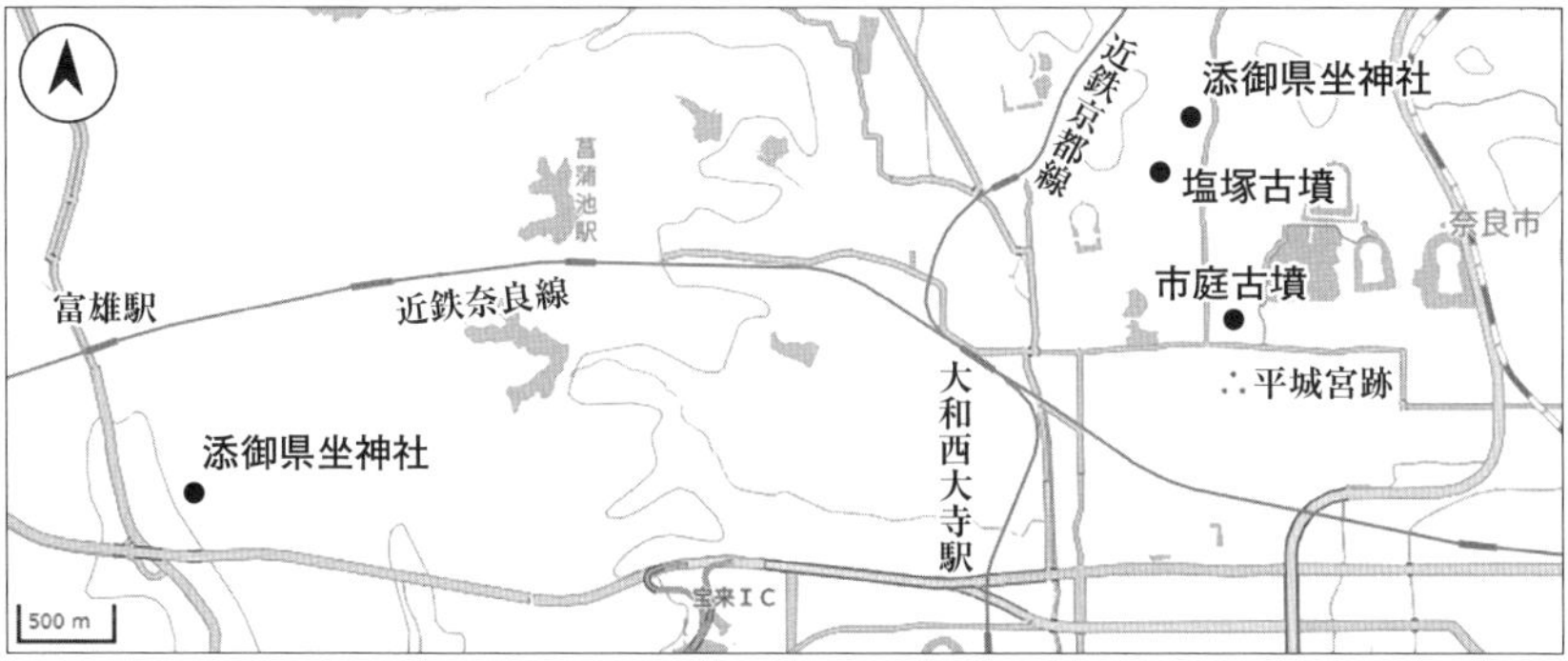

添御県坐神社の位置

六県が設定されたとする見解があるが（吉井　一九七六）、磐余《いわれ》の地があるなど確かに中心地であったといえるが、設定の基準は三輪山などではないだろう。祝詞の記載順をみれば、飛鳥の諸宮に近しい順にあげられていることから推量すべきだろう。

④の志貴（磯城）県も、のちに城上・城下郡に分割された郡内にあったとみられる。

前者は三輪山の西側から南西にかけての地域で、後者は大和盆地中央の三宅町・川西町や天理市・原本町の一部分が該当する。

城上郡にあたる桜井市大字三輪の地に志貴御《しきのみ》県坐《あがたにいます》神社が鎮座する。三輪神社拝殿の南方ほど近い場所にあるが、三輪神社を挟んで北方のほぼ同じ距離に狭井坐大神荒魂《さいにいますおおみわあらたま》神社が存在することから、おそらくは県の故地に因んでの場所ではないだろう。言い換えれば、志貴御県坐神社は後代に現在地に遷座されたものと考えられよう。

大和盆地の中部から南西部にかけての三つの県

それでは飛鳥諸宮に近い県についてみてみることにしよう。まず①の高市県は、明日香村・高取町、橿原市の大部分と大和高田市の一部が該当する郡内に設置されたとみられる。

高市御《たかいちのみ》県坐鴨事代主《あがたにいますかものことしろぬし》神社が大社として所在していたが、現在では

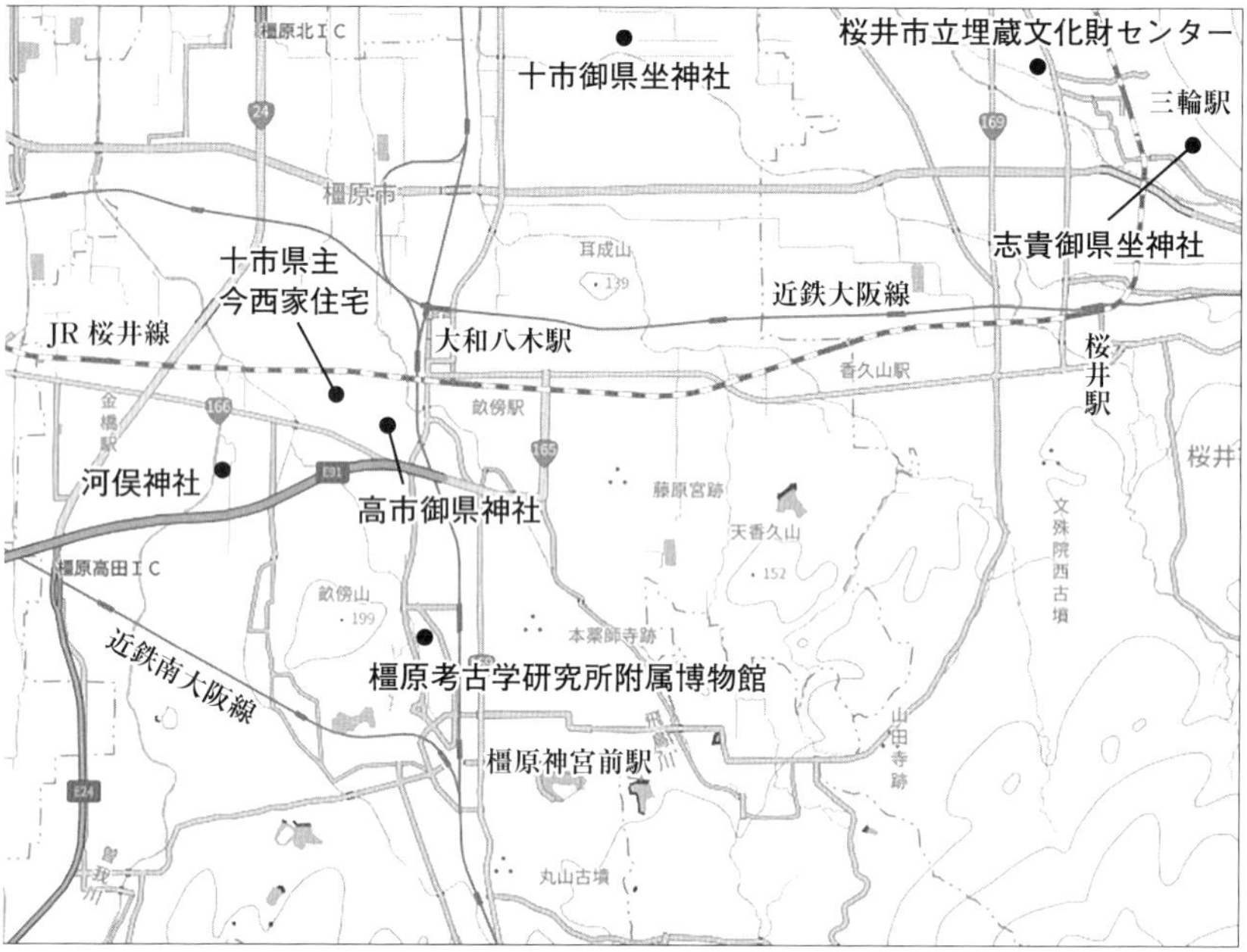

大和盆地の県

橿原市雲梯町にある河俣《かわまた》神社を擬定する説がある。大和三山の一つである畝傍山《うねびやま》の西北、曽我川の東に位置している。また、高市御県神社も同じく畝傍山の北少々東寄り、著名な今井町のすぐ南に所在する。範囲は明確にし得ないが、高市県は畝傍山の北方付近に設定されたと見なすことが妥当だろう。

②葛木（葛城）県も、葛上・葛下郡に分割される広大な範囲の一部に設置されたとみられる。前者は御所市の大部分が、後者は香芝市・上牧町・王寺町と葛城市・大和高田市の大部分が該当する。葛木御県神社も葛下郡に属する葛城市（旧新庄町大字葛木）に所在する。ただし合祀を経て、現在の社地は一〇〇《メートル》ほど西に移動しているとのことである。住宅地となっていったためであるが、大和盆地西南部の平地であったことから、この用益しやすい地の付近に県も設定されたのだろう。

葛城の地は、名称の通り旧豪族の葛城氏の勢

力圏であり、葛上郡には葛城坐一言主《かつらぎにいますひとことぬし》神社や鴨都波《かもつば》八重《やえ》事代主《ことしろぬし》神社・高鴨《たかがも》阿治須岐《あじすき》託彦根《たかひこねの》命《みこと》神社などが、葛下郡にも多くの『延喜式』で大社とされる格の神社が存在していた。

最後に③十市県は、大和盆地中央南部の橿原市・桜井市・田原本町のそれぞれ一部が該当する。十市御県坐神社は耳成山の一・五キロ弱北方の、橿原市十市町に所在する。東に大和川、西に下つ道が南北にはしる要衝の地で、平坦で生産力も高く、この近辺に県が設定されたと想定するに難くない。

十市県を管掌したと見なせる十市県主は『古事記』では孝霊、『書紀』では孝安・孝霊の妃を輩出しているとされ、令制前において有力だった可能性がある。

また、「十市県主系図」が残存し、事代主命から系を起こして春日県主を経て十市県主が出自する内容である。別に検討は必要であるが興味深い物である。また、中世武士に十市氏が活躍し饒速日命をはじめさまざまな出自を称しているが、十市県主の血統とも推測されている。この家は現在も子孫がおり、橿原市今井町の今西家宅が重要文化財として残存し、かつ観光地化している。

耳成山

「倭国六県」と祝詞にみえる「倭六御県」

『書紀』にみえる春日・猛田・十市・高市・磯城や、『続日本紀』にみえる添・山辺の各県は、「延喜式祝詞」にみえる「倭六御県」①高市、②葛木（葛城）、③十市、④志貴（磯城）、⑤山辺、⑥曽布（添）と直接継承関係にはないだろうことは前述したが、地名としては遠からざる地域を想定できよう。しかしながら、後の郡名と同一のところがほとんどであるからといって、郡域全体が県であったわけでないことも承知しておいてほしい。仮に県主が旧来の豪族であったり、新規に任命されたとしても、上記の郡内には王族をはじめとして多様な有力氏族が存在しているからである。その勢力範囲を取り込んで、広範囲の面的に県を設定することはほぼ不可能であると考えられるからである。

また、律令制下の「倭六御県」は「延喜式祝詞」に記載される性格から遡及させて考えてみると、祭祀の名目において抽象的に供御《くご》物を出すための地として、それほど広くない範囲で設定されたものと見なせよう。おそらくは藤原京を上つ道・中つ道・下つ道を北上した各地と、耳成山・畝傍山を取り巻く地が選ばれたと考えられる。

さて、このようにして後の各郡域内に県は存在したとして、残念ながら明確な遺構などはないので、遺称地とみられる地域や神社をめぐって、古代の景観に思いもめぐらせてみていただきたい。

二　大和以外の県の舞台

摂津・河内地域の県

河内後に和泉国の茅渟《ちぬ》、現在の大阪府泉南地域が想定地とされる地に県があった。『書紀』雄略天皇十四年四月甲午朔条に「茅渟県主」がみえるが、当該条の説話の主役というわけではない。つまり、根使主《ねのおみ》が誅殺されることが説話の中心であり、その後処理として、子孫を二分して、一分を大草香部《おおくさかべ》民以封皇后へ、もう一分を負《ふくろ》嚢《かつぎ》者として茅渟県主に賜ったという内容である。茅渟自体は和泉国の沿岸全般が想定され、県が明確にどの辺りに設定されていたかは明らかにしえない。

また、摂津国の三島、大阪府の高槻市や茨木市を中心とした地域であるが、ここでは安閑の行幸先が三島であり、そこに県主が登場する。

『書紀』安閑元年閏十二月壬午条に、使者の大伴金村《おおとものかなむら》に良田を問われた県主飯粒《いいぼ》が、合計四十町の土地を献上した。飯粒は天皇の勅を聞き喜びかしこまる一方、大河内直味張《おおしこうちのあたいあじはり》は地を惜しんで、逆に田や钁丁《くわよほろ》を差し出して許しを請い、後の三島竹村屯倉において河内県の部曲を田部とする起こりとなった、という説話である。

後に、『続日本紀』神護慶雲三年二月二十二日条において三島県主広調が宿禰のカバネを賜っている他、後裔とみられる三島宿禰が『姓氏録』右京神別に「神魂命《かみむすびのみこと》の十六世孫、建日穂命《たけひほのみこと》の後なり」とみえる。摂津国三島の地は、著名な今城塚古墳や太田茶臼山古墳など巨大古墳が多く、重要な地域であったことがうかがえる。

山城地域の県

最後に、著名な山城（平安京に遷御する前までは「山背（山代とも）」）の鴨県主について触れておこう。

意外なことに賀茂（鴨）の県や地名は「記紀」にはみられない。本来は山城国愛宕郡で葛野県出会ったためであろう。だが、『古語拾遺』神武二年二月乙巳条での八咫烏伝承などにみえ、来歴は古そうである。同工の説話は『姓氏録』にみえ、山城国神別に「賀茂県主／神魂命の孫、武津之身命の後」とあり、「鴨県主／賀茂県主と同じき祖。神日本磐余彦天皇〈諡は神武〉、中洲に向まさんとする時に、山の中、嶮絶しくして、跋みゆかむに路を失ふ。ここに、神魂命の孫、鴨建津之身命、大きなる烏《からす》となりて、翔《と》び飛《かけ》り導き奉りて、遂に中洲に達《とほりいた》る。天皇その功あるを嘉したまひて、特に厚く褒め賞《たま》ふ。天《あまの》八《や》咫《た》烏《からす》の号《な》は、これより始りき。」とある。

一方、大和国の神別氏族に、葛城郡に地盤をもつ賀茂県主もおり、こちらは八色の姓賜与の記事に、賀茂君から朝臣へと賜姓された例があるほか、のちに高賀茂朝臣の賜氏姓に与かっている。故地は葛木鴨神社、つまり鴨都波八重事代主命神社（奈良県御所市）あたりをめぐってみるとよいだろう。

参考文献

上野誠・蜂飼耳・馬場基『万葉集であるく奈良』新潮社、二〇一九年

・本章で扱った神社は掲載されないが、奈良盆地歩きのハンドブックとして、また、おおよその目安としても至便な作りとなっている。

奈良県高等学校教科等研究会歴史部会編『奈良県の歴史散歩』上・下、山川出版社、二〇〇七年

・一般向けだが、本章で扱った神社などをも記載する詳しい史跡歩きのための書。道すがら古代以外の史跡にも立ち寄ることもお勧めできる。

堀川徹「六御県に関する試論―延喜式祝詞から見た成立と歴史的意義―」『史叢』八二、二〇一〇年

・専門の研究論文であり、初学者にはなかなか難しいかもしれないが、『書紀』と「延喜式祝詞」にみえる六御県の差異と、研究史とを要領よくまとめられている。
小林敏男『古代王権と県・県主制の研究』吉川弘文館、一九九四年
新野直吉『国造と県主』至文堂、一九六五年
堀川徹「県・県主小考」加藤謙吉編『日本古代の氏族と政治・宗教』雄山閣、二〇一八年
吉井巌『天皇の系譜と神話』二、塙書房、一九七六年
吉田晶『吉備古代史の展開』塙書房、一九九五年

関連資料館等

①葛城市歴史博物館
②桜井市立埋蔵文化財センター
③奈良県立橿原考古学研究所附属博物館

①

②

③

出雲世界の神話と歴史

吉松大志

縁結びの神社として名高い出雲大社《いずもたいしゃ》《いずもおおやしろ》。国宝に指定されているその本殿は大社造《たいしゃづくり》とよばれるいにしえの建築様式を今に伝え、その高さは八丈（約二四メートル）にもなる。拝殿の後ろへ回り、本殿への参拝のために八足門へ上がる階段の手前の石畳に、なにやら赤い三つの円が御紋のように描かれていることに気づくだろうか。これこそが、『古事記』『日本書紀』の出雲神話が机上の虚構ではなく、出雲とヤマトの歴史的な関係性に裏打ちされたものであることを示す画期的な発見の証なのである。

一　出雲大社境内遺跡の発見と意義

日本神話における出雲と「神の宮」

「出雲王国」「出雲王朝」など、古代における出雲の強大さは古来喧伝されてきたが、その根拠となっていたのは、主に『古事記』『日本書紀』（以下、記・紀）に語られる、いわゆる「出雲神話」であった。高天原《たかまがはら》を追放され出雲に降り立ったスサノヲは、ヤマタノヲロチを退治しクシナダヒメと結婚して須賀の地に宮を建てる。その子孫オオナムチはさまざまな試練を克服して地上を制覇しオオクニヌシとなる。これに対し高天原の天つ神たちは、地上を「悪しき国」としてさまざまな神を出雲のオオクニヌシとその子らのもとに派遣し、国譲りを迫る。オオクニヌシは自らの「住所《すみか》」となる壮大な宮の造営を交換条件としてついに永久に隠れ、天つ神は地上を治めるため天孫降臨を果たす、というのが大筋の内容である。

この天皇家の始祖たる天つ神が地上世界を統治するという国家支配の前提となる神話の舞台として、なぜ出雲が選ばれたか、そしてなぜ国譲りという形を取ったのか。それはいにしえの出雲には巨大な力を誇った王国があり、それを大和の勢力（のちの大王・天皇家）が征服したという歴史的事実が存在したからだ、とまことしやかに語られてきた。そして記・紀をはじめとする奈良時代以降の編纂資料を駆使して、それを肯定する研究または否定する議論が盛んに行われてきた。さらに二十世紀末、弥生時代後期に埋納された大量の青銅器が出土した荒《こう》神谷《じんだに》遺跡（島根県出雲市）・加茂岩倉《かもいわくら》遺跡（同雲南市）の発見により、出雲王国論はにわかに活気を帯びたが、記・紀の編纂から五百年以上も昔の遺物が仮に出雲の重要性を示すとしても、文字文化も浸透していないなか、どのように出雲神話という形になり、王統も朝廷制度も未整備の時代に語り継がれてきたのか、懐疑の念は払拭できていなかった。

出雲大社本殿前の宇豆柱表示

出雲神話の肝は、この国譲りが「無条件降伏」ではなく、地下深く打ち込まれた太い柱と天高くそびえる千木《ちぎ》を備えた荘厳なオオクニヌシの「神の宮」の造営を隠棲の条件としている点である。そしてそれは杵築《きづき》大社、現在の出雲大社として具現化される。神話にたがわぬその本殿の巨大さは、参拝者を圧倒する。そして古代にはさらに高大な神殿であったといわれている。

出土した「宇豆柱」（出雲大社所蔵，島根県立古代出雲歴史博物館提供）

平安時代中期に源 為憲《みなもとのためのり》がつくった『口遊《くちずさみ》』という子供向けの手習いの教科書には、日本の高い建物ベスト三を指すフレーズとして「雲太《うんた》、和二《わに》、京三《きょうさん》」がみえる。京三とは、平安京の大極殿《だいごくでん》（即位礼など朝廷でもっとも格の高い儀式を行う正殿）が第三位であることを指す。第二位は和、つまり大和国の東大寺大仏殿のことであり、ほかの史料によると、当時の大仏殿は十五丈（約四五メートル）の高さであったという。そして雲太、つまり出雲国の杵築大社が日本でもっとも高い建築物であったとされ、後世の史料では十六丈＝約四八メートルもの高さを誇ったとされている。しかし、いずれも口承・伝承の世界の記事であり、その実在性を疑問視する人も少なくなかった。

「神話」が「歴史」になった瞬間

そのようななか、平成十二年（二〇〇〇）、世紀の発見が世間を賑わせた。出雲大社境内の工事にともなう発掘調査で、一本の直径が一・三メートルにもなる太いスギの柱の根元が、三本束ねた状態で複数箇所の地中から出現した。そして年輪年代測定の結果などから、宝治二年（一二四八）の遷宮の際に造営された本殿を支える宇豆柱《うづばしら》・心御柱《しんのみはしら》などであったことが判明したのである。

その三本束ね柱の様相は、出雲大社の宮司を代々務める千家国造《せんげこくそう》家に伝わる「金輪御造営指図《かなわのごぞうえいさしず》」（鎌倉～室町時代）と見事に合致する。同図によると、三本束ね柱は田の字型に九ヵ所配置され本殿を支えていた。さらに「引橋長一町」、つまり本殿に上がる階段が約一〇八メートルとされており、それだけの長さが必要なほど本殿が高い位置にあることをうかがわせる。実在性を疑問視する声もあった同図が示すいにしえの出雲大社の姿は、俄然具体性を帯びてきたのである。

出雲大社の東隣にある島根県立古代出雲歴史博物館のロビーには、出土した宇豆柱の実物と心御柱のレプリカが発見当時の距離で展示されており、その大きさに圧倒される。また常設展示室には平安時代の出雲大社の十分の一復元模型や、五人の建築史研究者による中世出雲大社の復元模型も展示されており、研究者によって想定復元が全く異なることがわかる。宇豆柱・心御柱が発見されても、出雲大社の謎は深まるばかりなのである。

出雲大社の起源と日本海交通

壮大な出雲大社（杵築大社）の本殿建築はいつまでさかのぼるのか。そもそも日本のカミ信仰は自然物（海・山・巨木・巨石など）への崇拝が根強く、常設の神社建築（ヤシロ）は、六世紀の仏教伝来にともなう寺院・仏堂といった拝礼施設の影響を受け成立したとされる。出雲大社については『日本書紀』斉明《さいめい》天皇五年（六五九）是歳条に、出雲国造に命じて「神之宮を厳修」させた、という記事が史料上の初見であるが、これが新造か既存の神殿の修理かは見解が分かれる。ともかく、七世紀後半には杵築の地に神を祭る社殿建築が存在した可能性は大きい。そして、この条に「狐、於《お》友《う》郡（意宇郡）の役丁《よほろ》の執れる葛の末を噛《く》ひ断ちて去《い》ぬ。また、狗《いぬ》、死人の手《ただ》臂《むき》を言屋《いうや》社に噛ひ置けり。……天子の崩《かむあが》りまさむ兆《きざし》なり」と二年後に斉明が崩御する前兆と認識された怪異記事が付属することから、出雲大社、そして出雲そのものが「死」と結びつけられる素地が備わっていた。

さらに前年（六五八年）の是歳条にも「出雲国言《もう》さく、北海の浜に、魚死にて積めり。厚さ三尺許《ばかり》。その大きさ鮐《ふぐ》の如くにして、雀の喙《くち》、針の鱗あり。鱗の長さ数寸。俗《くにひと》の曰《い》へらく、雀海に入りて、魚に化而為《な》れり。

名《なづ》けて雀魚と曰ふ、といへり、とまうす。〈或本に云はく、庚申年（六六〇年）の七月に至りて、百済、使を遣して奏言《もう》さく、大唐・新羅、力を幷《あわ》せて我を伐つ。既に義慈王《ぎじおう》・王后・太子を以て、虜として去ぬ、とまうす。これによりて、国家、兵士甲卒を以て、西北の畔に陣《つら》ぬ。城柵を繕修《つくろ》ひ、山川を断ち塞ぐ兆なりといふ〉」という怪異記事があることから、不穏な朝鮮半島情勢（六六〇年に百済滅亡、その後白村江の戦いで倭軍大敗）を受けて、西北の要地に祭祀拠点を設けたのであろう。また、斉明天皇が寵愛し、生まれながらに言葉が不自由であった孫の建王《たける》が、この年にわずか八歳で薨去したことも、朝廷における出雲神話・伝承群の形成において重要な出来事であった。

しかし、杵築の地が七世紀後半にはじめて神聖な祭祀場となったわけではない。先に述べた出雲大社境内の発掘調査では、宇豆柱・心御柱の出土地点から約五〇《メートル》東方において、古墳時代前期の優美な瑪瑙《めのう》製勾玉や滑石製臼玉が出土したのである。滑石製臼玉は、ヤマトで作られたものが出雲に持ちこまれたと推定されており、すでに四世紀の段階からこの地が重要な祭祀場として認識されていたことがわかる。なお、出土した玉類や心御柱の実物は、出雲大社の宝物殿である神祜殿《しんこでん》で展示されている。

さらに時代をさかのぼるならば、出雲大社東方約五〇〇《メートル》にある摂社命主社《いのちぬしのやしろ》において出土した弥生時代の青銅製の銅戈《どうか》と翡翠《ひすい》製の勾玉が、現在も出雲大社に伝わっている。銅戈は北部九州産、勾玉は北陸産とみられ、日本海を通じた交易によって出雲にもたらされたのであろう。日本海に突き出した島根半島西方の付け根にあたる杵築の地は、いにしえより東西の往来を支える日本海交通の要衝であり、また朝鮮半島情勢を敏感に感じとる国防上の最前線でもあった。出雲大社が当地に鎮座し、さらには出雲を舞台とした神話群が成立したのは、出雲の地勢上・交通上の問題と、ヤマト王権内での神話・伝承群の形成・蓄積が複雑に絡み合った結果なのである。

二 出雲国造と東西出雲の大古墳

出雲国造とは

出雲大社における神マツリを古来担ってきたのが、出雲国造である。出雲国造家は南北朝期に千家・北島《きたじま》の二家に分裂するが、現在にいたるまでその神事は連綿と続けられている。記・紀などによると、出雲国造の祖はアメノホヒとされるが、この神は国譲り神話の際、オオクニヌシに国譲りを説得するために高天原から派遣されたものの、オオクニヌシに媚び付き、高天原に復命しなかった神として描かれている。

国造とは、古墳時代後期に王権により設定された地方行政官の称号で、各地域の有力豪族が地域名称を冠して任命された。おおむね西日本では旧国名を冠するものが多く、東日本ではのちの郡名を冠するものが多いが、それらの支配領域が令制の国域・郡域とイコールというわけではない。出雲国造出雲臣については、令制の出雲国より広い地域に影響を及ぼした可能性が大きい。

国引き神話と「意宇社」の意義

『出雲国風土記』（天平五年〈七三三〉勘造）の冒頭にある意宇郡（現在の松江市南部）の郡名起源を語る説話、いわゆる「国引き神話」がそれを示している。東は大山《だいせん》、西は三瓶山《さんべさん》（出雲・石見国境）を限りとし、狭い国土を広げるために朝鮮半島や北陸地方から余った土地を引っ張ってくるという八束水臣津野命《やつかみずおみつののみこと》の壮大な国土創成神話である。その神話が「意宇」地名の由来を語ること、八束水臣津野命が神話の最後に杖を突き立てた「意宇社」が『出雲国風土記』当時意宇郡家近傍に所在していたこと、出雲国造が意宇郡大領を兼ねていたことなどを

「客の森」（意宇社推定地，武智正信撮影，島根県立古代文化センター提供）

ふまえれば、意宇を本拠とする出雲国造の影響力は、出雲国を越えて令制伯耆国西部にまで広がっていたと考えられる。さらに、意宇の大豪族の主導により古墳時代後期に大量生産・消費される大井窯《おおいがま》産須恵器《すえき》（窯跡は松江市大井町に所在、意宇郡北堺から船で約二キロと至近）は、本土から北に約五〇キロ離れた隠岐諸島の横穴墓でも多量に見つかっており、その力は海を越えた地域にまで及んでいた。

さて、意宇社については、江戸時代以来さまざまな場所が比定されてきたが、現在では出雲国府跡東方約七〇〇メートルに所在する「客《きゃく》の森《もり》」にあてる説が有力である。この客の森は、現在は意宇平野の田園地帯にのこる樹木群となっているが、古墳時代の前期から中期にかけては平野を潤す意宇川の旧河道がこの場所を通過していたと考えられている（池淵二〇一七）。八束水臣津野命による杖の突き立てについては、『播磨国風土記』揖保《いいぼ》郡粒丘《いいぼ》の地名起源説話に類例がある。それは葦原志挙乎命《あしはらのしこおのみこと》が杖で大地を突き刺し、そこから「寒泉」が湧き出でたという神による「国占め」神話であり、古代において「杖立て」の神事が、水田耕作の水源確保という勧農行為として実施されていたと考えられる（坂江　二〇一六）。これを参考にすれば、意宇社の地が意宇平野を開発するうえで重要な水利拠点であり、治水のための神マツリが行われていたことが、国引き神話において意宇社が「聖地」として語られる原点となったと推測される。

そうした祭祀を主導し、古墳時代中期に意宇平野を治めた豪族は、『日本書紀』において「淤宇宿禰《おうのすくね》」として象徴化され、ヤマト王権の王位継承争いに重要な役割を果たす存在として登場する（仁徳即位前紀）。彼はのちに出雲国造となる「出雲臣之祖」と記されるが、この時代にはまだ意宇平野含めた出雲東部を統合するような大豪族は存在しておらず、大橋川沿岸を中心に、出雲東部各地に四〇～六〇メートル級の古墳が並立している状況である。

東西出雲大古墳の出現

そうした横並び的状況に変化が訪れたのが古墳時代後期後半である。まず、中期には古墳空白地と化していた出雲西部の出雲平野に突如として九〇メートルを超える前方後円墳が出現する。今市大念寺古墳《いまいちだいねんじ》（出雲市今市町）である。JR出雲市駅から東に歩いて数分の位置にあり、ちょっとした待ち時間に見学できるのが魅力の一つだ。大念寺の境内にあり、石室内に入るには事前に出雲市文化財課に連絡しておく必要があるが、全国最大級（長さ三・三メートル、高さ一・七メートル）の石棺の迫力はぜひ間近で感じてもらいたい。

　さてこの今市大念寺古墳は、この地域の治水・灌漑・水田開発を主導した豪族を顕彰する記念碑的な意味をもって築造されたと考えられている（池淵　二〇一九）。築造後、出雲平野では集落が激増したと推定されており、この古墳に葬られた豪族は、出雲西部の地域開発を推進したカリスマであった。

　一方、出雲東部の意宇平野でも、ほぼ時を同じくして巨大前方後方墳が出現する。全長九四メートルの山代二子塚古墳《やましろふたごづか》（松江市山代町）である。古墳時代を通じて出雲最大の古墳で、松江市山代町にあるガイダンス

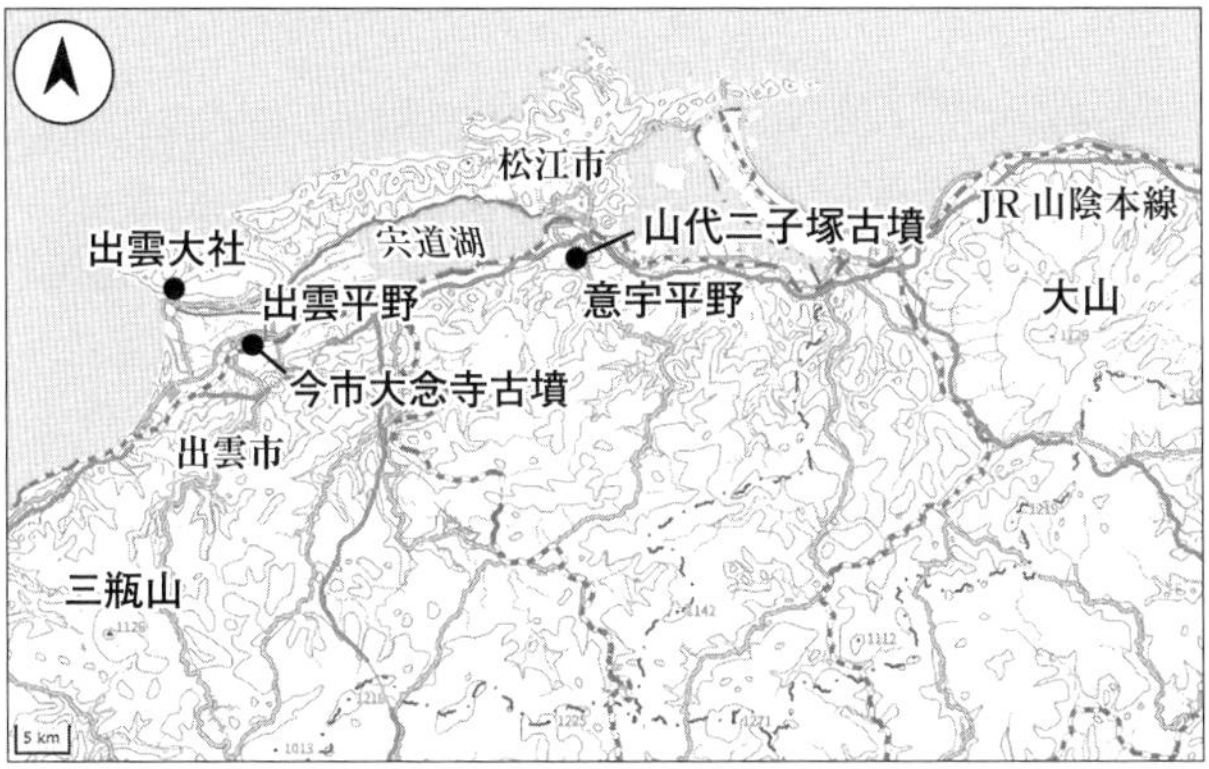

意宇と出雲

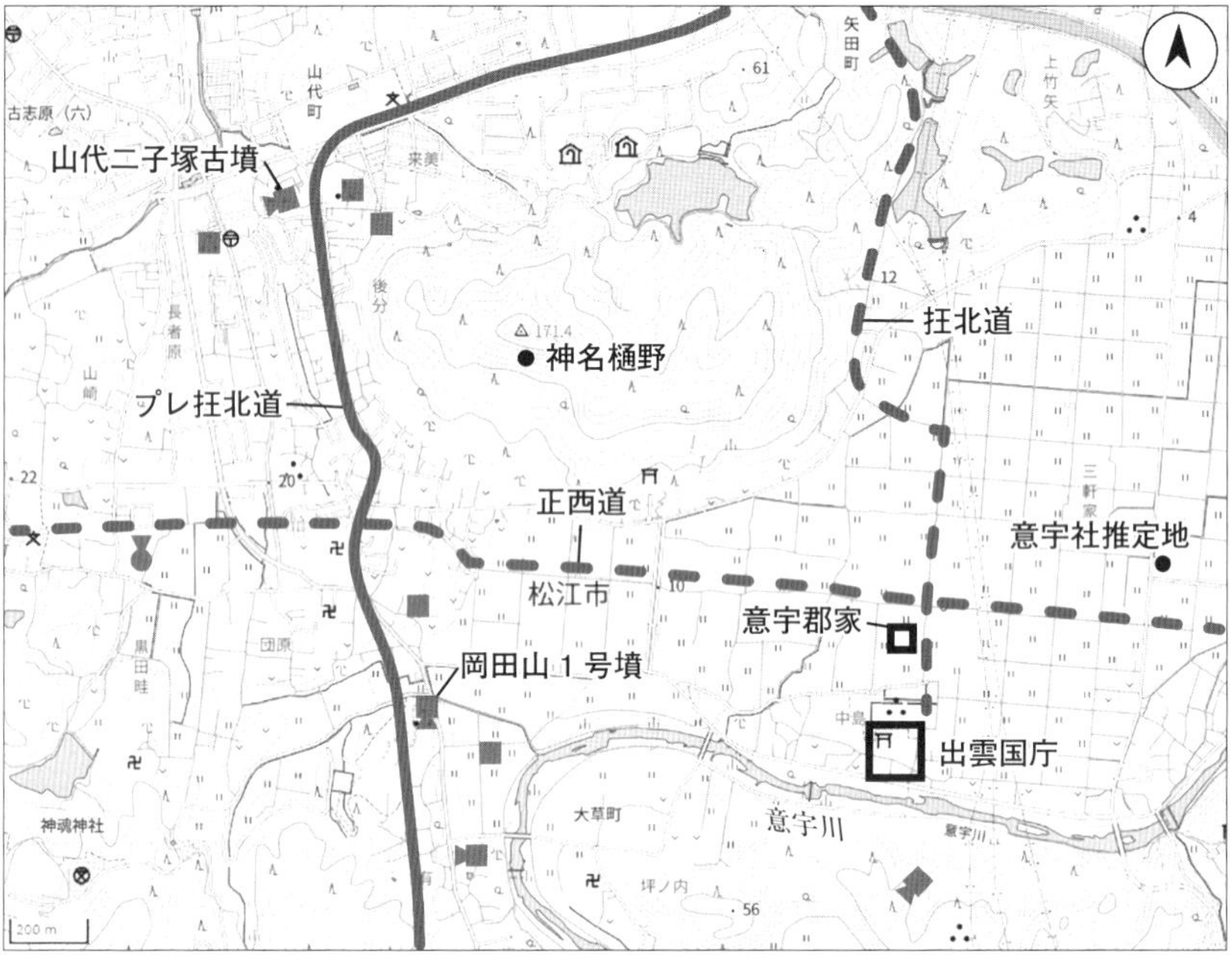

意宇平野の古墳と意宇社

山代の郷に隣接する。山代二子塚古墳は墳丘の上を自由に散策することができ、また後方部には土層を間近で見ることができる全国で唯一の施設が備わっている。

出雲東部は伝統的に方墳や前方後方墳などの方形墳が築造される地域であり、とくに五世紀後半から六世紀後半にかけては、「前方後方墳体制」とも呼ばれる連合的地域秩序が形成された。それが六世紀後半に今市大念寺古墳築造を契機として出雲西部の豪族層が序列化・結集化を図ったことに刺激され、出雲東部でも山代二子塚古墳に象徴される最有力豪族のもとに豪族層が結集したと考えられる。

ではこうした出雲東西の大古墳の勃興と「出雲国造」との関係はどのように考えられるのであろうか。先述のとおり、出雲国造出雲臣の祖として記・紀の歴史時代に登場するのは「淤宇宿禰」という出雲東部の地名を冠した伝説上の人物である。また、『出雲国風土記』の「国引き神話」は地名「意宇」を導き出し、佐比売《さひめ》山（三瓶山）から火神《ひのかみ》岳（大山）をテリトリーとし、意宇郡家近傍の意宇社を聖地として記録する。その意宇郡郡司のトップ大領は、遅くとも奈良時代初期には出雲国造を兼任していた。このような状況を考えれば、山代二子塚古墳に象徴される東部の大豪族が「出雲国造」となったと考えることは無理な想定ではない。

岡田山１号墳と「額田部臣」大刀（六所神社所蔵，島根県立古代文化センター提供）

一方で、『出雲国風土記』で「出雲御埼山」「出雲大川」など出雲を冠した自然地名が西部にのみみえること、出雲国造が祭祀を担った出雲大神を祀る杵築大社の存在などから、もともと西部を本拠としていた豪族が出雲国造に任じられたものの、後に東部勢力にその地位を簒奪されたと考えることもできる。さらに、東部西部両勢力が交互に出雲全域を治める大首長として君臨していた（松本　一九九〇）とする「出雲国造輪番説」や、墳形以外の古墳要素（石室・石棺の形態、須恵器・埴輪の製作技法など）に共通点が多く認められることから、東西出雲に対立関係を認めず両者を一体的な勢力とみる説も近年有力となっている。最終的には出雲国造と意宇郡大領を兼任する出雲臣広島が『出雲国風土記』の編纂責任者として登場するのであるが、どのような歴史的変遷を経て「一つの出雲」が誕生したのか、まだまだ謎に包まれているのである。

出雲を彩る多様な氏族

　ところで、古墳時代後期〜終末期に出雲で活躍した氏族は、東西で大古墳を築造した大豪族だけではない。額《ぬか》田部《たべ》氏や日置《へき》氏、蝮部《たじひべ》氏など、出雲ではほかにも多数の中小豪族がヤマトの王族・大豪族とそれぞれ関係を取り結んでいた（吉松　二〇二四）。そのうちの額田部氏については、岡田山一号墳（松江市大草町）から出土した円頭大刀に「各田ア臣（額田部臣）」と刻まれていたことが大きな話題となった。岡田山一号墳は島根県立八雲立つ風土記の丘園内に保存されており、石室を見学することができる。また「各田ア臣」大刀は展示学習館において常設展示されている。

　当時、中央の王族・大豪族と地方の中小豪族とは「部民制《べみんせい》」という政治システムにより関係を構築していた。中央の額田部連《むらじ》氏や彼らが奉仕する額田の王宮に出仕した出雲の豪族は、その奉仕の証として「額田部臣」と刻まれた大刀を下賜され帰郷した。彼やその一族は中央の額田部連氏や額田の王族（『日本書紀』にみえる額田部皇女〈推古天皇〉も額田の王宮を拠点とした王族の一人）の勢威を背景に地域支配を進めたと考えられる。出雲には上記の日置氏や蝮部氏のほか多数の氏族が割拠し、それぞれに中央の王族・大豪族と独自の政治的関係を有していたのである。

　一方、臣のカバネは出雲臣との「擬制的同族関係」を示すものと考えられる。例えば刑部《おさかべ》臣や日下部《くさかべ》臣など、出雲に分布するさまざまな豪族の多くが臣のカバネを有している。これは出雲臣が彼らと同族かのような同盟的関係を構築したことを示している。これにより出雲臣は、出雲国造として出雲全域において安定的な支配体制を構築することが可能になったのである。

参考文献

池淵俊一『古墳時代史にみる古代出雲成立の起源』松江市歴史まちづくり部史料編纂課、二〇一七年
・長年島根県内の発掘調査に携わってきた著者が、古墳時代における出雲の地域形成を、最新の考古学的調査・研究により解き明かす。
東京国立博物館『日本書紀成立一三〇〇年特別展　出雲と大和』島根県・奈良県、二〇二〇年
・島根県と奈良県がゆかりの名宝を一同にそろえた展覧会の展示図録。高精細な写真と第一線の研究者による解説文によって、いにしえの日本の成り立ちに思いをはせることができる。
松本岩雄・瀧音能之編『新視点　出雲古代史』平凡社、二〇二四年
・古代出雲研究を牽引する古代史・考古学・神話学を専門とする十九名が、新しい視座から出雲の古代史を語る。図や写真をふんだんに用い、最新研究の論点を簡潔にまとめている。
池淵俊一「出雲平野における六・七世紀の水利開発とその評価」『島根県古代文化センター研究論集第二二集　国家形成期の首長権と地域社会構造』島根県教育委員会、二〇一九年
坂江渉「「国占め」神話の歴史的前提―古代の食膳と勧農儀礼―」『日本古代国家の農民規範と地域社会』思文閣出版、二〇一六年
松本岩雄「山陰」石野博信ほか編『古墳時代の研究』一〇、雄山閣、一九九〇年
吉松大志『古代国家の形成と出雲国の誕生―大王権の確立と部民制の進展―』松江市文化・スポーツ部松江城・史料調査課、二〇二四年

関連資料館等

①出雲大社神祜殿
②ガイダンス山代の郷
③島根県立古代出雲歴史博物館

④島根県立八雲立つ風土記の丘

①

②

③

④

II

政治の舞台、飛鳥・難波

葛城氏と渡来人

古市　晃

一　葛城へのアプローチ

葛城の領域

奈良盆地の南部、大阪府と奈良県を区分する葛城・金剛山地の東麓にあたる地域を、古代では葛城と呼んだ。葛城は、今、かつらぎと発音する。ただ万葉仮名では、例えば「迦豆良紀」（『古事記』仁徳天皇段）「箇豆羅紀」（『日本書紀』仁徳天皇三十年九月乙丑条）とあるように、古代では、かづらきと発音したことがわかる。古代の行政区画では、葛上《かづらきのかみ》郡、葛下《かづらきのしも》郡、それに忍海《おしぬみ》郡の三郡が、おおよその葛城の範囲とされる。この地域を流れるのが葛城川である。葛城川の流域が葛城地域である、ということもできるだろう。なお古墳分布の特徴から、広瀬郡の一部も葛城に含まれる、という考え方もある（白石　二〇一三）。さらに、カヅラキを冠する神社の分布などから、葛城・金剛山の東麓から二上山《ふたがみやま》《にじょうさん》東麓までを葛城とする説もある（和田　二〇〇三）。

葛城は、考古学、また文献史学の研究によって、四世紀から五世紀、古墳時代前期から中期にかけて、列島有数の先進の技術と権力が集中した地域として知られる。文献史料には、五世紀後半にあたる雄略天皇の時代まで、王族を除けば最有力の勢力として権勢を振るった葛城氏がこの地を拠点としたことが記される。また彼らが招来した朝鮮半島からの渡来人が多くこの地に配置されたことも記される。

葛城をどうみるか

二十世紀末から今世紀初頭にかけて、葛城地域で行われた発掘調査では、朝鮮半島に系譜をもつ建物や、渡来系の技術による鉄器生産の工房などが見つかり、渡来人によって高度の文明がもたらされていたことが明らかにされている。それにとどまらず、この段階の列島有数の規模をもつ大型建物が次々に見つかり、この地を拠点とする政治勢力の権力の大きさが示されてもいる。ここでは、文献史学、考古学双方の成果によりつつ、古代葛城の概要について、五・六世紀を中心に紹介し、この地を歩くよすがとしたい。

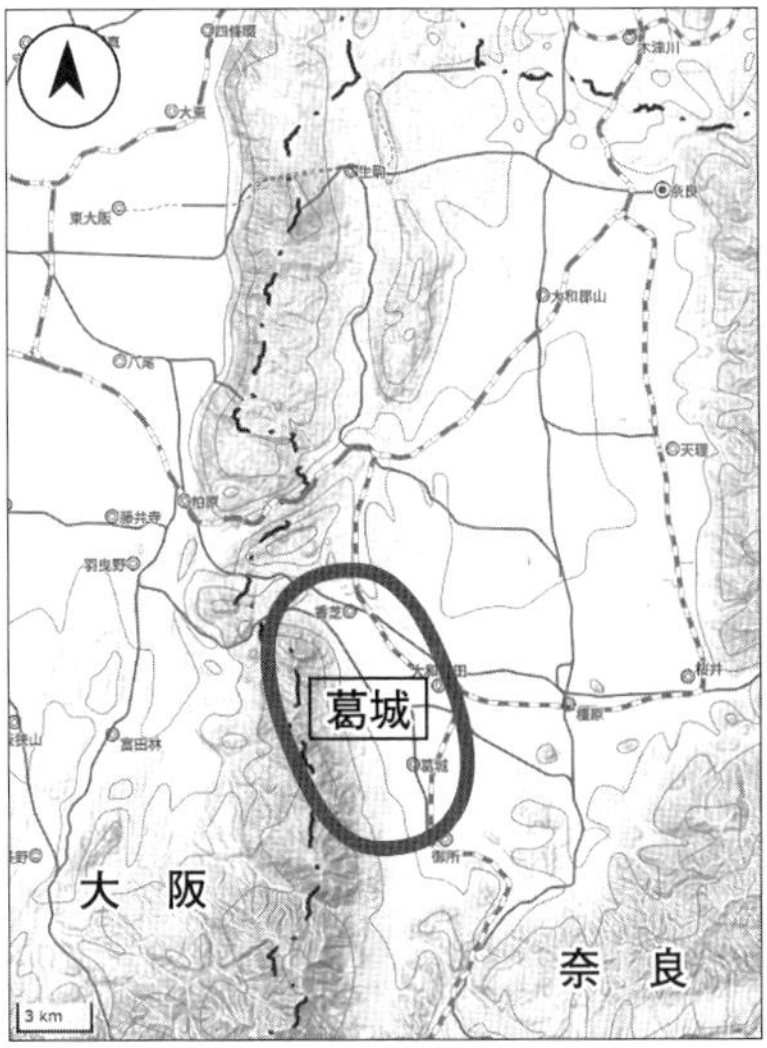

葛城の位置

二　葛城地域の遺跡群

秋津遺跡

古墳時代の葛城地域にまず出現する巨大遺跡が、葛城最大の前方後円墳、室宮山《むろみややま》古墳（全長二三八メートル）のすぐ北東に位置する、秋津《あきつ》遺跡である。二〇〇九年の発掘調査によって、四世紀前半の造営とみられる、内部に大型掘立柱建物や井戸などを配した複数の方形区画施設が見つかった。

これらの大型掘立柱建物のなかには、棟木を支える柱が建物の外に配される独立棟持柱《どくりつむなもちばしら》という特殊な構造をもつものがあり、かつ塀で区画される閉鎖的な空間のなかにあることから、祭祀・儀礼のための施設であった可能性が高い。その規模の大きさや、施設の配置が建物と井戸を塀で区画した儀礼用の導水施設を表した埴輪に類

葛城広域図

似すること、また周辺から東海、北陸、山陰、東部瀬戸内海地域など、外部の地域から搬入された土器が出土していることなどから、秋津遺跡は国家的な儀礼のための施設とみられる（奈良県立橿原考古学研究所　二〇一二）。具体的な性格の解明は今後の検討に待つ部分が大きいものの、秋津遺跡の存在は、古墳時代前期の葛城地域を拠点とした権力が、地域勢力にとどまらない、国家的な権力をもっていた可能性を示すものといえる。

南郷遺跡群

奈良盆地から見た場合、葛城地域の最奥部に近い南郷《なんごう》地域に集中する遺跡を総称して、南郷遺跡群と呼ぶ。平成四年（一九九二）〜十六年にかけて行われた発掘調査によって、この地に五世紀の列島最大規模の生産と政治・祭祀の複合遺跡があることが明らかにされた（坂・青柳　二〇一一）。

遺跡の最高所に位置する極楽寺《ごくらくじ》ヒビキ遺跡では、南北二五㍍以上、東西五〇㍍の石貼りの方形区画をともなう大型掘立柱建物が見つかり、その下部に位置する南郷大東《おおひがし》遺跡では、なんらかの儀礼のための施設と考えられる大型の導水施設が見つかっている。さらにその下部では、古墳時代中期の列島最大の掘立柱建物を中心とする南郷安田《やしだ》遺跡がある。南郷遺跡群を拠点とした人々が、列島有数の権力者であったことが確認できる。

こうした祭祀と政治の空間の周囲に、工房や生産活動に従事する人々の居住空間が存在した。南郷角田《かどた》遺跡では、銀や銅、鹿角製品など豪華な装飾品のほか、鉄製品やガラス玉、玉製品などを製作する複合的な工房が見つかっている。

工人たちの居住空間はこれらの遺跡群の北に広がっており、そこからは朝鮮半島産、また渡来人が作ったと考えられる土器（韓式系土器）が出土している。また南郷柳原遺跡では、百済特有の建物である大壁建物が見つかっている。南郷遺跡群で行われた生産活動には、渡来人が多く関わったことが示されているのである。

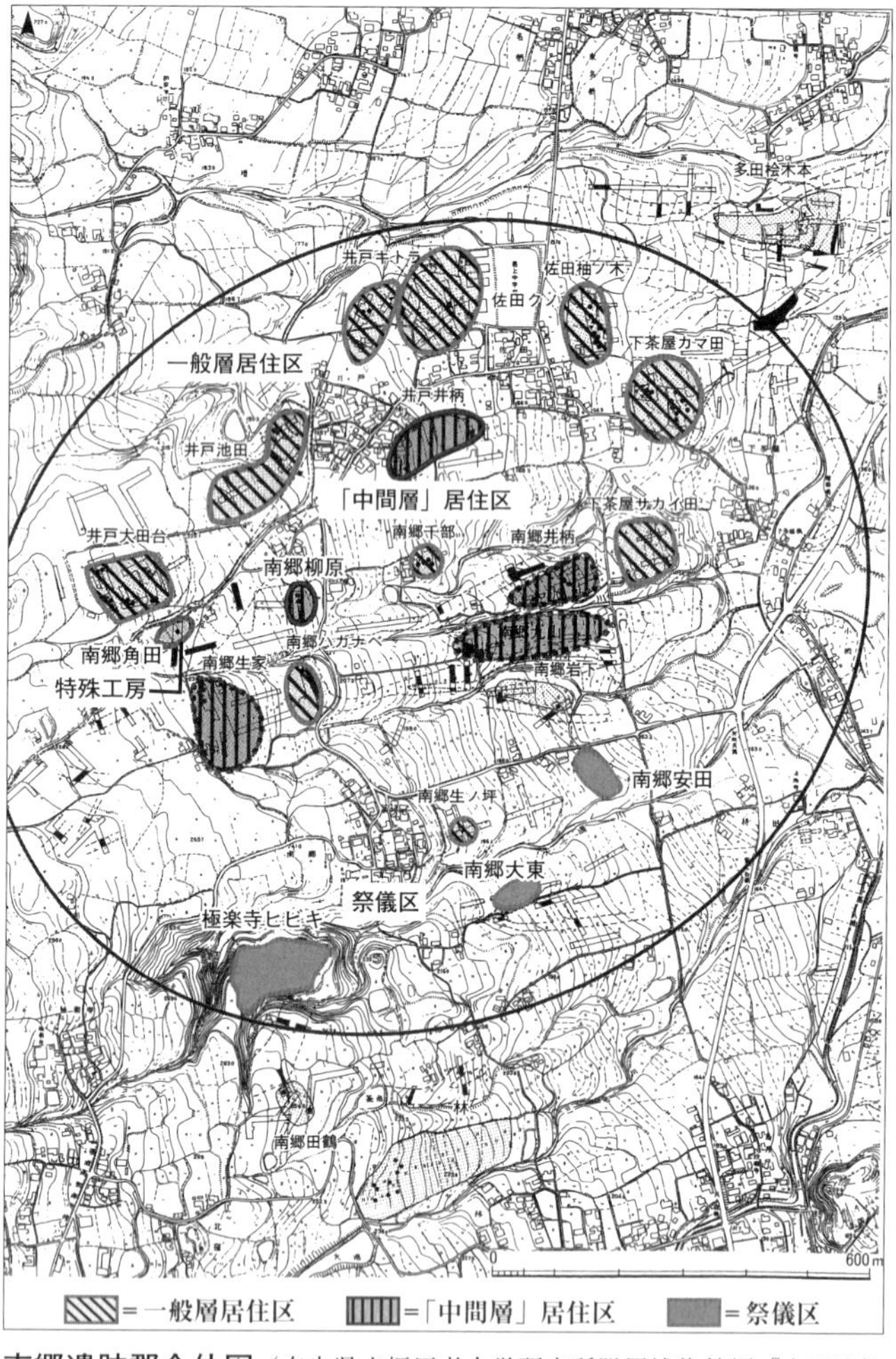

南郷遺跡群全体図（奈良県立橿原考古学研究所附属博物館編『家形埴輪の世界』2024年，一部改変）

忍海郡の渡来系遺跡

忍海郡域では、南郷遺跡での生産活動が下火になる五世紀中葉、脇田遺跡において鍛冶工房や銅製品などの生産が行われたことが知られる。こうした渡来人の被葬地と考えられている寺口忍海《おしみ》古墳群には、鍛冶具や鉄製品、鉄滓《てっさい》を副葬した古墳がみられ、横穴式石室に鉄釘を用いた木棺、須恵器《すえき》の副葬など、百済《くだら》と共通する墓制を採用したと考えられるD—二七号墳、加耶《かや》の竪穴系横口式石室をもつH—一六号墳などがある。加耶や百済といった、さまざまな出自を有する渡来人の技術者集団が編成され、忍海での生産活動に従事していたことが指摘されている（神庭　二〇二二）。

三　文献史料にみる葛城の渡来人

襲津彦の伝承

『古事記』『日本書紀』などの文献史料には、葛城に関わる渡来人の伝承が豊富に記されている。なかでもよく知られるのが、葛城氏の始祖的な人物である葛城襲津彦《かづらきのそつひこ》に関わる記事である。襲津彦は『日本書紀』の朝鮮半島関係記事のなかにくり返し名がみえ、百済側の書物である「百済記」に記された沙至比跪《さちひこ》《さちひく》と同一人物とされる（井上　一九六五）。沙至比跪は新羅《しらぎ》討伐に派遣されながらその策略にかかり、かえって加耶諸国の一つ、加羅《から》（現在の韓国慶尚北道高霊《キョンサンプクトコリョン》）を攻撃したことにより、天皇の怒りに触れ、帰国できないままに死んだと伝えられる（『日本書紀』神功摂政六十二年条所引「百済記」）。

『日本書紀』には、別の伝承として、襲津彦が新羅を攻撃した際、草羅城《さわらのさし》（現在の韓国慶尚南道梁山《キョンサンナムトヤンサン》）を破り、連れ帰った人々の子孫が桑原、佐糜《さび》、高宮、忍海の四つの村の漢人《あやひと》の祖となったと記す（神功摂政五年三月己酉条）。これらの村々は葛城地域に比定されるだけでなく、それぞれ渡来系の姓《かばね》である村主《すぐり》を冠した桑原村主、佐《さ》味《び》村主、高宮村主、忍海村主のいたことが伝えられる（『新撰姓氏録《しんせんしょうじろく》』逸文）。これらの村主姓の氏族たちは、東漢氏《やまとのあやうじ》の祖とされる阿智王（阿智使主《あちのおみ》）の後裔と伝えられる。葛城地域は、東漢氏到来の地と伝承されているわけである。

先進技術をたずさえた渡来人

これらの渡来人のなかには、鍛冶や金属器生産に従事する技術者がいた。『肥前国風土記』には、推古十年（六〇二）、撃新羅将軍に任じられた来目皇子《くめのみこ》が、忍海漢人に命じて兵器を作らせたので、漢部《あやべ》郷と呼ばれるようになったとする地名起源伝承を載せる（三根郡漢部郷条）。漢部郷は対外関係の拠点となる有明海沿岸に近く、この地に金属器生産の技術を有する忍海漢人が配置された可能性は十分にある。

『続日本紀』には、大宝元年（七〇一）、対馬に派遣された忍海郡の人、三田首五瀬《みたのおびといつせ》が黄金を冶金した功によって褒賞され、雑戸《ざつこ》の身分を免ぜられたものの、後に虚偽と露見したことが記される。雑戸は金属生産を含む特殊な技術者を編成した身分であり、五瀬は渡来人の後裔であった可能性がある（舘野　二〇〇七）。

このほか、飛鳥寺《あすかでら》（元興寺《がんごうじ》）造立の由来を記した『元興寺伽藍縁起《がんごうじがらんえんぎ》 幷《ならびに》 流記資財帳《るきしざいちょう》』は、「作金人」、つまり金属器生産にあたった渡来系技術者の一人として、阿沙都麻首未沙乃《あさつまのおびとみさの》という人物の名をあげる。アサツマは葛上郡の地名であり（現在の御所市朝妻）、やはり葛城に含まれる。葛城の地における渡来人の生産活動は、飛鳥時代以降にも継続していたことがうかがえる。

秦氏と葛城地域

最大級の渡来集団である秦氏《はたうじ》もまた、葛城地域との関係をもつ。『日本書紀』は、応神天皇の時、秦氏の祖、弓月君《ゆづきのきみ》が葛城襲津彦に率いられて百済から渡来したことを記す（応神十四年是歳条）。『新撰姓氏録』では、渡来した秦氏たちは「大和朝津間腋上地《やまとのあさつまのわきがみのところ》」に住んだことが記され（山城国諸蕃）、その渡来が葛城の勢力の主導によるものであったことが示唆されている。

秦氏は深草《ふかくさ》、太秦《うずまさ》など、山城（背）を拠点としたことが知られるが、同じ山城の鴨《かもの》（賀茂）県主《あがたぬし》の祖先は葛城から移ってきたとの伝承をもち（『新撰姓氏録』山城国神別）、襲津彦の娘、磐之媛《いわのひめ》が山背南部の筒城宮《つつきのみや》に住んだとされるなど（『古事記』『日本書紀』）、山背と葛城の勢力には密接な関係があった。秦氏が当初、葛城に配置された可能性も考える必要がある。

葛城地域の景観（奈良県立橿原考古学研究所附属博物館編『大和を掘る』1997年）

秦氏は、絹織物の生産のほか、各地の水利施設や農地開発、都城の造営に関わるなど、優れた土木技術を有していたことでも知られる。葛城の勢力が招き寄せ、葛城の地に到来した渡来人は、その先進の技術と知識によって、列島の文明化に大きく貢献したといえる。

四　葛城の有力者たち

葛城氏—五世紀最大の雄族—

葛城氏は、五世紀後半に衰退するまでは列島最大の豪族であった。『百済記』は、襲津彦と目される沙至比跪の活動した年を、四四二年にあたる壬午年と記す。襲津彦は、五世紀前半の段階で、新羅や百済、加耶などの朝鮮半島諸国に渡り、渡来人の獲得や軍事行動を含む対外交渉に従事していたことになる。

『百済記』は、沙至比跪の妹が「皇宮」に仕えていたことを記し、襲津彦の娘、磐之媛は仁徳天皇の后とされる。その後も黒媛《くろひめ》（履中后）、荑媛《はえひめ》（市辺押磐王《いちのべのおしはのみこ》妃）、韓媛《からひめ》（雄略妃）など、葛城氏は歴代天皇や有力王族の后妃を輩出している。

王族との間にくり返し婚姻関係を結び、次の天皇を出すことができた豪族は、六世紀の蘇我《そが》氏出現までは、葛城氏しかいない。

葛城氏の権力基盤

こうした葛城氏の権力を支えた基盤の一つは、葛城地域が、交通、とりわけ海上交通との関係で要衝に位置していたことである。大和は海に面していないが、葛城は、西に向けては水越《みずこし》峠や竹内峠などを越えれば、大阪湾岸に出ることができる。南に向けては、風の森峠を越えて吉野川（紀ノ川）を利用すれば、そのまま紀水門《きのみなと》と呼ばれた古代の要港に到達できる。風の森峠に近い鴨神《かもがみ》遺跡からは、五世紀後半から六世紀後半まで機能したと考えられる道路遺構が発掘されている（近江　二〇一四）。

襲津彦のほかにも、葛城の勢力が朝鮮半島で活躍した伝承がある。六世紀に下るが、加耶に置かれ、加耶や百済との交渉を担ったと考えられる任那日本府では、葛城氏の同族とされる的臣《いくはのおみ》が、吉備臣《きびのおみ》や河内直《かわちのあたい》と共に活動していたことが記される（『日本書紀』欽明五年〈五四四〉三月条ほか）。彼らは新羅と独自に交渉を行い、そのことが百済王や倭王から非難されている。襲津彦は、加羅を救援し新羅を討伐するために派遣されたにもかかわらず、かえって新羅と結んだため、天皇の不興をこうむったとされる（前掲「百済記」）。このような、一定の自立性をもった朝鮮半島での活動が、葛城氏に先進の知識と技術をもたらし、繁栄を支えたのであろう。

叛逆伝承

一方、葛城氏には、たび重なる叛逆伝承があることもよく知られる。襲津彦は結局、天皇の怒りが解けないことを知って自死したと伝えられるが、その孫とされる玉田宿禰《たまたのすくね》は、允恭の時、先帝、反正天皇の殯宮《もがりのみや》への奉仕を放棄したことが露見して誅殺される。允恭の子、雄略の時には、葛城円大臣《つぶらのおおみ》が、雄略の兄、安康を殺害した眉輪王《まよわのみこ》を庇護した罪で、所領（『古事記』に五処之屯宅《いつところのみやけ》、『日本書紀』に葛城宅七区《かづらきのいえななところ》と記される）と娘の韓媛を雄略に奪われ、殺害されたとされる。

葛城氏はたしかに王族との間に婚姻関係を結んでいたが、雄略を除けば、それらはいずれも仁徳系と称される王統との間に結ばれたものだった。允恭や雄略は、その仁徳系と対立関係を有する、允恭系と称される王統に属する。雄略らは、一方で大日下王《おおくさかのみこ》や市辺押磐王、御馬王《みまのみこ》ら、仁徳系王族の粛清を進めてもいる。葛城氏は、雄略を中心とする允恭系王統との権力抗争に敗れたとの見方もできるだろう（古市　二〇一二）。五世紀最大の執政として権勢を振るった葛城氏は、以後、衰退に向かう。

葛城の古墳

ここにみてきた葛城氏の墳墓と考えられているのが、葛上郡に属する室宮山古墳である。全長二三八メートル、紀ノ川流域と奈良盆地を南北に結ぶ要路と、大阪湾岸と奈良盆地を東西に結ぶ水越峠越えの要路の交点に位置する、この地域最大の前方後円墳で、五世紀中頃の築造とされる。襲津彦の墓とする説もある。出土した家形埴輪は、極楽寺ヒビキ遺跡の大型掘立柱建物の構造と酷似する。なお奈良県立橿原考古学研究所附属博物館は、室宮山古墳をはじめとする葛城地域、また奈良県内の発掘調査成果を学ぶうえで必見の施設である。

葛城地域の大型前方後円墳は、その後、五世紀後半まで、掖上鑵《わきがみかん》子《す》塚《づか》古墳（全長一四九メートル）や、忍海地域の火《ひ》振山《ぶりやま》古墳（全長九五メートル以上）、屋敷山古墳（全長一三五メートル）に引き継がれる（関川　二〇一二）。ただ室宮山古墳に先行する大型前方後円墳は、葛上郡には見当たらない。むしろ、葛下郡から広瀬郡にかけて分布する馬見《うまみ》古墳群の新山《しんやま》古墳（全長二一〇メートル）、築山《つきやま》古墳（全長二一〇メートル）、巣山《すやま》古墳（全長二二〇メートル）などが、葛城の勢力と関わる墳墓として位置づけられることがある。

五　葛城の勢力とその後

カモの神社とカモの氏族

葛城の勢力を考えるうえで、この地における神祇信仰は大きな位置を占めている。葛上郡の葛城坐一言主《かつらぎにいますひとことぬし》神社の祭神、一言主大神《ひとことぬしのおおがみ》については、『古事記』『日本書紀』に、葛城山に狩猟に赴いた雄略と同じ隊列で現れて一触即発の事態を迎えるものの、和解して共に狩を楽しんだとする伝承がみえる。ここでは、一言主大神と雄略が対等の存在として描かれている。

同じ葛上郡に祭られる高鴨阿治須岐託彦根命《たかがもあぢすきたかひこねのみこと》神社の祭神は、味耜高彦根《あぢすきたかひこね》神であり、『古事記』では迦毛大御神《かものおおみかみ》とも記される。『古事記』で大御神と記されるのは、いずれも皇室の祖先神とされる（伊耶那岐《いざなき》大御神、天照《あまてらす》大御神）。葛城の神々は、倭王やその祖先神に等しい位置づけを与えられていたことになる。これらのことは、その神々を祭る葛城の勢力もまた、王族に比肩するほどの地位にあったことを示すものであろう。

なおアヂスキタカヒコネ神は高鴨の名を冠し、葛上郡には上鴨《かみがも》、下鴨《しもがも》の郷があった。同じ葛上郡の鴨都波八重《かもつばやえ》事代主命《ことしろぬしのみこと》神社もまた、カモを冠する神である。葛城には鴨君、鴨（賀茂）県主など、カモを名乗る氏族が存在した。葛城の勢力について、葛城氏に限らず、カモの氏族をも含めて再検討する必要があるだろう。

六世紀以降の展開

襲津彦を祖とする葛城氏が衰退した後も、葛城の地が完全に衰退したわけではない。五世紀後半、雄略の子、清寧天皇の死によって允恭系王統が途絶えた際、雄略に殺害された市辺押磐王の妹、忍海郎女《おしぬみのいらつめ》（飯豊青女王《いいとよのあおのひめみこ》とも）が、葛城の忍海の地で天下を統治する。彼女の母、黒媛（荑媛）は襲津彦の孫とされる。葛城の勢力は短期間ではあったが、勢力を挽回することに成功したといえる。六世紀以降も、剣根命《つるぎねのみこと》を祖とし、襲津彦後裔の葛城氏とは系譜を異にする勢力が葛城国造として存続している。

七世紀、飛鳥時代には、葛城は思いがけないかたちで史書に現れる。推古天皇の時、大臣、蘇我馬子《うまこ》が、葛城県を「本居」として自らに賜《し》与《よ》するよう申し出て、推古がこれを断ったというものである（『日本書紀』推古三十二年〈六二四〉十月条）。この主張の意味についてはさまざまな解釈が試みられているが、皇極元年（六四二）、馬子の子、蝦夷《えみし》が葛城の高宮に「祖廟」を立てたとされることからすれば（『日本書紀』同年是歳条）、蘇我氏にとって葛城が重要な意味をもつ地域であったことは確実である。

なお七世紀の葛城には、数多くの寺院が造立された。そのなかには、只塚廃寺《ただづかはいじ》、地光寺《じこうじ》など、渡来系の要素を強くもつ寺院がみられる。渡来人との強い結びつきは、六世紀以降の葛城地域の展開にも影響を及ぼしていたのである。

📖 参考文献

神庭滋「黄泉の世界」松田真一編『葛城の考古学―先史・古代研究の最前線―』八木書店、二〇二二年
・当該論文を収める本書は、最新の成果をふまえつつ、考古学からみた葛城地域の歴史を通観できる点で至便。
坂靖・青柳泰介『シリーズ遺跡を学ぶ　葛城の王都―南郷遺跡群―』新泉社、二〇一一年

・葛城のイメージを一変させた南郷遺跡群の調査成果とその意義をわかりやすく解説する。

井上光貞「帝紀からみた葛城氏」『日本古代国家の研究』岩波書店、一九六五年、初出一九五六年
近江俊秀『日本の古代道路―道路は社会をどう変えたのか―』ＫＡＤＯＫＡＷＡ、二〇一四年
白石太一郎『古墳からみた倭国の形成と展開』敬文舎、二〇一三年
関川尚功「馬見古墳群と葛城の天皇陵」松田真一編『葛城の考古学―先史・古代研究の最前線―』八木書店、二〇二二年
舘野和己「史料に見える葛城の漢人と金属技術者たち」奈良女子大学21世紀ＣＯＥプログラム古代日本形成の特質解明の研究教育拠点『ヤマトの開発史』一、二〇〇七年
奈良県立橿原考古学研究所『奈良県立橿原考古学研究所調査報告128　秋津遺跡』二〇二一年
古市晃『倭国―古代国家への道―』講談社、二〇二一年
和田萃「葛城氏と鴨氏」御所市教育委員会編『古代葛城とヤマト政権』学生社、二〇〇三年

関連資料館等

①葛城市歴史博物館
②奈良県立橿原考古学研究所附属博物館

①
②

飛鳥の宮と蘇我氏

古市　晃

一　飛鳥へのアプローチ

飛鳥の領域

奈良盆地の南部、畝傍《うねび》山、耳成《みみなし》山、天香具《あまのかぐ》山の大和三山、吉野へ抜ける山々に囲まれた小盆地の南辺が、飛鳥である。さらに限定して、現在の飛鳥、岡の集落がある付近の飛鳥川右岸域を本来の飛鳥とする考え方もある。ここでは、もう少しゆるやかに考えて、南北を現在の近鉄橿原神宮前駅あたりから壺阪山駅の手前、東西を吉野線から山田寺跡あたりまでと、ある程度の広い範囲を飛鳥として話を進めることにしたい。

飛鳥のめぐり方は種々あるが、レンタサイクルを使うのも一つの方法だろう。近鉄橿原神宮前駅や飛鳥駅には、レンタサイクルの店がある。この頃では電動アシスト自転車の貸出に対応しているところもある。これだとあまり体力を使わずに遺跡めぐりを楽しむことができるが、通常の自転車にもメリットはある。土地の起伏をじかに感じることができることだ。山田寺がある東部、高松塚古墳やキトラ古墳がある南部の丘陵地帯など、飛鳥の地が意外に起伏に富んでいることが、実感をもって伝わってくる。

天香久山
畝傍山
別所町
下ツ道
甘樫丘東麓遺跡
奥山久米寺跡
田中町
小墾田宮推定地
山田道
山田寺跡
石神遺跡
軽街
橿原神宮前駅
石川町
豊浦寺
石川池
水落遺跡
甘樫丘
飛鳥寺
飛鳥池工房遺跡
丸山古墳
酒船石遺跡
見瀬町
小山田古墳
飛鳥宮跡
川原寺
天武持統陵
(野口王墓)
島庄遺跡
橘寺
石舞台古墳
飛鳥駅
平田
都塚古墳
道の駅
真弓
高松塚古墳
中尾山古墳
坂田寺跡
明日香村
飛鳥京苑池遺跡
近鉄吉野線
檜隈寺跡
佐田
栗原
観覚寺
稲渕
森
キトラ古墳
500 m

飛鳥広域図

こうした丘陵、またそれに囲まれた平坦地が、六世紀末からおよそ一世紀の間、列島政治史の中心として機能した飛鳥である。五九三年に即位した推古天皇以来、六九四年、持統天皇による藤原京遷都まで、都が難波や近江に移った十数年間を除けば、飛鳥には歴代天皇の宮が置かれてきた。そればかりでなく、飛鳥寺をはじめ、いくつもの寺院が造立された。決して広いとはいえない飛鳥の地に、多くの王宮や寺院が集中していたのである。

蘇我氏の拠点

その飛鳥を拠点としていたのが、六世紀に興隆した雄族、蘇我氏である。蘇我氏は、事実上の始祖、稲目《いなめ》が登場した時にはすでに大臣の地位にあり、以後その孫の蝦夷《えみし》の時まで一貫して大臣の地位を占め、繁栄を続ける。にもかかわらず、六四五年の乙巳《いっし》の変でその本宗家は滅亡するという、謎の多い氏族でもある。飛鳥を考える際、蘇我氏の問題を抜きにして語ることはできない。ここでは、飛鳥の地に今も残る遺跡を、王宮と寺院を中心にめぐりながら、蘇我氏や王族など、この地で展開した諸勢力の興亡をたどってみたい。

二　軽・小墾田・山田

軽

飛鳥の北の玄関口、橿原神宮前駅から、飛鳥めぐりの旅をはじめよう。駅前を通る国道一六九号線は北に上って国道二四号線に合流し、奈良盆地を南北に縦貫する古代の要路、下ツ道《しもつみち》とほぼ重なる。駅から東にすぐのところにある丈六の交差点付近は、下ツ道と、河内と大和を結ぶ東西の要路、山田道の交点にあたる、軽街《かるのちまた》と呼ばれたところである。軽には、「軽曲殿《かるのまがりどの》」と呼ばれた蘇我稲目の邸宅があり、蘇我氏の拠点の一つだった。多くの人が行き交った軽街では、蘇我稲目の娘で欽明天皇妃となった堅塩媛《きたしひめ》の改葬儀礼が行われたことなどが、『日本書紀』にみえる（推古二十年〈六一二〉二月庚午条）。

　軽街の南には、大和最大の前方後円墳、丸山古墳（全長約三一〇メートル）がある。近隣の地名から、見瀬《みせ》丸山と呼ばれてきたが、所在地名をとって五条野丸山と呼ばれることが多くなっている。この古墳の被葬者をめぐっては、欽明天皇とする説と、蘇我稲目とする説がある。平成三年（一九九一）、陵墓参考地として立入が制限されていた後円部の石室内部が撮影され、凝灰岩（竜山石《たつやまいし》）製の家形石棺が二基あることが確認されている。

　軽街から東の山田道は、ゆるやかな丘陵を登る。応神天皇の時、百済から渡来した阿直伎《あちき》のもたらした良馬が飼育されたことにちなみ、この地を厩坂《うまやさか》と名づけたとする伝承がある。ここには、舒明十二年（六四〇）、舒明天皇の厩坂宮《うまやさかのみや》が置かれた。なお古代では、大和と河内を結ぶ大坂を大坂戸と記した事例があるように（『古事記』垂仁段）、坂と戸をセットで用いる事例があることから、聖徳太子の実名、厩戸王《うまやとのみこ》は、彼が厩坂の地に拠点を有したことにちなむものと筆者は考えている（古市　二〇一二）。

小墾田

　丘陵の南側に、蘇我氏衰亡の予兆となった、一茎に二輪の蓮が咲いた剣池（『日本書紀』皇極三年〈六四四〉六月戊申条）に比定される石川池を臨みつつ、東へ下ったところが豊浦《とゆら》である。推古即位当初の王宮、豊浦宮が営まれたところと伝える。豊浦の地は桜井とも呼ばれた（『元興寺伽藍縁起《がんごうじがらんえんぎ》幷《ならびに》流記資財帳《るきしざいちょう》』）。なお正倉院中倉には「桜井舎人部」と墨書された調庸布が伝存しており、桜井の豊浦宮に奉仕する人々の存在を裏づけるとする、興味深い見解がある（川尻　二〇〇九）。

　豊浦宮は、のちに寺院に改められる。列島最初の尼寺とされる豊浦寺である。その造営は出土した瓦から七世紀初頭とされる。またその下層から石敷と掘立柱建物の遺構が見つかり、それが豊浦宮にあたると考えられている。

飛鳥川を渡ると、開けた平坦地に出る。ほぼ東西にまっすぐ伸びる山田道の周辺に推定されているのが、推古十一年（六〇三）、豊浦宮から遷されたとされる小墾田宮《おはりだのみや》である。推古は、逝去にいたるまでの二十五年間を小墾田宮で過ごす。

小墾田宮中枢部の調査は、まだ行われていない。ただ推古十六年（六〇八）八月の隋使裴世清《はいせいせい》の入朝記事、同十八年（六一〇）十月の新羅・任那使節の入朝記事には、南門、庭、庁、大門などの語がみえることから（いずれも『日本書紀』）、のちの律令制的な王宮の原型がそなわっていたとする見解が有力である（岸　一九八八）。小墾田に宮を遷した同年に制定された冠位十二階には、元日には髻花《うず》を用いるという着用規定があり、また朝廷での儀礼に用いられる大楯・靫や旗幟の製作が記されてもいるから、小墾田宮が本格的な儀礼空間の創出をめざして造営されたことは間違いない。ただその「南庭」には、仏教世界の中心とされる想像上の山岳、須弥山《しゅみせん》像が設置されていた（『日本書紀』推古二十年〈六一二〉是歳条）。小墾田宮が、後世の律令制都城とはかなり異質な空間もそなえていたことにも注意しておく必要がある。

なお、この須弥山にあたると考えられているのが、明治三十五年（一九〇二）、現在の石神遺跡にあたる地から出土した須弥山石である。石神遺跡は山田道の南側に広がり、七世紀後半の斉明朝を中心とする時代には、饗宴施設と考えられる大規模な石組溝や石敷の井戸、掘立柱建物などが発掘されている。また石神遺跡からは七世紀後半を中心とする四百点以上の木簡が出土しており、飛鳥池遺跡出土の木簡とともに数少ない七世紀の一次史料として貴重である。

山田

石神遺跡を抜け、七世紀前半の造営とされる奥山久米寺（奥山廃寺）を左に眺めながら東に向かうと、道はふたたび上り坂となる．この坂を登り切った南側にあるのが、山田寺（浄土寺）である。山田寺は乙巳の変の功労者、蘇我倉山田石川麻呂が造営するが、大化五年（六四九）、石川麻呂が謀反の疑いで一族とともに自死に追い込まれた悲劇の地としても知られる。山田寺の造営過程は、聖徳太子（厩戸王）の伝記、『上宮聖徳法王帝説《じょうぐうしょうとくほうおうていせつ》』の裏書に、舒明十三年（六四一）の整地作業から、天武十四年（六八五）の丈六仏開眼までの造営過程が記される。昭和五十七年（一九八二）の発掘調査で、その東回廊が地崩れで倒壊したままの状態で発掘された。現存最古の木造建築とされる法隆寺（奈良時代前半）をさかのぼる、飛鳥時代中頃の事例としてきわめて重要な意味をもつ。山田寺に近い奈良文化財研究所飛鳥資料館では、この回廊を復元した展示のほか、先に述べた須弥山石の現物や復元品など、飛鳥の発掘調査成果を見学することができる。

三　飛鳥寺と飛鳥宮跡

山田寺を西にとって返し、飛鳥の南に進むことにしよう。まず目に入ってくるのが、飛鳥寺（法興寺）である。寺内には、鞍作鳥《くらつくりのとり》（止利仏師）の製作とされる本尊、釈迦如来像（通称、飛鳥大仏）が安置されている。この像は従来、後世の補修が多いとされてきたが、近年の調査によって、面部や右手については飛鳥時代の原型をかなりよく残している可能性が指摘されている（藤岡ほか　二〇一七）。ぜひ実物を見学してほしい。

飛鳥寺

飛鳥寺は、崇峻元年（五八八）に造営が始まる、列島初の本格的寺院である。『日本書紀』や『元興寺伽藍縁起幷流記資財帳』によると、仏像や金属製品、瓦などの製作にあたったのは、百済をはじめとする渡来系の工人たちであった。

昭和三十一年（一九五六）、現在の飛鳥寺の寺域とその周辺が発掘調査され、塔を三つの金堂で囲む特徴的な伽藍配置がはじめて確認されている。なお一九九〇年代には、飛鳥寺の東南に計画された奈良県立万葉ミュージアムの建設にともなって発掘調査が行われ、ガラス製品や金属製品、漆製品などを製作する大規模な工房跡が見つかった。またそれまで不明な点の多かった富本銭《ふほんせん》が多数出土したことで、富本銭が日本最古の銅銭であることが確定した。飛鳥池工房遺跡（飛鳥池遺跡）である。

飛鳥寺の造営を主導したのが、時の大臣、蘇我馬子である。『日本書紀』は、馬子らが物部守屋《もののべのもりや》討滅を願い、聖徳太子は四天王寺《してんのうじ》を、馬子は飛鳥寺を造立することを願ったとする（崇峻即位前紀用明二年〈五八七〉七月条）。

甘樫丘東麓遺跡（奈良文化財研究所提供）

その真偽は明らかではないものの、朝鮮半島の先進技術や渡来系の工人を大規模に動員できた権力は、たしかに蘇我氏以外にはありえないだろう。島大臣と呼ばれた馬子の居宅は飛鳥の東南、島庄に置かれ、その墓もまた同地の石舞台古墳にあたるとするのが有力な説だが、飛鳥寺から飛鳥川を挟んですぐ西にそびえる甘檮岡《あまかしのおか》（甘樫丘）には、豊浦大臣と呼ばれた子の蝦夷、孫の入鹿《いるか》の邸宅が作られたというから、飛鳥はまさに蘇我氏の拠点であり、その域内に飛鳥寺が置かれたことになる。

蘇我氏の居宅と酒船石遺跡

『日本書紀』には、乙巳の変の際、蝦夷が邸宅に火を放って自害したことが記されるが、甘樫丘東麓遺跡の発掘調査では、焼土をともなう建物遺構が出土し、この記述を裏づけるとされる。また馬子の居宅については、島庄遺跡で出土した七世紀前半の大型の掘立柱建物や、方形池がそれにあたる可能性が高いことが指摘されている。なお天武と持統の子、草壁皇子が住んだとされる「島宮」は、蘇我本宗家滅亡後、同地に置かれたものと考えられている。

飛鳥寺から南に向かうと、東側の丘陵に酒船石《さかふねいし》遺跡がある。丘陵の上には、以前から酒船石と呼ばれる巨大な石造物が存在したが、一九九〇年代の調査で、その周囲から砂岩の切石による石列が見つかり、丘陵の北の谷からは石敷に囲まれた亀形の石造物と隅が丸い長方形の槽形の石造物が発掘された。近くの湧水を利用した儀礼施設で、七世紀中頃の造営とされる。

『日本書紀』には、斉明天皇の時、二百艘の船で石上（奈良県天理市）の石を運んで宮の東の山に石垣を構築し、そのために三万あまりの人員を動員して水路を掘削したこと、石垣の造営には七万人あまりが動員されたことが記され、人々が「狂心渠《たぶれごころのみぞ》」と非難したことが記される〈斉明二年〈六五六〉是歳条〉。調査で見つかった砂岩の石列は天理市付近で産出するものと同じとされ、斉明朝の飛鳥改造ともいえる大土木工事は、考古学によっても裏づけられたことになる。

飛鳥宮跡

酒船石遺跡まで来ると、飛鳥宮跡まではすぐである。かつてこの地には皇極天皇（重祚して斉明）の飛鳥板蓋宮《あすかのいたぶきのみや》があったと伝えられてきたが、発掘調査の結果、この地に三時期の宮殿遺構が重なって存在することが判明した。下層の、七世紀前半のⅠ期遺構が舒明天皇の飛鳥岡本宮《あすかのおかもとのみや》、中層のⅡ期遺構が飛鳥板蓋宮、上層のⅢ期遺構が斉明天皇の後飛鳥岡本宮《のちのあすかのおかもとのみや》にあたると考えられている。Ⅰ期遺構には火災の痕跡があることから、舒明八年（六三六）、岡本宮が焼失したとする『日本書紀』の記述を裏づけるものとされる。なおⅢ期遺構は、天武天皇の飛鳥浄御原宮《あすかのきよみはらのみや》でも用いられたとされ、それを区別するために後飛鳥岡本宮段階の遺構をⅢ―A期、飛鳥浄御原宮段階の遺構をⅢ―B期と呼ぶ。

この調査成果により、飛鳥時代の王宮は、難波と大津に遷った一時期を除き、一貫して飛鳥の同じ場所に位置したことが判明した。岡本、板蓋、浄御原などの宮号はそれぞれ所在地や宮の構造、また佳号を示すものであることが明らかとなり（小澤　二〇〇三）、それまで宮号の相違が宮の移動を示すという理解にもとづいて、天皇の代替わりごとに宮も遷るという歴代遷宮論は、少なくとも飛鳥時代には成り立たないことが裏づけられたのである。

Ⅰ期とⅡ期の遺構は、上層遺構の保護のために十分な

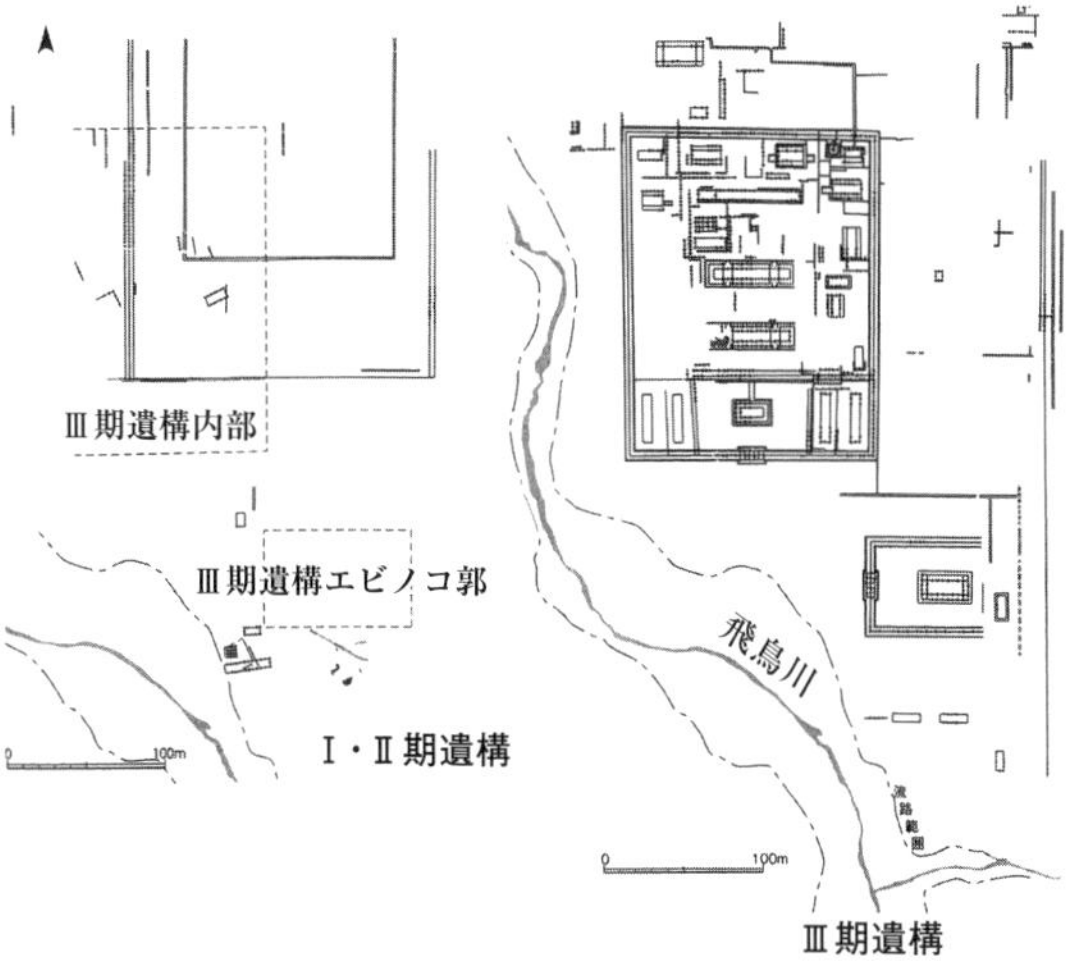

飛鳥宮跡Ⅰ・Ⅱ期遺構，Ⅲ期遺構（奈良県立橿原考古学研究所附属博物館常設展示図録『大和の考古学』2023年，一部改変）

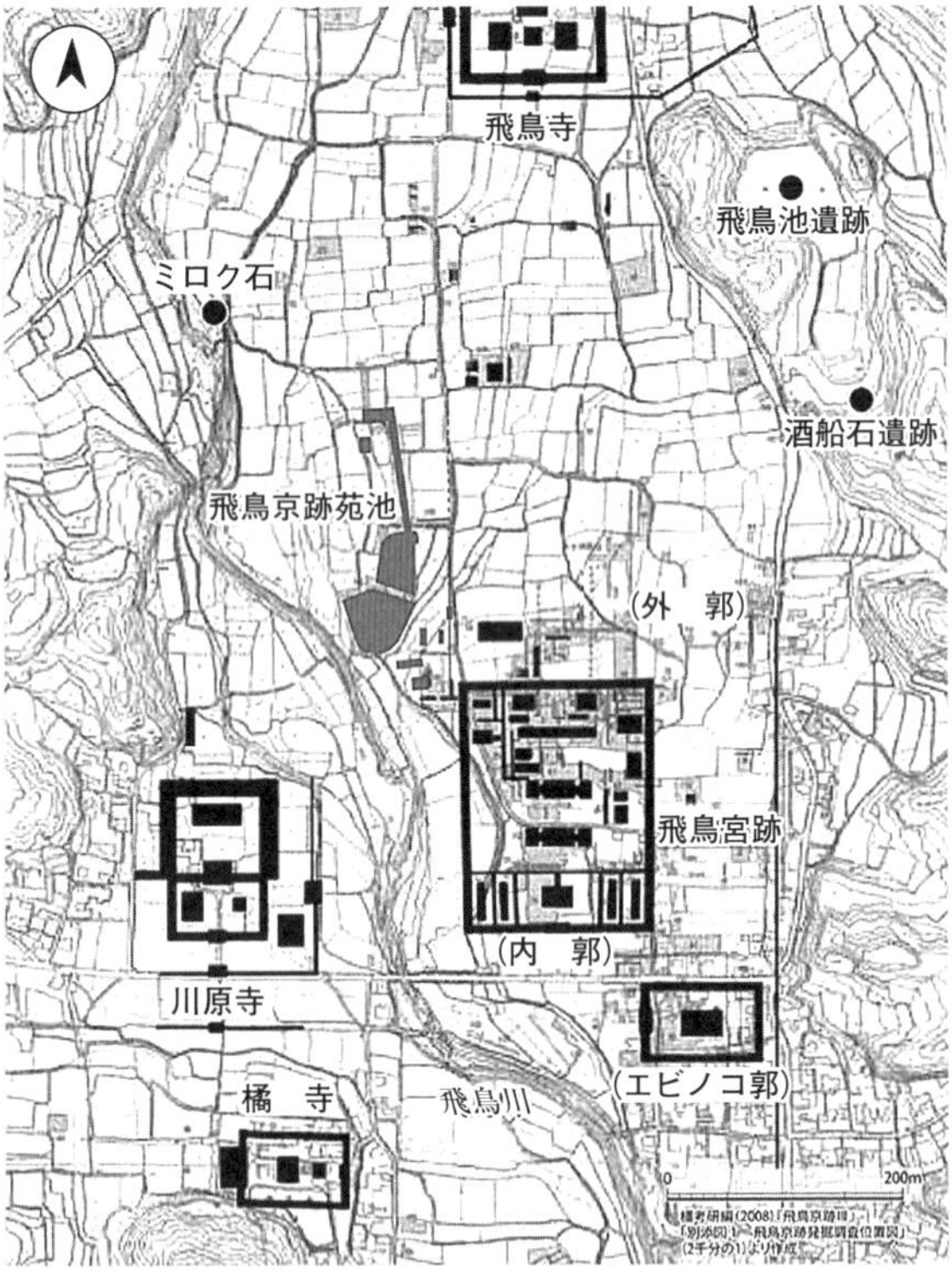

飛鳥宮跡とその周辺図（奈良県立橿原考古学研究所「史跡・名勝　飛鳥京跡苑池第13次調査現地説明会資料」2019年より，一部改変）

調査が及んでおらず、未解明な部分が多い。Ⅲ期については、かつてはA期の段階で内郭南区画と呼ばれる中枢部に一棟の正殿が存在し、それを前提として『日本書紀』にみえる殿舎や庭などの施設の比定がなされてきた。ところが二十一世紀に入り、内郭北区画から正殿級の建物がさらに二棟見つかるにいたり、それらの性格をどう理解すべきか、研究が進展している（鶴見　二〇一五）。内郭正殿の北は、後世の律令制下の都城では天皇と后妃が住まう内裏があったところである。飛鳥宮でも同様の性格を考え、天皇の后妃や女性王族の居住空間があったとする見解があり、それぞれの殿舎がどの王族のための施設であったのかを比定する試みも進められている（西本　二〇二三）。

内郭の外部、東南部には、B期の段階で巨大な掘立柱建物を正殿とする区画が付加される。東南郭とも、小字名を取ってエビノコ郭とも呼ばれる。建物の巨大さや、独立した区画であることなどから、これを天武朝の大極殿に比定する見解が有力だが、建物の構造や機能など、後世の大極殿とは相違点も多い。

飛鳥京跡苑池

都市的景観

飛鳥宮跡の北西からは、飛鳥川に面して、平成十一年（一九九九）からの調査で、東西約一〇〇メートル、南北約二八〇メートルの空間に、南北に並ぶ池を配し、石造の流水施設をそなえた庭園の遺構が見つかった。飛鳥京跡苑池《えんち》と呼ばれる。それまでに判明していた飛鳥時代の池が方形を呈するのに対して、曲線や中島などが取り入れられており、飛鳥時代の庭園のイメージを刷新する発見である。天武天皇の時にみえる「白錦《しらにしきの》御苑《みその》」（『日本書紀』）にあたると考えられている。

飛鳥寺、酒船石遺跡、飛鳥宮跡がある古代の飛鳥の中心部は、東西およそ八〇〇メートル、南北一・六キロほどの平坦地にすぎない。その空間に、ほぼ百年の間、絶えることなく王宮や寺院の関連施設が造営されていた。その周囲には、斉明の川原宮を改作したとされる川原寺や、橘寺などの寺院、これまでにみた蘇我氏の邸宅などが軒を並べていたのである。飛鳥には、王族や貴族、役人のほか、これらの施設の建設などの現業に従事する多数の人々が集められていたと考えられる。飛鳥を、列島に出現した最初期の都市と位置づけることもできるだろう（古市　二〇〇九）。

なお川原寺の西には、平成二十六年（二〇一四）の発掘調査によって、七世紀中頃に造営された小山田《こやまだ》古墳が埋没していたことが確認された。一辺七〇メートルを超える、この時代最大級の方墳である。石室に出入りする羨道《せんどう》は石舞台古墳と同程度かそれを上回る規模であり、飛鳥の中心部に近い立地と合わせて、舒明天皇（のちに押阪内陵。段ノ塚古墳に改葬）、蘇我蝦夷など、高位の人物が被葬者として想定されている（小澤　二〇一七）。飛鳥の地には、私たちの想像の及ばない古代人の営為の痕跡が、まだ多く遺されている。

四　蘇我氏と王家の拠点

檜　隈

飛鳥をめぐる旅もそろそろ終わりに近づいてきた。このまま帰路につくのもよいが、時間と体力に余裕があるならば、もうひとがんばりして南の丘陵地帯をめぐってみるのもよいだろう。小山田古墳の南には、丘陵の頂部に築かれた天武天皇・持統天皇の合葬陵（野口王墓）がある。それを皮切りに、四神や人物の描かれた高松塚古墳、近年調査された中尾山古墳、四神の一つ、玄武像が描かれたキトラ古墳などが点在する丘陵地帯を抜け、やや北に戻ると、そこが檜隈《ひのくま》の地である。

檜隈は蘇我氏に臣従した渡来人、東漢直《やまとのあやのあたい》氏の拠点だった。檜隈には東漢直氏とその同族たちが集住していたといい、周辺の檜前遺跡群からは百済特有とされる大壁建物や渡来人の住居に用いられるとされるL字形かまどが見つかっている。この地の於美阿志《おみあし》神社境内には、檜隈氏が建立した檜隈寺もある。時代はややさかのぼるが、六世紀前半、蘇我稲目がはじめて大臣に任じられた際の倭王、宣化の王宮は、檜隈の地に置かれたとされる（檜隈廬入野宮《ひのくまのいおりののみや》）。檜隈は、もともと蘇我氏の拠点の一つだったのであろう。

蘇我氏の拠点とその配置

そのように考えると、飛鳥における蘇我氏の拠点とは、飛鳥の中心部とその周辺の要衝を抑える形で配置されていたことになる。軽や山田寺、島庄、檜隈に加えて、飛鳥と吉野を結ぶ南淵（稲淵）付近には、鞍作鳥ら、鞍作氏の拠点があった。鞍作氏が造立した坂田寺に近い都塚古墳は、平成二十五年（二〇一三）以降の調査で、朝鮮半島の積石塚との関係も指摘される階段構造の特異な方墳であったことが判明し（一辺四一～四二㍍）、被葬者として蘇我稲目の名が挙げられるなど、あらためて蘇我氏との関係が想定されるにいたっている。飛鳥と蘇我氏、および王家は、切っても切れない関係にあったと考えるのが自然だろう。蘇我氏は、王家とほぼ一体化する形で飛鳥の都市化を進めていったといえるだろう。乙巳の変で蘇我本宗家が討滅された後も、その遺産は王家に継承されてゆく。飛鳥の歴史を全体としてどう考えるか、それはこれからの課題として、この魅力に富んだ飛鳥の地を離れることにしよう。

📖 参考文献

清水昭博『飛鳥の古代寺院』萌書房、二〇二三年

・瓦を専門とする筆者が、飛鳥に造営された古代寺院を平易に解説。飛鳥を歩く際のガイドブックとしても興味深い。

鶴見泰寿『シリーズ遺跡を学ぶ　古代国家形成の舞台―飛鳥宮―』新泉社、二〇一五年

・飛鳥宮跡と周辺の発掘調査成果をくわしく紹介する。

小澤毅「伝承板蓋宮跡の発掘と飛鳥の諸宮」『日本古代宮都構造の研究』青木書店、二〇〇三年、初出一九八八年

小澤毅「小山田古墳の被葬者をめぐって」『三重大史学』一七、二〇一七年

川尻秋生「古代房総の国造と在地―印波国造と武射国造を中心に―」吉村武彦・山地直充編『房総と古代王権―東国と文字の世界―』高志書院、二〇〇九年

岸俊男「朝堂の初歩的考察」『日本古代宮都の研究』岩波書店、一九八八年、初出一九七五年

西本昌弘「飛鳥浄御原宮の皇后宮」『続日本紀研究』四三四、二〇二三年

藤岡穣ほか「飛鳥寺本尊　銅造釈迦如来坐像（重要文化財）調査報告」奈良国立博物館『鹿園雜集』一九、二〇一七年

古市晃「都市の成立―集住と統合中枢―」『日本古代王権の支配論理』塙書房、二〇〇九年、初出二〇〇二年
古市晃「聖徳太子の名号と王宮―上宮・豊聡耳・厩戸―」『国家形成期の王宮と地域社会―記紀・風土記の再解釈―』塙書房、二〇一九年、初出二〇一二年

関連資料館等

①明日香村埋蔵文化財展示室
②奈良県立橿原考古学研究所附属博物館
③奈良文化財研究所　飛鳥資料館

①
②
③

仏教伝来と飛鳥の寺院

竹内　亮

一　古代の飛鳥と寺院

仏教伝来と寺院

古代日本への仏教伝来は、経典に説かれ僧侶が伝えた仏教の教えだけでなく、仏像や寺院などを造作するための技術導入もともない、日本における各種技術の飛躍的な向上をもたらした。寺院の造営を目的に導入された建築技術は、柱の下に礎石《そせき》を据えて屋根の上に瓦を葺き、軸組み工法によって精巧に建てられた大型木造建物を各地に出現させ、古代日本の景観を一変した。

飛鳥の古代寺院

こうした先進的な景観が日本で最初に現れた地は、大和盆地の南端に位置する飛鳥であった。寺院によって飛鳥の景観は大きく変化し、その影響は現代人が想起する日本の原風景のイメージにも及んでいる。本章は、飛鳥の地に創建された寺院をとりあげ、古代寺院が生み出した景観を探訪するための道しるべを提供したい。

二　飛鳥寺

飛鳥寺の創建

『日本書紀』『元興寺《がんごうじ》伽藍《がらん》縁起《えんぎ》并《ならびに》流記《るき》資財帳《しざいちょう》』によると、飛鳥寺《あすかでら》（法興寺《ほうこうじ》）は蘇我馬子《そがのうまこ》の誓願により創建された。崇峻天皇元年（五八八）、百済から仏舎利《ぶっしゃり》・僧侶、および寺工・鑪盤《ろばん》博士・瓦博士などの造寺技術者が献上され、馬子は飛鳥真神原《まかみのはら》にあった飛鳥衣縫樹葉《あすかのきぬぬいのこのは》の家を壊して法興寺を造りはじめたとある（このように邸宅を施入して造られた寺院を捨宅寺院と呼ぶ）。その後、同五年（五九二）に仏堂と歩廊を起工し、推古天皇元年（五九三）には塔心礎《しんそ》に仏舎利《ぶっしゃり》を納め、同四年（五九六）に高句麗と百済から渡来した僧侶である恵慈《えじ》と恵聡《えそう》が居住開始、同十四年（六〇六）には鞍作鳥《くらつくりのとり》を造仏工とする丈六銅像と繡像《しゅうぞう》が完成したという。こうして飛鳥寺は、日本で最初の本格的な伽藍《がらん》を擁し、法号「法興寺」が示すようにはじめて仏法が興隆した寺院として発足した。

境内から出土する創建瓦は百済様式の瓦とよく似た素弁蓮華文の瓦当紋様を有し、百済からの技術者受容を物的に証明している。

丈六銅仏

飛鳥寺の中金堂があった位置には真言宗豊山派の安居院《あんごいん》本堂が現存し、本尊として銅造釈迦如来坐像（飛鳥大仏）を安置する。この像は建久七年（一一九六）の火災により焼失したが、焼け残った部分を元に補修されたと伝わる。近年の科学的金属組成調査によると（藤岡　二〇一九）、本尊の頭部・面部上半と右手はオリジナル部分、それ以外の大半は伝承どおり火災後の再鋳であることが判明した。面部の杏仁《きょうにん》形の眼などは中国南北朝期の仏像様式に倣っており、創建期の造像とみて間違いない。ただし頭部・面部と右手は別鋳であり、一体の像に由来するものかどうかについて問題が提起されている。また、本尊が安置される竜山石製の基壇上には深さ約三〇センチの孔が左右にあり、元来は脇侍像が存在したとみられる。中尊が当初から坐像であったとすると、法隆寺金堂諸像のように基壇上へ須弥座《しゅみざ》（宣字座《せんじざ》）を据えていたと想定される。しかしその場合、左右脇侍の据付孔が中尊に接近しすぎているという問題があり、元来は坐像ではなく立像であった可能性も指摘されている。安居院本堂は有料で公開されており、堂内を自由に撮影することもできる。日本最古の丈六仏像と両脇侍据付孔を実際に拝観し、創建期の三尊の姿に思いを馳せていただきたい。

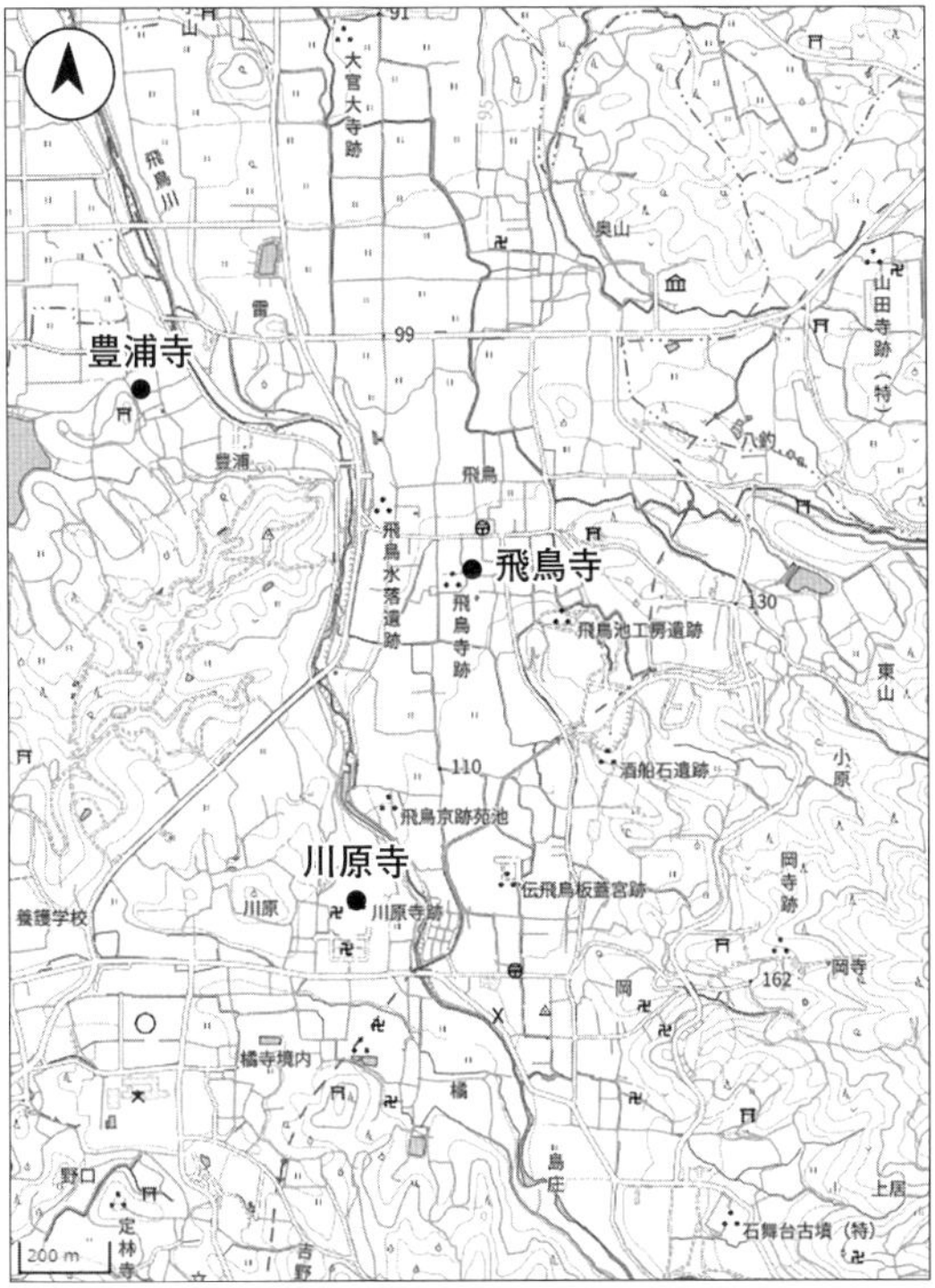

飛鳥寺・豊浦寺・川原寺

三金堂と塔

飛鳥寺の伽藍中心部では、発掘調査によって一塔三金堂式の特異な堂塔配置が判明し、高句麗の寺院で確認される同様の伽藍配置からの影響とみられている。中金堂の位置に建つ安居院本堂の下とその周囲には、古代の礎石が地上に点在する。東金堂跡は境内東側の駐車場一帯、西金堂跡は境内西側の農地（現在の鐘楼の西）一帯にあたる。東金堂の本尊は敏達天皇の時に百済か

銅造釈迦如来坐像（飛鳥大仏，飛鳥寺所蔵）

らもたらされたとされる瑪瑙《めのう》石製の弥勒《みろく》像、西金堂の本尊は丈六銅像と同時に造られた繡像であったと考えられている（東野　二〇一〇）。塔は三金堂に囲まれた中心にあり、地下心礎の出土位置を示す標柱が安居院境内に立てられている。なお、本堂北側の展示室では、出土した飛鳥寺の瓦や安居院に伝わる仏具などが見学できる。

飛鳥寺西の広場

飛鳥寺の伽藍外周には、塔と三金堂を取り囲む中門回廊（歩廊）の外側に大垣が巡ることが判明している。南面大垣には南門、西面大垣には西門が取り付く。発掘調査によると西門の方が大規模で、西門前の地下では南北一八〇メートル以上にわたる瓦質土管暗渠の施工が確認されている。南門より西門の格が高いのは、西門前に「飛鳥寺西の広場」が存在したためと考えられる。『日本書紀』には、中大兄《なかのおおえ》皇子と中臣鎌子《かまこ》の出会いの場、壬申の乱における軍営の場所、あるいは蝦夷や南島の人々をもてなす饗宴の場などとして、飛鳥寺西の槻《つき》の木が何度も登場する。槻の木は古代の歌謡にもよく詠まれる聖樹である。シンボルツリーである槻の木を中心とする飛鳥寺の西の空間は、大勢の人々が集まることのできる広場であった。発掘調査によると飛鳥寺西門前では広範囲に整地した上に石敷・砂利敷が施されており、これが飛鳥寺西の広場の遺構と考えられている（明日香村　二〇一〇）。なお、西門跡と広場跡の中間には蘇我入鹿《いるか》の首塚と伝わる中世の五輪石塔が現存するが、飛鳥寺に止住した渡来僧である恵慈・恵聡の墓塔とする伝承もあり、石塔の本来の性格は失伝したとみられる。この石塔をかつての聖樹の記憶を伝える記念物とする説があり（鈴木　二〇〇七）、西の広場の槻の木を偲ぶよすがとして石塔を見るのも一興であろう。飛鳥寺西門の基壇や柱跡の一部は復原整備されており、広場跡（現在は農地の下に埋め戻されている）や石塔とあわせて巡見したい。

講堂と僧房

安居院境内から西へ出て北へ進んだ所に、浄土宗の来迎寺《らいごうじ》がある。来迎寺の境内は飛鳥寺講堂の基壇上にあり、発掘調査で講堂の礎石が出土している（玉田　二〇〇七）。礎石の一部は地表に露出しており、礎石を避けて来迎

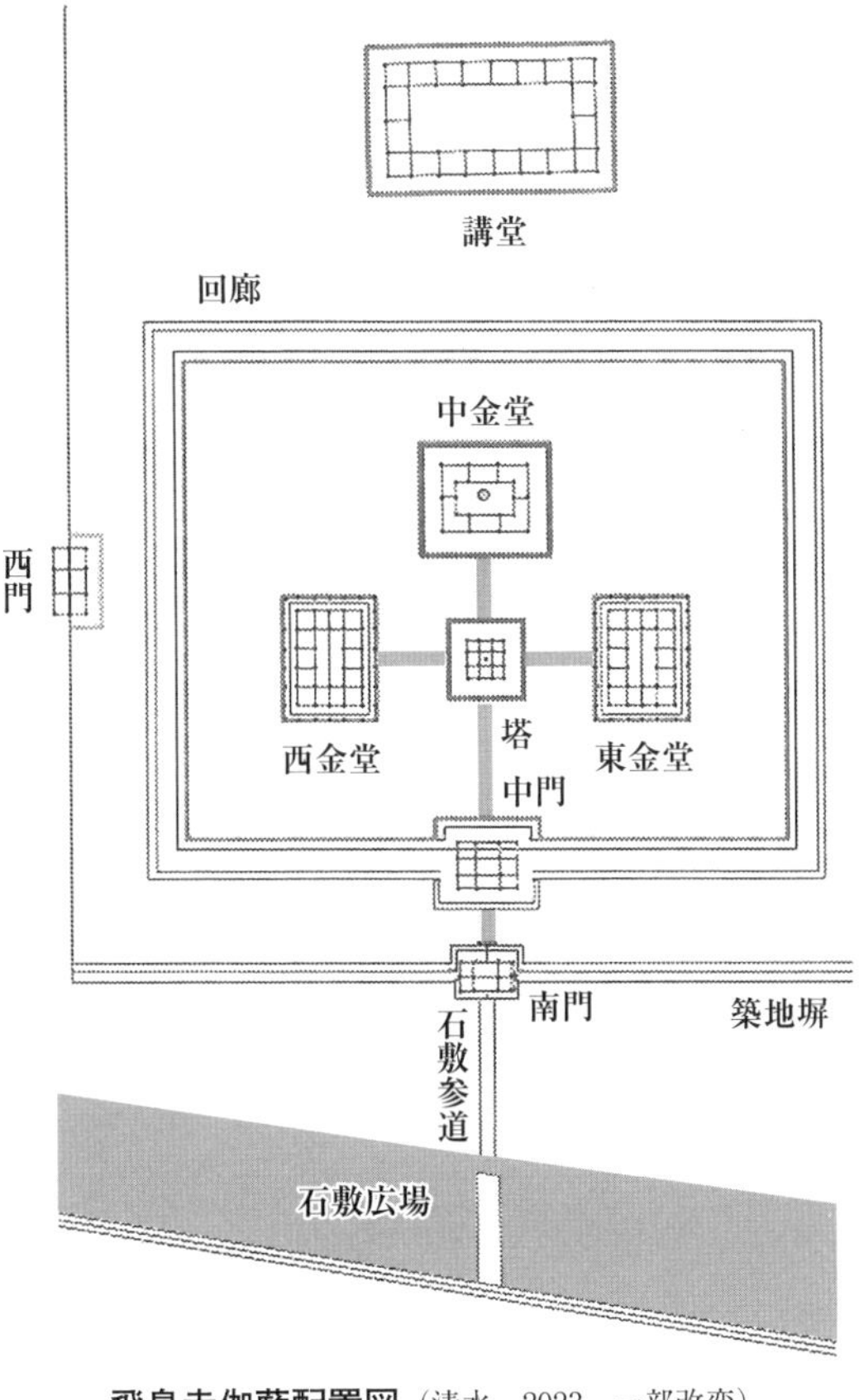

飛鳥寺伽藍配置図（清水　2023，一部改変）

五輪石塔（伝 入鹿の首塚）

寺西塀に穴が開けられているので、境内西側の道路から講堂礎石を間近に観察できる。なお、来迎寺境内には古代のものとみられる竜山石製の石造露盤を転用した手水鉢（非公開）があるが（長谷川　二〇二〇）、飛鳥寺の塔露盤なのかどうかは不明である。

飛鳥寺僧房は講堂の周辺にあったと考えられるが、明確な遺構は見つかっていない。養老二年（七一八）に飛鳥寺は平城京左京へ移転して元興寺となり、飛鳥にあった建物の一部が移建された。現存の元興寺極楽坊および禅室は元興寺僧房の後身建物であり、その部材や屋根に葺かれた瓦の一部には飛鳥寺から移されたものが含まれる。一部の木材の伐採年は飛鳥寺創建期や天武朝の大規模補修期にさかのぼることが年輪年代測定によって判明しており（狭川　二〇二〇）、かつての飛鳥寺僧房の実物を部分的ではあるが地上で伝えている。

飛鳥寺東南禅院と飛鳥池遺跡

檀越《だんおつ》であった蘇我蝦夷・入鹿が乙巳の変によって滅んだ後、飛鳥寺は国家が直接運営する寺院（大寺）とされた。大寺となった飛鳥寺では、国家による大規模な補修と伽藍拡張事業が行われた。出土瓦の年代や各種文献史料によると、その時期は天武朝期とみられる（上原　一九九七）。この造営事業の契機となったのが、入唐帰国僧として知られる道昭《どうしょう》の飛鳥寺入寺である。道昭は唐都長安の三蔵法師玄奘《げんじょう》へ師事して禅行を修め、唐から多数の経巻を持ち帰って飛鳥寺に安置した。斉明天皇七年（六六一）の帰国後から天智朝期にかけて各地を周遊していた道昭は、天武朝初年頃には飛鳥寺へ腰を落ち着けたと考えられる。道昭が招来した経巻を納め、かつ禅を教え広める拠点として設けられたのが、飛鳥寺東南禅院である。禅院は、塔と三金堂からなる伽藍中心部の東側に広がっていた低湿地を造成して創設され、この場所が伽藍全体の東南域にあたるので飛鳥寺の東南の禅院と呼ばれた。また、天武朝期の飛鳥寺整備はこの禅院にとどまらず、伽藍全域に及んだことが出土瓦から知られる。これは大官大寺などをはじめとする倭京の大寺の造営と一連の国家事業であり、天武朝期は飛鳥寺が国家の大寺として大きく発展した時期であった（竹内　二〇一六）。

この時期の飛鳥寺整備事業に造営資材を供給したのは、飛鳥寺の南東に接する丘陵の谷部に広がる飛鳥池遺跡の工房である。飛鳥池遺跡は、天武朝期を最盛期とする大規模工房群の遺跡で、禅院創建瓦をはじめとする飛鳥寺の造営資材がここで生産された（奈良文化財研究所　二〇二一〜二二）。工房の製品の種類は多岐にわたるが、仏像の鋳型など寺院所用品の生産に用いられたとみられる遺物が出土しており、天武朝期における伽藍整備の一端を伝えている。飛鳥池遺跡で出土した遺構の一部は奈良県立万葉文化館の庭に復原展示されており、同館内に展示されている出土遺物の複製品とあわせて無料で見学できる。

三　豊浦寺

豊浦寺の創建

『日本書紀』『元興寺伽藍縁起幷流記資財帳』によると、豊浦寺《とゆらでら》（建興寺）は、欽明朝の仏教公伝の際に百済から献上された仏像などを蘇我稲目《いなめ》の邸宅（向原《むくはら》の家）へ安置したのが嚆矢とされる。邸宅の一部を仏堂としたであろう初期の段階には桜井寺《さくらいでら》（桜井道場）と呼ばれ、日本史上初の留学尼とされる善信尼《ぜんしんに》らが百済からの帰国後に止住したことでも知られる。その後、推古天皇の時に豊浦宮を改めて豊浦寺としたとされるが、推古が即位

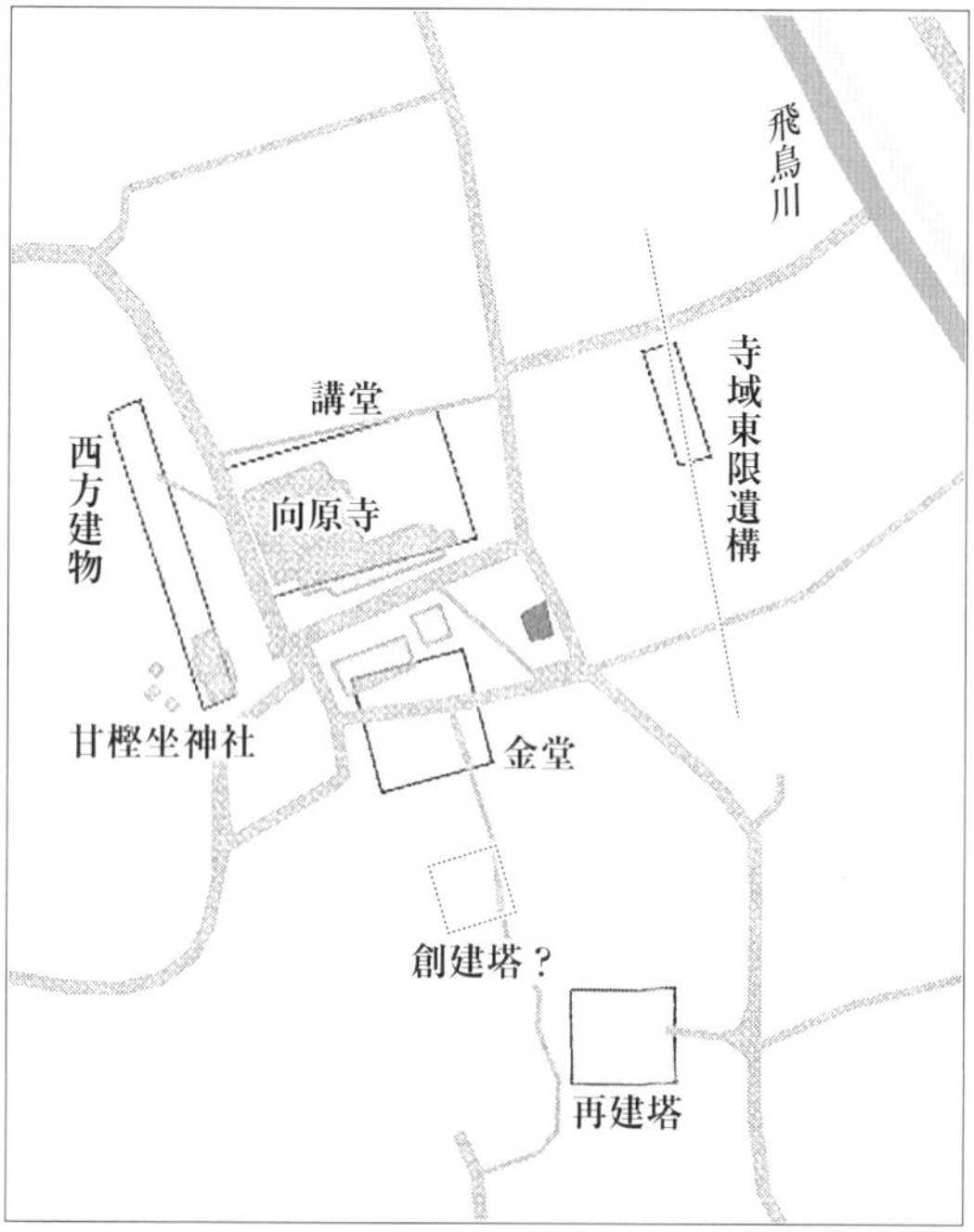

豊浦寺伽藍配置図（清水　2023，一部改変）

した豊浦宮とは外祖父の稲目から継承した向原（桜井）の邸宅そのものと考えられるので、推古が正宮である小墾田宮へ遷った推古天皇十一年（六〇三）以後、宮としては使われなくなった豊浦宮全体を施入して伽藍寺院としての豊浦寺が成立したのであろう。このように、僧寺である飛鳥寺とほぼ時期を同じくして、豊浦寺は日本で最初の本格的な尼寺として発足した。

豊浦宮の遺構

舒明天皇即位前紀には山背大兄王が蘇我蝦夷の病を見舞った時に豊浦寺へ滞在したとあり、推古天皇が亡くなった六二八年頃には豊浦寺が寺院として機能していたことが知られる。『聖徳太子伝暦』には舒明天皇六年（六三四）に塔の心柱を建てたとあり、推古～舒明朝にかけて伽藍整備が進んだとみられる。

発掘調査の結果、現存する浄土真宗本願寺派の向原寺《こうげんじ》本堂の場所では創建期の豊浦寺講堂の遺構が確認され、本堂周辺には古代の礎石が点在している。講堂の下層では、先行する遺構として石敷をともなう建物跡などが検出されている。この先行遺構の時期は七世紀初頭であり、豊浦宮の遺構と考えられている。先行遺構の一部は向原寺本堂の南側で覆屋を掛けて露出展示されており、向原寺へ申し込めば見学できる。

豊浦寺の伽藍

発掘調査により、向原寺本堂の南にある豊浦集会所の位置で豊浦寺金堂の基壇が検出された。また、本堂の西にある甘樫坐神社の拝殿前面では南北方向の長大な建物跡（西方建物）が見つかり、豊浦寺の尼房もしくは西回廊と考えられている。金堂・講堂・西方建物はいずれも北で西へ約一八～二〇度振る方位をもち、伽藍西辺を限る甘樫丘北端の尾根がおおむね同一の方位で南北に伸びることからも、ほぼこの方位を基準として伽藍が設定されていることがわかる。

金堂から南へ道なりに約五〇メートル《メートル》進んだ民家の門前に、塔心礎とみられる大きな礎石が豊浦宮趾の石標をともなって置かれている。この付近では鎌倉時代以降の瓦が多く出土し、軸線も金堂などとは異なって正方位であることから、ここには中世の再建塔があったと考えられている。創建期の塔の位置は不明だが、金堂の南に軸線を揃えて塔が並ぶ四天王寺式伽藍配置が想定されている（花谷　二〇〇〇）。この想定に従うと、豊浦集会所の南の住宅地一帯に創建期の塔跡が埋もれていることになろう。

豊浦の文様石

豊浦寺の一帯には文様石と称する石造物が存在し、向原寺の境内に一個、飛鳥川から和田池への導水目的で高取藩が築いた水路トンネルの石組に組み込まれた三個（かつては四個あったらしい）が確認されている（安達　一九七二）。平坦に加工された花崗岩《かこうがん》に半肉彫りで文様を彫刻しており、須弥山石など飛鳥地域の古代石造物とも共通する表現であるが、その性格、表現内容、製作年代、豊浦寺との関係など一切不明である。現在は向原寺境内にある一個のみが見学できる。

四　川原寺

川原寺の創建

川原寺《かわらでら》（弘福寺《ぐふくじ》）は、大官大寺・薬師寺・飛鳥寺と並んで四大寺と称された大寺の一つである。創建事情を伝える文献史料は残っていないが、斉明天皇の崩御（六六一）から近江大津宮遷都（六六七）までの間に天智天皇によって発願されたとする説が有力である（福山　一九七八）。『日本書紀』によると、飛鳥板蓋宮の焼亡（六五五）後に斉明が遷った宮は飛鳥川原宮であり、斉明の殯《もがり》は飛鳥川原において行われた。正宮である板蓋宮の焼亡という不測事態の折に急遽遷宮できたことからみて、飛鳥川原の地では斉明が以前から宮（ミコノミヤ、もしくはキサキノミヤ）を所有していたとみられ、それがゆえに同地で殯が行われたのであろう。この宮を継承した中大兄皇子（天智）は、母である斉明の冥福を祈るために宮を施入して川原寺を創建したと考えられる。

川原寺の伽藍

川原寺の中金堂があった位置には真言宗豊山派の弘福寺本堂が現存し、本堂周辺には中金堂に用いられていた瑪瑙石（白大理石）の礎石が地表に露出している。発掘調査により、中金堂に中門回廊が取り付き、回廊内には塔・西金堂が東西に並び、中軸線上には南大門・中門・中金堂・講堂が南北に並ぶという川原寺式伽藍配置が判明している。同様の伽藍配置は、近江京の錦部寺《にしこりでら》（南滋賀廃寺）や筑紫の観世音寺《かんぜおんじ》など天智と縁の深い寺院でも採用された。講堂の周囲は三面僧房が取り囲み、西面僧房の南端から西へ向かう渡廊（中金堂から西へ延びる回廊の延長）が設けられている。以上の堂舎については基壇と礎石の一部が復原整備されており、現地で古代の大寺の規模を実感することができる。渡廊でつながる伽藍の西側には、食堂の存在が想定されよう。中金堂の北西に現存する浄土宗の光福寺本堂付近では、経楼もしくは鐘楼とみられる建物跡が見つかっている。寺域南辺から東辺にかけては築地大垣が寺域を画し、南大門と東大門が大垣に取り付く。南大門よりも東大門の方が大規模で、飛鳥川を挟んで東に位置する飛鳥宮（飛鳥後岡本宮・飛鳥浄御原宮）を意識していたと考えられている。なお、南大門前には石敷の参道と広場があり、南にある橘寺北門との間には飛鳥宮から西へ向かう東西直線道路がはしっていた。この東西道路は現県道の南側に並行しており、「聖徳皇太子御誕生所」石碑の東西に連なる農地付近にあたる。

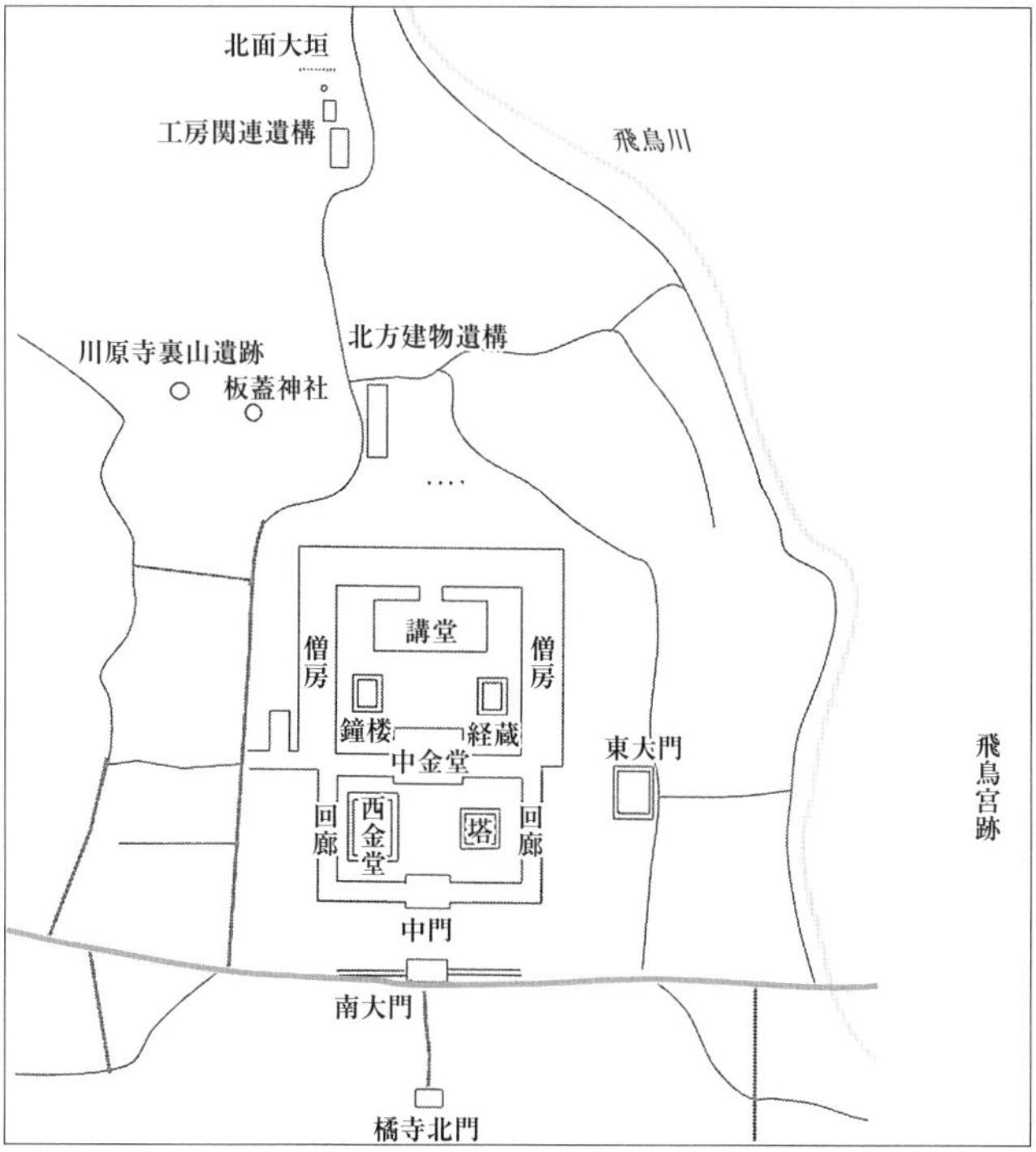

川原寺伽藍配置図（清水　2023，一部改変）

川原寺の工房

北面僧房の北方、南面大垣から北へ約三三〇メートルの位置で北面大垣が検出され、これにより川原寺寺域の南北長が三町と確定した。この北面大垣のすぐ南では、川原寺の造営や修理に用いたとみられる瓦や金属・ガラス製品などの資材を生産した工房跡が見つかっている（奈良文化

財研究所　二〇〇四）。工房の生産管理や製品保管を行っていたとみられる建物跡と北面大垣の柱跡は現地で復原整備されており、見学が可能である。

川原寺裏山遺跡

川原寺北西の丘陵上にある板蓋《いたぶき》神社の境内西南崖下の土坑から、塼《せん》仏・塑像片・緑釉水波文塼・銅製金具などの寺院関連遺物が大量に出土し、川原寺裏山遺跡と呼ばれている。川原寺に安置されていた仏像や堂内荘厳に用いられていた塼仏などを火災後に埋納した遺跡で、塑像胎内に埋め込まれた承和《じょうわ》昌宝《しょうほう》（初鋳は八三五年）が見つかっていることから、川原寺は九世紀中～後期頃に火災に遭ったと推定されている。

五　その他の寺院

他の飛鳥の寺院

本章では、現地を訪問して実際に見学することを念頭に置いて、仏教伝来および大寺という観点から飛鳥の代表的な古代寺院を三つ紹介した。飛鳥にはほかにも多くの古代寺院があり、聖徳太子誕生地とされる橘寺《たちばなでら》、義《ぎ》淵《えん》僧正を開基とする岡寺《おかでら》などは現在も法灯を守る。この二寺は巡礼寺院として現在も多くの参詣者を集めており、寺院伝世品や境内出土品などの展示もされている。

飛鳥周辺の寺院

飛鳥周辺では、坂田寺《さかたでら》、檜隈寺《ひのくまでら》、呉原寺《くれはらでら》など渡来系の人々が創建した寺院、蘇我倉山田石川麻呂《そがのくらやまだいしかわまろ》が創建し回廊が倒壊したままの姿で見つかった山田寺《やまだでら》などが著名である。さらに藤原京域には、大官大寺、本薬師寺《もとやくしじ》などの大寺もある。参考文献にあげる優れた案内書に学びながら、これらの古代寺院を探訪してみてはいかがだろうか。

参考文献

明日香村編『続 明日香村史』上巻、明日香村、二〇〇六年
・飛鳥の寺院に関する文献史料、発掘調査成果などが整理される。本章関連項目の執筆担当者は、田辺郁夫「飛鳥寺」、平松良雄「豊浦寺」、毛利光俊彦「川原寺」、網干善教「川原寺裏山遺跡」。二〇〇六年以前の調査成果はこれらに拠った。
清水昭博『飛鳥の古代寺院』萌書房、二〇二三年
・飛鳥の古代寺院に関する研究史や現地の状況などがわかりやすく解説され、案内書として優れている。
福山敏男『奈良朝寺院の研究 増訂版』綜芸舎、一九七八年
・飛鳥をはじめとする大和各地の古代寺院の研究書。建築史学の立場から各寺院に関する文献史料や寺院遺跡などを博捜する。
明日香村教育委員会文化財課編『飛鳥寺西方遺跡発掘調査報告書』二〇二〇年
安達厚三「明日香村豊浦隧道文様石の調査」『奈良国立文化財研究所年報 一九七二』一九七二年
上原真人『歴史発掘11 瓦を読む』講談社、一九九七年
狭川真一「年輪年代からみた元興寺僧房の履歴」元興寺・元興寺文化財研究所編『日本仏教はじまりの寺 元興寺』吉川弘文館、二〇二〇年
鈴木景二「飛鳥寺西の槻の位置について」『古代中世史の探究』法蔵館、二〇〇七年
竹内亮『日本古代の寺院と社会』塙書房、二〇一六年
玉田芳英「飛鳥寺の調査 第一四三―六次」『奈良文化財研究所紀要 二〇〇七』二〇〇七年
東野治之「法興寺の造営」「法興寺から元興寺へ」元興寺・元興寺文化財研究所編『日本仏教はじまりの寺 元興寺』吉川弘文館、二〇二〇年
奈良文化財研究所編『川原寺寺域北限の調査』二〇〇四年

奈良文化財研究所編『飛鳥池遺跡発掘調査報告　本文編』Ⅰ〜Ⅲ、二〇二一〜二三年
長谷川透「飛鳥の石造露盤調査報告」『明日香村文化財調査研究紀要』一九、二〇二〇年
花谷浩「京内廿四寺について」『研究論集Ⅺ』奈良国立文化財研究所、二〇〇〇年
藤岡穣「古代寺院の仏像」『シリーズ古代史をひらく　古代寺院』岩波書店、二〇一九年

関連資料館等

①明日香村埋蔵文化財展示室
②奈良県立橿原考古学研究所附属博物館
③奈良文化財研究所 飛鳥資料館

①

②

③

聖徳太子の歩いた道
――斑鳩・法隆寺から四天王寺へ――

鷺森浩幸

一 斑鳩の寺でら

斑鳩と聖徳太子

聖徳太子は推古九年（六〇一）に斑鳩に宮室を造営し、十三年に移り住んだ。これが斑鳩宮《いかるがのみや》である。それに付属する寺院法隆寺を創建した。地名をとって斑鳩寺《いかるがでら》とも称された。法隆寺へ向かう最寄りの駅はJR大和路線（関西本線）の法隆寺駅である。斑鳩に奈良盆地の地割とは異なる特殊な傾いた地割があり、古くから研究の対象となってきた。それらは傾きの角度によって二タイプに分けることができる。(A)真北に対して二〇度西に傾く地割と、(B)真北に対して八・五度程度西に傾く地割。これらは発掘調査などで確認された場合と、現在の道路や地割として確認できる場合がある。法隆寺の若草伽藍《わかくさがらん》跡と東院下層遺構は(A)にあたり、聖徳太子の創建した法隆寺と斑鳩宮に相当する。法起寺《ほっきじ》下層遺構は法起寺の前身である岡本宮《おかもとのみや》と推定されるが、これも(A)にあたる。

現在の道路として確認できるものとして著名なのが、いわゆる太子道《たいしみち》（筋違道）である。法隆寺の東方あたりから、とぎれながら斜めの直線的な道路が東南に続く。聖徳太子が斑鳩と飛鳥との間を行き来した道という伝承

道しるべ

をもつ道である。奈良県三宅町周辺でもっとも明瞭に追えるが、現在の地図でもその名残と思われる道や畔が多く確認できる。(A)は今から千四百年前の、聖徳太子が行った斑鳩地域における宮の造営や開発事業と関わると推定され、現在においてもそのような痕跡を普通の町のあちこちで見ることができるのである。

(B)に属するのは現在の法隆寺西院伽藍などであり、現西院伽藍の創建時期からみて七世紀末から八世紀初頭と考えられる。法隆寺の再建にともなう地割と推定される。聖徳太子の子孫（上宮王家）の滅亡した後、法隆寺の再建が誰を主体として、具体的にどのように行われたかなど、現在でも明確になっていない。

法隆寺駅の東の道を北へ進むと、斑鳩町興留《おきどめ》の北で右手に池（新池）のある交差点にいたる。目前の左右の道は(A)と角度を同じくする古道である。右に行くと、上宮《かみや》遺跡がある。弥生時代から鎌倉時代の複合遺跡で、中心は飛鳥～奈良時代の遺構・遺物である。飛鳥時代の井戸や溝から七世紀前半頃の土器や八葉素弁蓮華文軒丸瓦《そべんれんげもんのきまるがわら》、塼仏などの仏教的な遺物が出土し、奈良時代の大型掘立柱建物群も確認された。奈良時代の遺構は称徳天皇が河内へ行幸する時に宿泊した「飽浪宮《あくなみのみや》」（『続日本紀』）と推定される。遺跡の南にかつて成福寺《じようふくじ》が存在した。この寺について聖徳太子の亡くなった「飽波葦墻宮《あくなみあしがきのみや》」（「大安寺伽藍縁起并流記資財帳《だいあんじがらんえんぎならびにるきしざいちょう》」）の跡に創建されたという伝承があることから、上宮遺跡の飛鳥時代の遺構は飽波葦墻宮と関わるとの推測が成り立つ。

法隆寺の西院と東院

「新池」横の交差点から西に進むと、古い町並みを抜けて法隆寺の参道にいたる。現在、法隆寺を参詣する時には、国道二五号線北の駐車場から南門へ向かうことが多いが、もともとの参道はこの古道から分かれ、南門の正面に取り付く。現在でも参道はあるが、注意してみると、国道二五号線より南でもわずかに確認することができる。そこに道しるべや灯篭もあり、参道がここから始まることがよくわかる。

『日本書紀』に法隆寺の火災に関する記事がある。天智八年（六六九）是冬条に「斑鳩寺に災《ひつ》けり」とあり、九年四月三十日条にも「夜半の後　法隆寺に災けり。一屋も余ることなし。大雨ふり雷《いかづち》震《な》る」とある。これらは同じ出来事の重出と考えられる。現在の法隆寺西院が、聖徳太子の創建した法隆寺にあたるのか、『日本書紀』の記述の通り、焼失して再建されたものか、を争ってきたのが法隆寺論争である。論争の行方を決定づけたのが石田茂作・末永雅雄らによって行われた若草伽藍の発掘調査であった。若草伽藍の塔と金堂の基壇は先に述べた(A)にのっとり、使用された瓦も七世紀初頭のものであった。天智期の火災は事実で焼失したのは若草伽藍であったことが確実となった。そして、一九八〇年前後になって、中心部の範囲も明らかになり、平成十六年（二〇〇四）に金堂や塔に用いられたと考えられる、火の影響で変色した瓦や焼けた壁土が確認された。壁土のなかに彩色をほどこした壁画とみられる破片も含まれていた。これらは若草伽藍の焼失を示す貴重な出土品である。

現在、創建当初の法隆寺は若草伽藍で、西院伽藍は再建された後の法隆寺と考えるのが通説である。多くの人が思い浮かべる法隆寺のイメージは西院の姿であろうが、これは七世紀末から八世紀初頭に造営

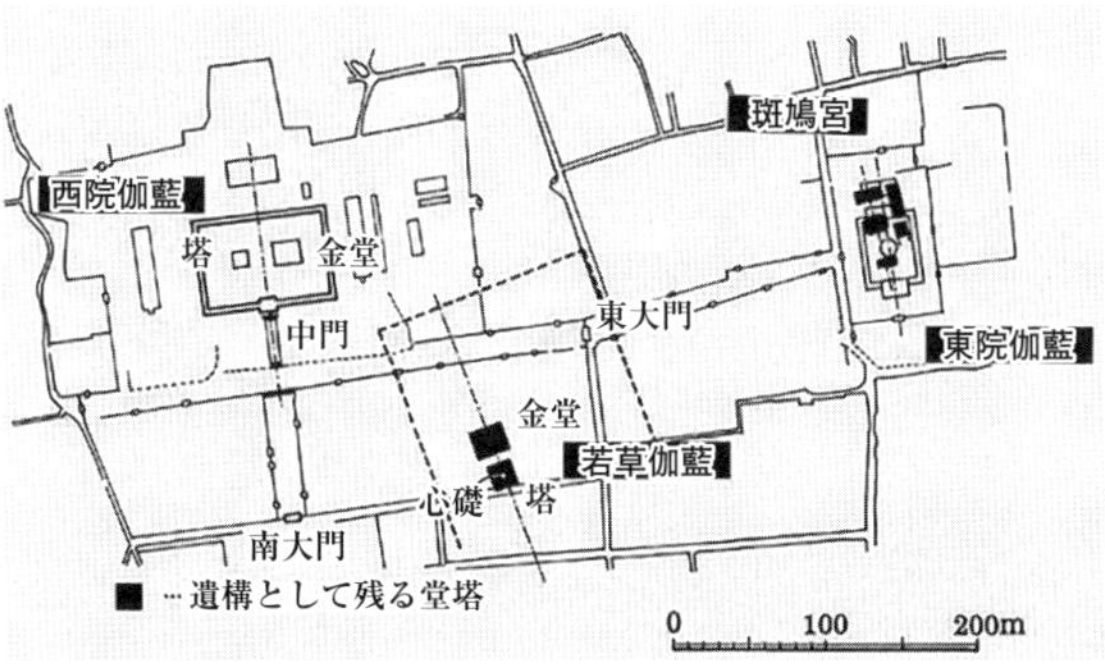

法隆寺の伽藍（奈良国立博物館『法隆寺　日本仏教美術の黎明』2004年，一部改変）

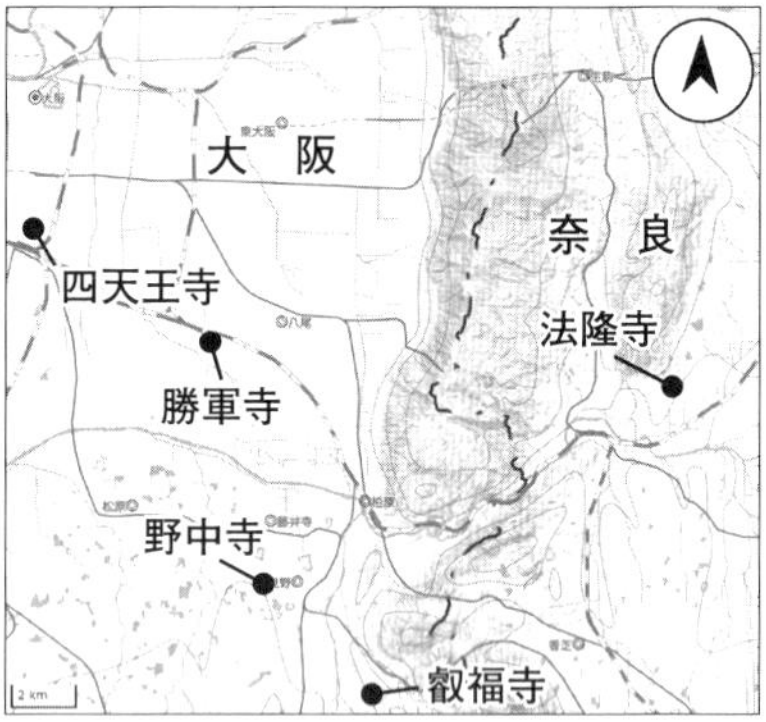

法隆寺と四天王寺の位置関係

された。西院は世界最古の木造建築として著名である。

奈良時代になって斑鳩宮の跡に創建されたのが東院である。昭和九年（一九三四）からの発掘調査で、掘立柱建物・柱列・石敷遺構などが検出され（東院下層遺跡）、これが斑鳩宮にあたる。ここからも焼けた壁土や瓦が出土した。それは『日本書紀』にみえる斑鳩宮の焼失と対応する。焼けた壁土は長らく行方が不明であったが、令和二年（二〇二〇）に法隆寺で確認された。

東院の創建を主導したのは阿倍《あべ》内親王および僧行信《ぎょうしん》であったようである。阿倍内親王は聖武天皇と光明《こうみょう》皇后の間の女子で、猛威をふるった伝染病による政治や社会の混乱のなかで天平十年（七三八）正月に皇太子となった。東院の創建はそれに連続するかのようにみえる。阿倍のような女性の皇太子は、ほかに全く例がない。この時、彼女はやがて生まれてくるであろう聖武・光明の男子への中継ぎの性格が強かったと思われる。当時、聖武天皇は決して高齢ではないが、将来の皇位継承について大きな不安があった。政治の混乱とも連動し、皇太子阿倍内親王の地位は不安定であった。そのとき、皇太子でなおかつ仏教の聖人であった（実態とは別に、当時そのように認識されたことは疑えない）聖徳太子の存在がまず想起されたことは充分に推測することが可能である。東院の夢殿《ゆめどの》は斑鳩宮の跡に建つ聖徳太子の廟の性格をもつ。「上宮王等身観世音菩薩木像」（東院資財帳）である救世《くぜ》観音像を安置して本尊とし、その周辺の建物に聖徳太子の遺品などの宝物が収納された。伝法堂の北へまわると、もう中宮寺《ちゅうぐうじ》は目の前である。

中宮寺・法起寺・法輪寺

現在の中宮寺は実は本来の所在地にない。東方の中宮寺跡がもとの中宮寺の所在地である。発掘調査の結果、詳細な姿が判明し、現在は寺院跡を生かした公園である（中宮寺跡史跡公園）。現中宮寺から東へ行ってもよいし、

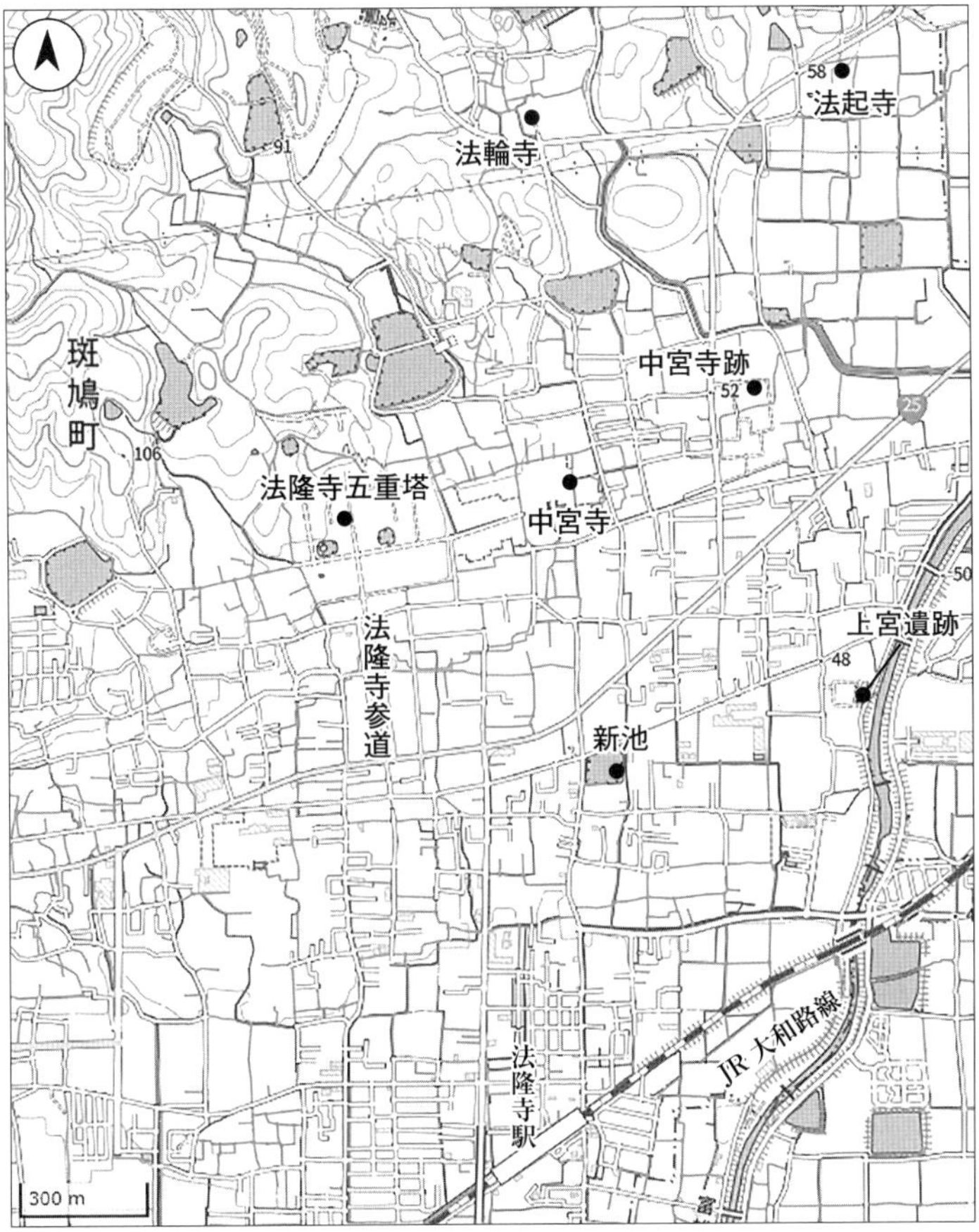

法隆寺周辺

上宮遺跡あたりから北へ調子丸塚《ちょうしまるづか》古墳・駒塚《こまづか》古墳を経て向かってもよい。公園の北の部分に簡単な休憩所があるが、そこは斑鳩三塔（法隆寺五重塔・法起寺三重塔・法輪寺三重塔）をすべて見ることのできる、おそらく稀有な場所である。民家の間から、あるいは田畑の向こうにたしかに三塔が見える。

中宮寺跡から北へ行くと、東方に法起寺、西方に法輪寺がある。このあたりに来ると、法隆寺とその門前とは異なる、ひなびた空気になる。法起寺は別名岡本寺、起源は岡本宮である。『日本書紀』によると、岡本宮は聖徳太子のいわゆる三経講説説話の舞台である。『聖徳太子伝私記』に法起寺塔露盤銘《とうろばんめい》なる記録が収録される。そこに聖徳太子が「此山本宮殿」を寺とすることを子山背大兄王《やましろのおおえのおう》に命じたとある。「此山」が岡の異体字で「岡本宮殿」であるとする解釈と、山も岡と同じく「おか」と読むとする解釈がある。三重塔は唯一の創建当初から残る建物である。法隆寺五重塔の初重・三重・五重の階層と同じ大きさの屋根をもつ、大きくはないが、美しい塔である。現法起寺に先行する遺構（法起寺下層遺構）があり、それが岡本宮であったとみて問題はない。

法輪寺は別名三井《みい》（御井）寺である。近辺の集落内に現存する井戸（赤染井）に由来する名である。『聖徳太子伝私記』所引「御井寺勘録寺家資財雑物等事」によると、この寺は聖徳太子の発願により、山背大兄王などが造営し、その後、高橋氏（もと膳氏《かしわでうじ》、聖徳太子の妃膳《かしわでの》菩岐々《ほきき》美郎女《みのいらつめ》の一族）が預かったという。発掘調査の結果からも、七世紀中頃の創建で間違いはない。昭和十九年（一九四四）に落雷により焼失した三重塔は、昭和五十年（一九七五）に再建された。この時、小説家の幸田文《こうだあや》らが寄金を集めるなど貢献をし、幸田自身も奈良に移り住んだことは有名なエピソードである。

二　河内の「三太子」

磯長陵と叡福寺

叡福寺《えいふくじ》（「上の太子」）は聖徳太子の「磯長陵《しながりよう》（墓）」（『日本書紀』『延喜式』）に比定される叡福寺北古墳の南に立地する寺院である。聖徳太子廟を守る寺院である。最寄りの駅は近鉄長野線喜志駅または近鉄南大阪線上ノ太子駅である。叡福寺北古墳は楕円形をした円墳で、墳丘は三段築成、埋葬施設は南に開口する横穴式石室で、現在は石室の前面に「御霊屋」と称される建物があるが、かつては出入りができたようである。記録などによると、玄室《げんしつ》に棺を据えた棺台が三基あり、夾紵棺《きようちよかん》の破片も散在していたらしいことから、かつて夾紵棺が存在したと推測される。現在、大阪府柏原市の安福寺所蔵の夾紵棺片についてこの夾紵棺の一部であった可能性が指摘されている。また、墳丘の碑石の列が二重にめぐっており（結界石）、これが目立つ。

叡福寺北古墳の造営は七世紀後半頃と推定され、被葬者は聖徳太子および母穴穂部間人皇女《あなほべのはしひと》・妃膳部菩岐々美郎女とされる（三骨一廟）。この三人がほぼ同じ時期に死去したことは法隆寺釈迦如来像の光背銘《こうはいめい》からも確実であり、三人が同じ場所に葬られ、仏教に深く傾倒した聖徳太子らしく、寺院が墓を守るという、現在の状況はイメージとよく合致するが、もともとこの状態であったかについて検討課題が残るようである。まず、古墳としての考古学的年代と聖徳太子の没年の間にやや間隔がある。三骨一廟の形式も本来のものであるか疑問もある。『延喜式《えんぎしき》』によると、「間人女王」の墓は「竜田清水墓《たつたのしみずのはか》」である。「間人女王」を穴穂部間人皇女、間人皇女《はしひと》（天智・天武天皇の同母姉妹、孝徳天皇の皇后）に比定する二説がある。叡福寺の創建年代についても議論がある。現在のところ、平安時代以降とする見解が有力であるが、確実な共通認識はない。

弓代の石碑

野中寺と大聖勝軍寺

野中寺《やちゅうじ》（「中の太子」）は丹比《たじひ》に存在した王宮に近く、用明天皇や聖徳太子とこの王宮と緊密な関係から、聖徳太子ゆかりの寺院と位置づけられるようになったと思われる。あるいは蘇我馬子の創建ともいう。渡来人王辰爾《おうしんに》の後裔である葛井・船・津氏の墓地が野中寺の南にあったことから、船氏の氏寺と考える見解もある。刻銘のある弥勒菩薩半跏像が著名である。そこに刻まれた「丙寅年四月大□（旧あるいは朔）八日癸卯」「栢寺」「中宮天皇」などの語の解釈について研究が蓄積されている。

ＪＲ久宝寺駅から南西方向に向かうと、あたりは小工場が集中する地域になる。そのなかに跡部《あとべ》神社がある。このあたりが物部守屋《もののべのもりや》の本拠地「阿都」である。『日本書紀』に用明天皇の死後、物部守屋は「阿都」に退き軍を集めたとある。跡部神社の正面からやや湾曲する道（近世の奈良街道）を進むと太子堂にいたり、ここに大聖《たいせい》勝軍寺《しょうぐんじ》（「下の太子」）がある。

周辺に物部守屋の滅亡に関する伝承が残る。文安二年（一四四五）の奥書をもつ『大聖勝軍寺略縁起』に「戦場」「榎城」「守屋池」「鏑矢塚」「弓代」「守屋墳」の記述がある。さらに『河内名所図会』にも挿絵があり、「太子堂」「神妙椋」をはじめ「守屋池」「守屋塚」などが描かれる。「神妙椋」（樹）とは寺内にある、聖徳太子が守屋との戦いのなかで、窮地に陥った時、椋の大木が二つに割れ、そのなかに身をひそめ救われた、と伝承される聖なる椋の木である。「弓代」は迹見赤檮《とみのいちい》が矢を発したとされる場所であるが、所在がわかりにくい。八尾市立龍華中学校の南の送電塔内に石碑がある。

三　四天王寺

四天王寺の創建

河内の「三太子」から難波の四天王寺をつなぐ道として問題になるのが、推古二十一年（六一三）に設置された難波と京（大和の小治田宮《おはりだのみや》）を結ぶ大道である。大化期の難波宮（前期難波宮）から直線的に南下する幹線道路（いわゆる難波大道）が存在した。この道は早くに岸俊男が近現代の地図上で見出し、その後、発掘調査によっても確認された。年代が七世紀後半より前にさかのぼることはないようで、推古期の大道にあてることは困難である。難波大道と直交して東に向かうのが直線的な古道として有名な長尾街道と竹内街道であるが、これらを推古期の大道にあてることも難しい。安村俊史による難波津から四天王寺周辺で南東に折れ曲がり河内の平野部を斜行する道を推古期の大道と想定する見解は一つの有力な仮説である（安村　二〇一二）。

『日本書紀』によると、聖徳太子が物部守屋との戦いの際に戦勝のために寺塔建立を誓願し、その後、四天王寺を創建したという。『日本書紀』のこの部分は四天王寺の伝承によるものと思われる。推古元年（五九三）条に「始めて四天王寺を難波の荒陵《あらはか》に造る」とある。後の史料に四天王寺は当初、玉造《たまつくり》で創建され、荒陵に移建されたとするものがあるが、真偽は定かでない。推古三十一年（六二三）七月条に新羅の献上した舎利《しゃり》・金塔・幡《はた》を四天王寺に納めたとある。創建時の瓦は法隆寺若草伽藍の瓦と同范《どうはん》で、それより遅い時期のものと考えられる。おおむね七世紀初頭に造営が進んだことは疑えない事実であろう。

四天王寺の伽藍

現在の主要な建物は昭和三十八年（一九六三）に再建されたものである。昭和九年（一九三四）の室戸台風によって五重塔が倒壊するなどの被害を受け、五重塔は再建されたものの、昭和二十年（一九四五）の大阪大空襲により一部の建物を残してほぼ全域が焼失した。再建前の発掘調査の結果、中心部分は創建時の規模が遵守され、再建のたびに、同じ場所に復元されてきたことが判明した。北から講堂・金堂・五重塔・中門・南大門が一直線に並び、塔・金堂を回廊で囲む四天王寺式伽藍配置は法隆寺若草伽藍と同じである。

大化四年（六四八）二月、左大臣阿倍内麻呂《あべのうちまろ》が仏像四躯を四天王寺の塔に安置し、鼓で霊鷲山《りょうじゅせん》の像を作った（『日本書紀』）。『天王寺秘決』所引「大同縁起」に記された「小四天四口　安倍大臣が敬んで請じたもの」がそれにあたると考えられる。難波遷都にともない四天王寺の整備が進められた。「大同縁起」によると、塔に「大四天王四口」も安置され、また、金堂に「近江朝庭御宇天皇（天智天皇）の御世に請された」弥勒菩薩像が安置されていた。この像は後に聖徳太子信仰と結びつき救世観音とよばれ、さらに如意輪《にょいりん》観音として信仰を集めた。初期の四天王寺の歴史において、聖徳太子の時代はもとより、難波宮遷都（大化改新）の時期も大きな画期であった。なお、金堂内に「聖徳法王本願」の「大四天王像四王」や「上宮大后」発願の「小四天王四口」も安置されていた。

その後、四天王寺は聖徳太子信仰や浄土教の中心として隆盛を誇った。聖霊院が太子信仰の中心となり、西門は極楽浄土の東門に通じるという信仰が発生した。後白河法皇の制作した『梁塵秘抄《りょうじんひしょう》』に「極楽浄土の東門は難波の海にぞ対へたる　転法輪所の西門に　念仏する人参れとて」という、当時流行した今様《いまよう》が収録される。そのさらに西にある石鳥居の扁額に「釈迦如来　転法輪所　当極楽土　東門中心」の文字がある。

聖徳太子の忌日（現在は四月二十二日）に行われる聖霊会は聖徳太子を供養する法会で、金堂の仏舎利と聖霊院の太子像を六時堂まで巡行させ、六時堂の前の亀の池上の石舞台で舞楽が奉納される。天王寺楽所の伝統を受け継ぐ舞楽は寺院の舞楽として有名で、重要無形民俗文化財である。亀の池の東に亀井堂がある。内部の亀の形をした水盤の水（亀井の水）に戒名を記した経木をひたして極楽往生を願う「経木流し」行事でよく知られるが、この水盤と類似するのが奈良の酒船石遺跡《さかふねいし》（七世紀後半）の亀形石造物である。この事実のもつ意味の解明はこれからの課題である。

参考文献

大橋一章・片岡直樹編著『法隆寺　美術史研究のあゆみ』里文出版、二〇一九年

・法隆寺の美術史的研究の全体を示す。なお、本章では仏像など文化財の記述を省略した。

大阪市立美術館編『聖徳太子ゆかりの名宝―河内の三太子　叡福寺・野中寺・大聖勝軍寺―』NHK大阪放送局、二〇〇八年

和宗総本山四天王寺ほか編『聖徳太子―日出づる処の天子　千四百御聖忌記念特別展―』日本経済新聞社、二〇二一年

・右二点は展覧会の図録。それぞれの寺院の豊かな歴史と文化財を見渡すことができる。

新古代史の会編『人物で学ぶ日本古代史一　古墳・飛鳥時代編』吉川弘文館、二〇二二年

・聖徳太子をはじめ関係する人物の最新の成果を示す。

榊原史子『聖徳太子信仰とは何か』勉誠出版、二〇二一年

四天王寺編『聖徳太子と四天王寺―聖徳太子千四百年御聖忌記念出版―』法蔵館、二〇二一年

三舟隆之「四天王寺の成立とその後」『続日本紀研究』三三四、二〇〇一年

山口哲史「平安後期の聖徳太子墓と四天王寺」『史泉』一〇九、二〇〇九年

安村俊史「推古二一年設置の大道」『古代学研究』一九六、二〇一二年

関連資料館等

①斑鳩文化財センター（斑鳩町文化財活用センター）
②四天王寺宝物館
③法隆寺大宝蔵院

①

②

③

古代王権と温泉行幸

仁藤智子

一　伊予温湯碑と道後温泉

まぼろしの石碑

愛媛県松山市の道後温泉は、日本有数の温泉地として知られている。ここにかつて「伊予温湯碑《いよおんとうひ》」あるいは「伊予湯岡碑《いよゆのおかひ》」といわれる石碑が立っていたと伝わる。碑自体は伝わらないが、その碑文に刻まれていた文字は、『釈日本紀』に引用された「伊予国風土記」から知ることができる（『釈日本紀』巻十四所載「伊予国風土記」湯郡条）。

伊予温湯碑

法興《ほうこう》六年の十月、歳は丙辰に在るとし、我が法王大王と恵慈《えじ》法師また葛城《かつらぎ》の臣《おみ》と、夷与《いよ》の村に逍遥したまひ、正《まさ》に神《くす》しき井を観たまひ、世に妙《たえ》なる験《しるし》あることを歎《あわれ》みたまひて、その意を叙《の》べまく欲りしたまふ。さて聊《いささか》に碑文一首を作りたまふ。

惟《おも》ふに夫《それ》、日月は上に照りて私せず。神しき井は下に出でて給はずといふことなし。万機《まつりごと》は所以に妙《うるわ》

伊佐爾波神社

しく応《かな》ひ、百姓《おおみたから》も所以に潜《ふか》く扇けり。乃《すなわ》ち照と給とに偏《かたぶき》も私もなきが若《ごと》く、何ぞ寿国《じゆこく》に異らむ。華の台《うてな》の随《まにま》に開きては合《と》ぢ、神しき井に沐して疹《やまひ》を瘳《いや》す。詎《なに》そ落る花の池に舛《そむ》きて化羽《あめへゆ》かむ。窺ひて山岳の巌崿《いわさし》を望み、反《さら》に平子《へいし》が往《ゆきしこと》を冀《ねが》ふ。椿樹は相廕《かげ》り而《すなわ》ち穹窿《おおぞら》となり、実に五百の張れる蓋《きぬがき》を想ふ。朝《あした》に臨みては啼く鳥而ち戯《たわむ》れさへずり、何ぞ暁の乱《さいず》る音も耳に聒《かま》しき。丹《あか》き花巻ける葉は而ち映《かがや》き照り、玉の菓《このみ》弥《かさな》る葩《はなひら》は以《も》ちて井に垂れたり。その下に経《よ》過《き》れば、以ちて優《ゆたか》る遊びにある可《べ》く、豈《もし》洪灌《こうかん》霄庭《しようてい》の意を悟らむ欺。才拙《おぢな》く実に七歩に慚《は》づ。後の君子、幸《ねがわ》くはな蚩咲《わら》ひそ。（引用は新編古典文学全集『風土記』小学館より）

これによれば、推古四年（五九六、法興六年）に、厩戸皇子（我法王大王）が高句麗僧の恵慈（恵總、恵慧とも）や葛城臣（葛城《かつらぎの》烏《お》那羅《なら》）らと共に、伊予（夷与村）を訪れた際に「神井」を見つけ、その験効に感嘆してこの碑を建てたという。

「伊社邇波岡」

上述の「風土記」によれば、この時、皇子は「湯の岡のほとり」に碑を建て、その地は「伊社邇波岡《いさにわのおか》」と称されるようになったという。現在、道後温泉の東方の高台に、伊佐爾波神社が鎮座する。もともと石碑のあった場

大王と温泉行幸

年	月　日	大王	場　所	出　典
631	9月19日～12月13日	舒明	有 間 温 湯	日本書紀・扶桑略記
638	10月～翌正月8日	舒明	有間温湯宮	日本書紀
639	12月14日～翌4月16日	舒明	伊予温湯宮	日本書紀・扶桑略記・万葉集
647	10月11日～12月末日	孝徳	有 間 温 湯	日本書紀
658	10月15日～翌正月3日	斉明	紀　温　湯	日本書紀・扶桑略記・万葉集
661	正月14日～	斉明	石 湯 行 宮	日本書紀

所はここではなく、中世になって河野《こうの》氏が湯築城《ゆづきじょう》を築いたため、石碑は移築されたというが、その後の所在は不明である。「風土記」によれば、天皇による伊予への温泉行幸は五回を数えるという。大王の温泉への行幸については表にまとめたので、参照していただきたい。

そこで、本章では、七世紀中葉に集中して散見する大王による温泉への行幸についてみていこう。

二　大王に愛された有間温湯

大王舒明と有間温湯

兵庫県神戸市北区の有馬温泉というと、豊臣秀吉が愛でた温泉として有名である。この温泉がお気に入りだったのが、大王舒明《じょめい》である。舒明は田村《たむら》皇子といい、大王欽明《きんめい》の曽孫にあたり、父は敏達《びだつ》皇子の押坂彦人大兄《おしさかのひこひとのおおえ》皇子であった。母も敏達皇女である糠手姫《ぬかてひめ》であるから、敏達系王族のサラブレッドといったところである。即位後、やはり敏達系王族である宝《たから》皇女を后に立てている。彼は、用明系王族である上宮王家の山背王《やましろおう》との壮絶な王位継承争いに勝利して、舒明元年（六二九）に即位した。まもなく、飛鳥岡本宮に遷り、難波大郡《おおごおり》には外交施設として三韓館《さんかんのむろつみ》を整備した。朝鮮半島をめぐる東アジア情勢が目まぐるしく移り変わる情勢のなか、ひとときの癒しを求めたのであろうか、舒明三年（六三一）九

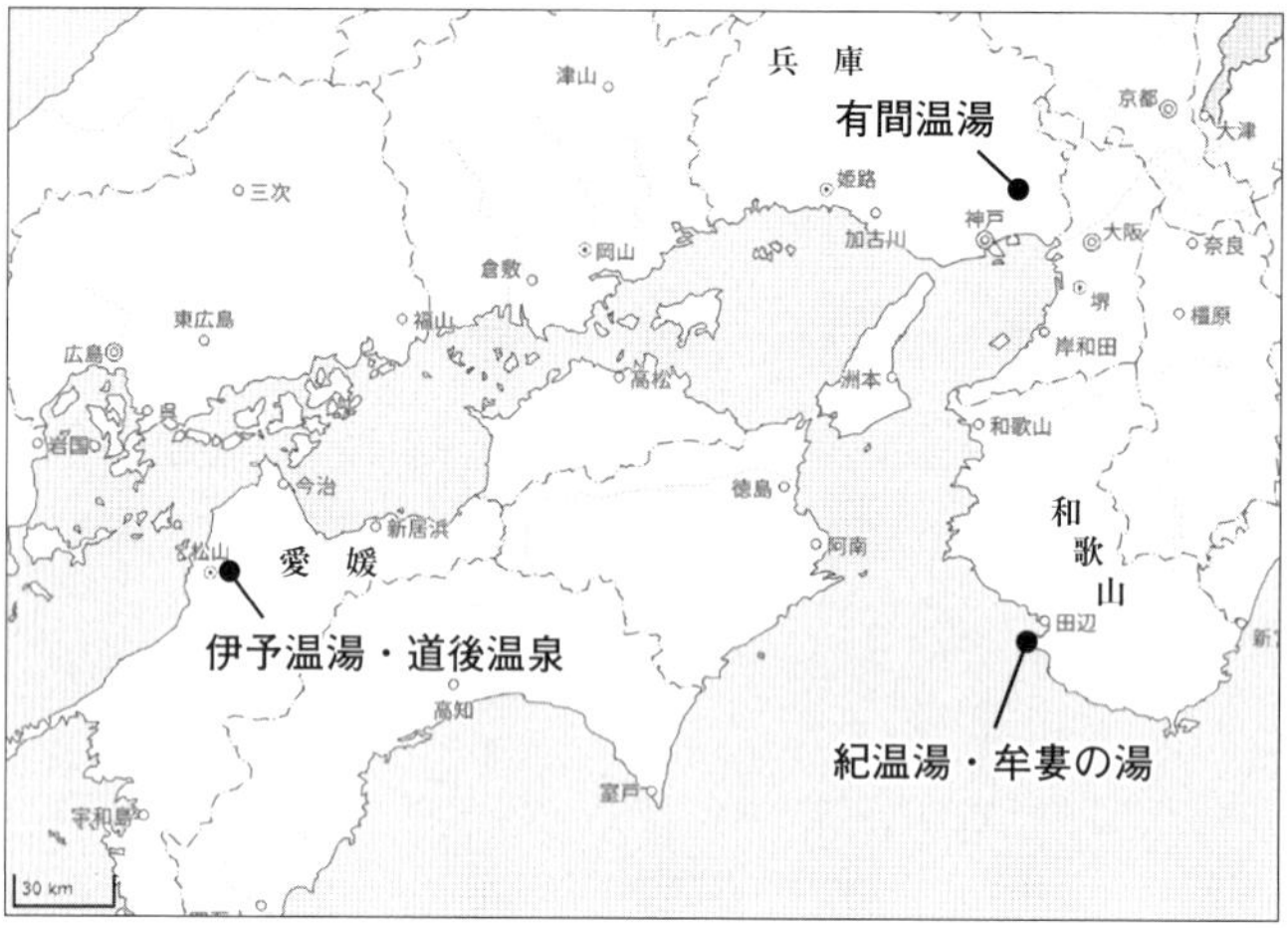

有間・牟婁・伊予温湯

月に「津国の有間温湯」に行幸した。「摂津国風土記」（『釈日本紀』巻十四所引）には、有間に関わる伝承として次のようにみえる。

有馬の郡

また塩之原山《しおのはらやま》あり。この山の近くに塩の湯あり。この辺《あたり》なるに因《よ》りて以ちて名とせり。

久牟知《くむち》の川。

右は、山に因りて名とせり。山はもと功地《くち》の山と名く。昔、難波の長柄《ながら》の豊前《とよさき》の宮に御宇《あめのしたおさめたま》ひし天皇の世、湯泉に車駕《みゆき》幸したまはむと為《し》て、行宮《かりみや》を温泉に作りたまひけり。時に材木を久牟知の山に採る。その材木美麗《うるわ》し。ここに勅《みことのり》して云りたまはく「しが山は功ある山ぞ」とのりたまひけり。因りて巧地の山と号《なつ》く。俗人《くにひと》弥《つい》に誤ちて久牟知の山と言ふ。

また曰りたまはく「始めて塩の湯を見つ」と云々のりたまひけり。土人《くにびと》云はく「時世《みよ》の号名《な》を知らず。ただ嶋《しま》の大臣《おとど》の時と知れるのみ」といひけり。（引用は新編古典文学全集『風土記』小学館より）

大王孝徳（難波の長楽の豊前の宮に御宇ひし天皇）が有間に行

幸した際に、その行宮を作る材木を提供した山を「久牟知山」と名づけたという由来と、有馬温泉の泉質を「塩の湯」といったという逸話が伝えられる。「嶋大臣」とは蘇我馬子のことである。『日本書紀』にみえる大王孝徳の温泉行幸は、六四七年のことであるが、馬子はすでに鬼籍に入っている。先述した大王舒明の有間温湯行幸も、六三一年のことであるので、馬子の存命中ではない。伝承として、馬子の時代（欽明～推古）に有間温湯が発見されたと伝わっていたということであろうか。舒明は再度、六三八年秋から翌年初めまで有間温湯に滞在している。この年は、気候が不順であり、彗星が出現していた。

大王孝徳と有間

七世紀でもっとも凄惨を極めたクーデターとされるのが、乙巳の変である。蘇我本宗家が滅亡して政局が混迷を極めるなか、皇極女帝は生前退位し、弟の軽皇子が孝徳天皇として即位した。問題は山積であり、新大王は政務に忙殺される日を送っていた。即位して三年経った大化三年（六四七）十月になって、ようやく有間温湯への行幸が叶った。左右大臣の阿倍内麻呂と蘇我倉山田石川麻呂など、政権の主だったメンバーも有間行きに同行した。二ヵ月以上の滞在ののち、十二月末になって、難波への帰路についた。孝徳の一行は、途上にある武庫行宮《むこのかりみや》

七世紀の大王家略系図

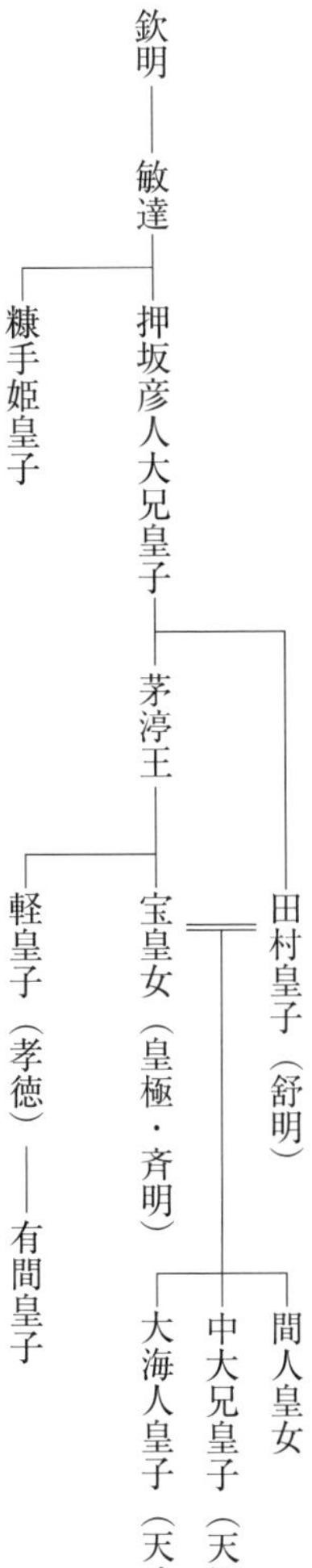

に停泊をしたが、その日に皇太子宮（中大兄皇子の宮）が火災にあったと記す。翌四年の正月には、難波碕宮《なにわさきのみや》にて朝賀を受けているので、それまでに孝徳一行は難波に戻ったものと考えられる。

さて、孝徳と有間というと、孝徳の所生である有間皇子が思い浮かぶであろう。孝徳の配偶者としては、舒明と皇極の娘である間人皇女《はしひと》をはじめとして、阿倍倉梯麻呂《あべのくらはしまろ》（内麻呂）の娘である小足媛《おたらしひめ》と蘇我倉山田石川麻呂の娘である乳娘《ちちのいらつめ》がいたことが知られる。孝徳については、上記三名の配偶者しか伝わっていない。これらの配偶者とは、『大織冠伝《たいしょくかんでん》』などにみえるようにきわめて政治色の強い婚姻だったようにみえる。子としては、小足媛が生んだ有間皇子のみが『日本書紀』に記される。当時の命名方法からみて、皇子の名は有間温湯に関わると考えられる。父帝孝徳亡き後に起こった有間皇子の悲劇については、次にみてみよう。

三　女帝の温泉行幸

太平洋を望む牟婁の湯

弟の孝徳亡き後、重祚した大王斉明の心をとらえたのは、紀伊の牟婁《むろ》温湯（和歌山県白浜町）であった。『日本書紀』斉明三年（六五七）九月条には、病気療養に効果があったと有間皇子に勧められたというエピソードが伝わる。このころ、目まぐるしく変動する東アジア情勢への対応や吉野宮の造営、飛鳥での石造物の制作指示など、多忙を極めていた大王斉明は、甥からの温湯の勧めには心を動かされたようである。翌年（六五八）十月には、鹵簿《ろぼ》（儀仗を備えた行列）を率いて紀温湯へ向かった。この時、斉明が亡き孫王建《たける》皇子を偲んで歌ったとされる歌が三首記録されている。建皇子とは、中大兄皇子と蘇我倉山田石川麻呂の娘であった遠智娘《とおちのいらつめ》の間に生まれた男子で、話すことが不自由であったが、斉明の寵愛を受けた孫であった。この年の五月に八歳で夭折しており、斉明の嘆きは深かったと伝わる。

山越えて　海渡るとも　おもしろき　今城《いまき》のうちは　忘らゆまじし
水門《みなと》の　潮のくだり　海くだり　後も暗《くれ》に　置きてか行かむ
うつくしき　吾が若き子を　置きてか行かむ（引用は新編日本古典文学全集『日本書紀』三、小学館より）

太平洋を望む紀温湯に滞在中に事件は発覚した。行幸で不在の飛鳥に置かれていた留守官である蘇我赤兄《そがのあかえ》が有間皇子に「三つの失政」を説いたという。数日後、赤兄を訪問した皇子と謀議を重ねたが、不吉な予兆に中断して帰宅した。その夜、物部朴井連鮪《もののべのいのむらじしび》に包囲された有間皇子は、謀反の疑いをかけられ、大王斉明の滞在する紀温湯に護送された。その罪を問われた皇子は、「天と赤兄と知らむ。吾はもはら解《し》らず」と答え、藤白坂（和歌山県海南市）にて絞首となった。この時、皇子は十九歳であったという。『万葉集』にはこの時皇子が詠んだ歌が伝わる。

岩代の　浜松が枝を引き結び　ま幸《さき》くあれば　また帰り見む
家にあれば　笥《け》に盛る飯を　草枕　旅にしあれば　椎の葉に盛る（巻二―一四一・一四二、引用は新編古典文学全集『萬葉集』一、小学館より）

『日本書記』に引用される或る本には、計画の詳細が記されている。斉明の紀温湯滞在は、翌五年正月まで及んだ。大海原を眼前にする温湯で、斉明の胸中はどのようなものであっただろうか。のちの大宝元年（七〇一）十月には、文武天皇とその祖母にあたる持統太上天皇が「武漏温泉」に滞在したことが知られる。

白村江の戦いへの道

紀温湯から帰った斉明は、日本海側を北へと進む安倍比羅夫《あべのひらふ》の戦況や次々にもたらされる東アジアの緊迫した状況に、政局の難しい舵取りを強いられていた。そこに、斉明六年（六六〇）七月に驚くべき情報が伝わった。親交の深かった百済が滅亡したというニュースであった。続報がもたらされるなか、大王斉明は大きな決断をする。人質として倭国に滞在している百済王子豊璋《ほうしょう》（百済最後の王である義慈王の子）を筆頭に立てて、斉明自らが倭国軍を率いて朝鮮半島に渡り、百済再興運動に加勢するというものであった。十二月には、斉明一行は難波まで進んだ。その間、駿河の国に船を造らせ、武器や兵を徴収したが、駿河から進められた船には不吉な予兆があった。翌七年正月には海路を西に向かった。備前の大伯《おおく》の海（岡山県の邑久《おく》郡邑久・牛窓・長船町一帯、現在は瀬戸内市）を経て、伊予の熟田津《にきたつ》の石湯行宮《いわゆのかりみや》にいたり、三月末まで二ヵ月余り滞在した。寄港地である熟田津や行宮がおかれた石湯の比定地はいくつかの候補があり、定まっていない。温湯が出る場所とすると、石湯行宮は道後温泉付近であったと考えるのが妥当であろう。

斉明の夫である舒明も、この地を訪れたことがある。舒明十一年（六三九）十二月のことである。『日本書紀』は詳細を記さないが、十二月十四日に伊予温湯宮《ゆのみや》に到着してから、翌年の四月十六日に飛鳥厩坂宮《うまやさかのみや》に帰るまで、四ヵ月弱ほど滞在したことになる。当然、キサキであった斉明も同行していたと考えられるから、思い出深い滞在であったろう。やがて斉明ら一行は、額田王《ぬかたのおおきみ》の有名な歌を残して、娜大津《なのおおつ》（福岡市）に向かって出発した。

熟田津に　船乗りせむと　月待てば　潮もかなひぬ　今は漕ぎ出でな（巻一―八、引用は新編古典文学全集『萬葉集』一、小学館）

夜の船出は、多島海において潮流が穏やかなため、よく行われるらしい。船出した大王斉明は、百済再興を果たすこともなく、七月に北九州の朝倉橘広庭宮《あさくらたちばなのひろにわのみや》（福岡県朝倉郡または田川郡か）にて没した。その後、九州を出発した倭軍は、百済の故地白村江《はくすきのえ》（錦江）にて、唐と新羅の連合軍に惨敗する。世にいう白村江の敗戦である。

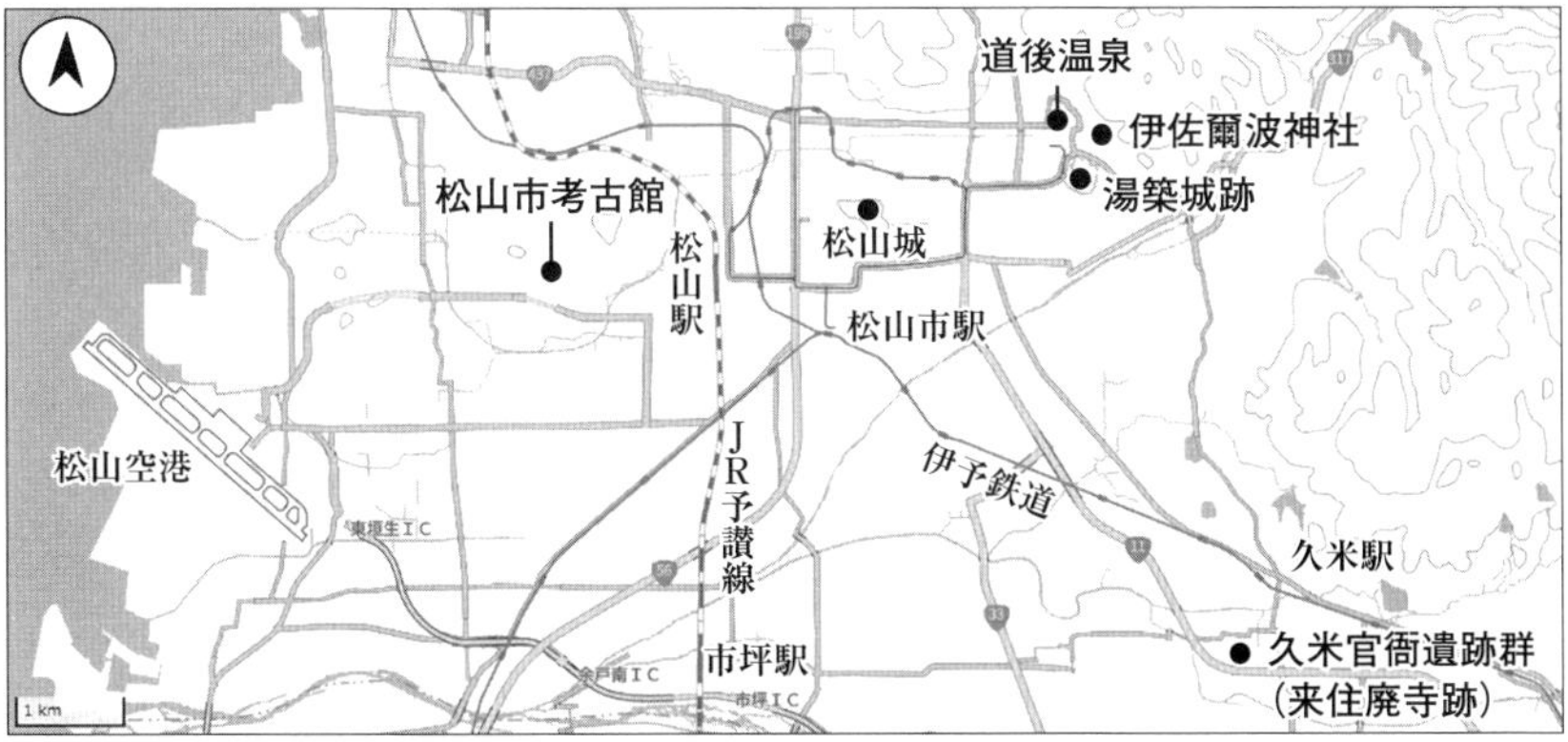

松山平野の古代遺跡

発掘された久米官衙遺跡群

令制の伊予国温泉郡（湯郡）の東隣には久米《くめ》郡がおかれていた。その中心地ともいえる場所から、昭和六十二年（一九八七）に「久米評」と刻書された須恵器《すえき》の破片が出土した。この発見によって、一帯は国郡制に先行する評《ひょう》制が施行されていたことが明らかになり、遺構は久米官衙《かんが》群遺跡（愛媛県松山市来住《きし》町・南久米町）として整備が進むことになった。遺跡群は、大きく三つの時期に区分される。

Ⅰ期（七世紀前半か）……政庁のみ確認。最古の官衙施設遺跡の一つとされる。

Ⅱ期（七世紀半ば）……方一町四方の地割がなされ、正倉院と官衙らしき建物群、南に回廊状遺構が作られる。しかし、政庁というべき建物は未確認である。回廊状遺構と周辺からは、来住廃寺《きしはいじ》以前の単弁十葉蓮華文軒丸瓦と三十弧文軒平瓦が出土している。前者は聖徳太子ゆかりの摂津の四天王寺とここでしか出土しておらず、上宮王家との関係を示唆するものである。また、この単弁十葉蓮華文軒丸瓦は、百済大寺《くだらおおでら》（吉備池廃寺《きびいけはいじ》）出土の瓦の系譜に属する。

Ⅲ期（七世紀第3四半期〜八世紀中頃）……地割の改編とともに、回廊状遺跡の廃絶から間もなく来往廃寺の伽藍遺構が一部重なるよ

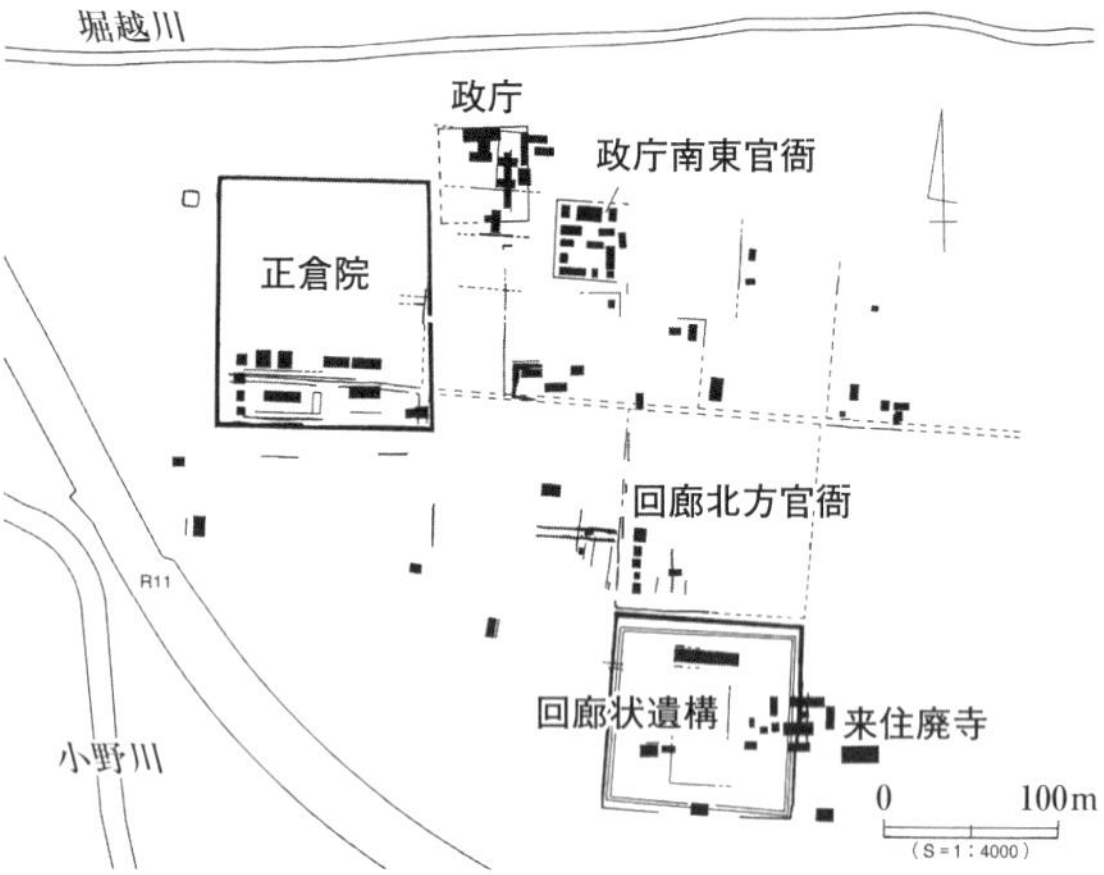

久米官衙遺跡の主要施設（財団法人松山市生涯学習振興財団埋蔵文化財センター『松山市文化財調査報告書 111　久米官衙遺跡調査報告書』松山市教育委員会，2006 年）

うに南東に作られる。この創建時の金堂周辺からは、複弁七葉蓮華文軒丸瓦と単弁八葉蓮華文軒丸瓦が出土している。この瓦は法隆寺の影響を受けたものであると考えられている。また、北方では地割を越えて正倉院が拡充する。

このⅡ期の回廊状遺構は、八脚門が確認されており、格式の高い施設であったと考えられる。このような遺構は、地方では例をみないため、先述した舒明朝の伊予温湯宮や斉明朝の石湯行宮との関係が議論されてきている。ここだけに限らず、愛媛県の松山平野には、古代王家——舒明系王族や上宮王家——との関係など色濃く残っていることは、この地域から出土した複数の瓦が物語っていよう。

四　古代王権が温泉に求めたもの

南海地震と道後温泉

天武十三年（六八四）十月十四日、南海地震が発生した。この時の様子を『日本書紀』は次のように記す。

壬辰に、人定《いのとき》に逮《いた》りて、大きに地震《ないふ》る。挙国《くにこぞ》りて男女叫唱《さけ》び、不知東西《まど》ひ、則ち山崩れ河湧く。諸国の郡の官舎と百姓の倉屋《くら》・寺塔《てら》・神社《やしろ》、破壊《やぶ》れし類、勝《あ》げて数ふべからず。……時に、伊予湯泉、没《うも》れて出でず。土左国の田苑《たはたけ》五十余万頃《しろ》、没れて海と為る。古老の曰く、「是《かく》の若《ごと》く地動《ないふ》ること、未だ曽《かつ》て有らず」といふ。

(引用は新編日本古典文学全集『日本書紀』三、小学館より)

この地震によって、伊予温湯は一時的に枯れてしまったようである。いずれの時か、温泉は復活を遂げる。時代は下がるが、江戸時代の宝永四年(一七〇七)十月の南海地震でも温泉は止まってしまった。松山藩主である松平定直《さだなお》は伊佐爾波神社などに祈禱を命じ、温泉の復活を願った。その甲斐もあってか、翌五年正月頃にはどうにか復活をみたようである。

なぜ大王は温泉に行幸するのか

七世紀の大王は、個人的に温泉が好きだったのか、それとも温泉を口実とした地方視察であったのかはわからないが、表をみると、どの温泉行幸も収穫を終えた農閑期に行われていたことがわかる。農繁期の行幸は、よほどの政治的名目あるいは軍事的な急務以外、人民に負担をかけるため避けられていたようである。また、他の行幸と異なり、温湯では長期間滞在する傾向がある。さらに令制以前の七世紀中葉に集中しているのも特色的である。温泉行幸が、この時期の王権――舒明と皇極・斉明の夫婦、およびその弟孝徳――に限られているのは、どんな理由があるのだろうか。当該期は、倭国を取り巻く東アジア情勢は風雲急を告げていた時期であり、政務の疲れを癒すといった目的以外にもその背景を考えなければならないだろう。

以上みてきた有間(有馬)温湯、伊予(道後)温湯、紀(牟婁・武漏)温湯は、「日本三大古湯」といわれる。現代を生きる私たちは温泉につかりながら、「いにしえの王たちの物語」に思いを馳せるのもよいのではないだろうか。

参考文献

道後温泉編集委員会編『道後温泉　増補版』松山市観光協会、一九八二年

・道後温泉に関わる自然環境、歴史、文学、近現代の温泉観光、外国人の訪問者など全般的にまとめた好書。

橋本雄一『シリーズ遺跡を学ぶ　斉明天皇の石湯行宮か―久米官衙遺跡群―』新泉社、二〇一二年

・久米官衙遺跡の概要を知ることができる入門書。図版を用いてわかりやすく解説している。

松原弘宣『古代瀬戸内の地域社会』同成社、二〇〇八年

・瀬戸内海地域の交流を視野に入れ、古代伊予国の歴史的背景を学術的に論じた論文集。

直木孝次郎『夜の船出―古代史からみた万葉集―』塙書房、一九八五年

仁藤敦史『東アジアからみた「大化改新」』吉川弘文館、二〇二二年

仁藤智子『平安初期の王権と官僚制』吉川弘文館、二〇〇〇年

松山市考古館『松山の飛鳥・奈良時代』二〇一六年

関連資料館等

松山市考古館

大化改新の舞台
――孝徳朝の難波諸宮とその周辺――

市　大樹

一　大化改新の舞台へ

難波遷都

皇極四年（六四五）六月十二日、飛鳥板蓋宮《あすかのいたぶきのみや》で高句麗・百済・新羅の使節が調《みつき》を進上する儀式の最中、蘇我《そがの》入鹿《いるか》が中大兄《なかのおおえ》皇子・中臣鎌足《なかとみのかまたり》らによって暗殺され、翌日には父の蘇我蝦夷《えみし》も自害に追い込まれた。こうして、稲目《いなめ》―馬子《うまこ》―蝦夷―入鹿の四代にわたり権勢を誇ってきた蘇我本宗家は滅亡した。六月十四日、皇極天皇は同母弟の軽《かる》皇子（孝徳天皇）に皇位を譲り、中大兄は皇太子となった。さらに、阿倍内倉梯麻呂《あべのうちのくらはしのまろ》が左大臣、蘇我倉山田石川麻呂《くらのやまだのいしかわのまろ》が右大臣、鎌足が内臣にそれぞれ任じられ、隋・唐に長年滞在した経験をもつ僧旻《みん》・高向玄理《たかむこのくろまろ》は国博士となった。この政変を「乙巳の変」と呼び慣わす。

新政権が発足して五日後、孝徳天皇らは飛鳥寺西の大槻の樹の下で天神地祇に誓約を行い、「大化」の年号を建てた。その後、矢継ぎ早に中央集権国家の構築に向けた諸改革、いわゆる「大化改新」に着手する。これにともなって、約半年後の十二月九日、孝徳は飛鳥から難波への遷都を実施した。遷都の理由としては、①刻々と変わる国際情勢に機敏に対処する必要性、②豪族を伝統的な居住地から引き離す狙いが指摘されている。①に関して、六四〇年代は唐が朝鮮半島への侵略を開始した時代であり、朝鮮三国と倭国では国家権力の集中先をめぐって政変が相次いだ（倭国の場合、乙巳の変に加え、二年前の上宮王家滅亡事件が相当する）。各国は極度の緊張状態に陥り、速やかな情報の収集が強く求められていた。孝徳は奥まった奈良盆地の飛鳥を離れ、瀬戸内海に面して客館も立ち並ぶ難波に王宮を構える選択をしたのである。②に関して、多くの豪族たちは奈良盆地に本拠地があった。王宮を難波に設定し、彼らを難波へ強制的に集住させることで、自立的な豪族から国家権力の手足となる官僚へ転換させることを狙ったわけである。

複数存在した難波宮

大化改新の中心舞台となった難波宮は、実は複数存在していた。『日本書紀』孝徳紀をひもとくと、著名な難《なに》波長柄豊碕宮《わのながらのとよさきのみや》のほかに、子代離宮《こしろのかりみや》、蝦蟇行宮《かわずのかりみや》、小郡宮《おごおりのみや》、難波碕宮《なにわのさきのみや》、味経宮《あじふのみや》、大郡宮《おおごおりのみや》の名を確認できる。これらの相互関係が問題となるが、結論を述べると、a子代離宮、b小郡宮（＝蝦蟇行宮）、c難波長柄豊碕宮（＝難波碕宮＝味経宮）、d大郡宮に整理することができる。このうちcが、昭和二十九年（一九五四）以来の発掘調査で姿を現した前期難波宮にあたる。場所は大阪城のすぐ南で、最寄り駅は地下鉄谷町四丁目駅である。文字通り大阪の中心部であり、何度も開発の危機に直面したが、山根徳太郎をはじめとする先人たちの多大な努力によって、地下遺構の保存と整備が図られてきた。現在はその大半が難波宮跡遺跡公園として整備されている。

当地では前期と後期に二分できる壮麗な宮室が検出されている。このうち、後期難波宮が聖武朝に再興された難波宮であることは異論を聞かない。一方、前期難波宮はほぼ全面に火災痕跡があり、『日本書紀』朱鳥元年（天武十五年、六八六）正月乙卯条に「酉時、難波の大蔵省《おおくらのつかさ》に失火《みずながれ》して、宮室《おおみや》悉《ことごと》くに焚《や》けぬ」と記された難波宮とみてよいが、その造営が孝徳朝までさかのぼるのか長い議論があった。しかし、良好な土器の増加や、大化四年（六四八）にあたる「戊申年」と書かれた木簡の出土などもあって、現在は孝徳朝に造営された難波長柄豊碕宮に比定する見解でほぼ落ち着いている。「難波」は上町《うえまち》台地とその周辺の広域地名、「長柄」は南北に細長く柄のように延びる上町台地の形状、「豊碕」は上町台地の先端部に対する美称である。現地に立って往時を偲んで

①前期難波宮（方740m説）　②難波宮朝堂院　③内裏東方遺跡　④内裏西方倉庫群　⑤「朱雀門」　⑥大坂城本丸　⑦大坂城西の丸　⑧小郡宮推定地　⑨「摂津国家地売買公験案」家地推定地　⑩石町　⑪高麗橋（難波津推定地）

難波宮（吉川　2022）

ほしいのだが、上町台地の高台に乗る前期難波宮の西方は大阪湾の海岸線が間近に迫り、東方は大和川・淀川から流れ注ぐ河内湖が豊富な水を蓄え、生駒山地の西麓まで広がっていた。

子代離宮

さて、前期難波宮の下層からは、官衙を想起させる建物群が多数検出されており（難波宮下層遺跡）、子代屯倉（＝難波屯倉）に該当する可能性がある（栄原　二〇二二）。この屯倉を改作したのが子代離宮である。孝徳天皇が飛鳥から最初に向かったのが子代離宮で、大化元年十二月九日から翌年二月二十二日まで滞在した。滞在期間こそ短いが、君臣関係を確認するための重要儀式である元日朝賀、大化改新の大綱ともいうべき改新詔の宣布、兵庫修造の使者派遣、蝦夷の帰順、鍾匱《しょうき》の制（意見徴収制度）の有効性をアピールする詔などの宣布、高句麗・百済・任那・新羅の使節による調の貢献など、重要な出来事が相次いだ。これらは大化改新の根幹に深く関わる。孝徳が子代離宮へ出向いたのは、当地が本命の王宮である難波長柄豊碕宮の建設予定地であり、大化改新への意気込みを示す場として最適であったからである。

ちなみに、孝徳は難波遷都に先立つこと約五ヵ月前、「上古《いにしえ》の聖王《ひじりのきみ》の跡」に従って天下を治め、信義をもって天下を治めることを表明している。後述する白雉改元の儀の詔からみて、「聖王」とは具体的には応神天皇と仁徳天皇を指すと考えられる。応神は難波大隅宮を、仁徳は難波高津《たかつ》宮を営んだと伝承されている。これらの聖王（実在の問題はひとまずおく）に続きたいという願望も、難波に遷都をした理由の一つであろう。前期難波宮の西北部、大阪歴史博物館・ＮＨＫ大阪放送局の巨大高層建物の前に、五世紀前半の倉庫の復元建物がある。この種の建物が整然と十六棟並んだことが発掘調査で確かめられており（法円坂《ほうえんざか》倉庫群。遺構表示あり）、高津宮に関わるとする見方も出されている。

大化二年二月二十二日、孝徳は子代離宮から飛鳥に一時帰還し、「新宮」である難波長柄豊碕宮とその京域の造営工事に着手する。まず実施されたのが、子代離宮の解体撤去である。これは、改新詔第一条に述べる部民《べみん》・屯倉の廃止宣言を、孝徳が自ら率先してみせるという政治的意味合いがあった。そのうえで、孝徳天皇は中大兄皇子に対して、部民・屯倉をこれまで通り置くべきかどうか意見を求め（暗に廃止を迫る）、三月二十日に皇祖《すめみおや》大兄《おおえ》の御名入部《みなのいりべ》（押坂部《おしさかべ》。押坂彦人大兄《おしさかのひこひとのおおえ》皇子→糠手姫《ぬかてひめ》皇女→舒明天皇→中大兄皇子と伝領）五百二十四口とその屯倉百八十一所の献上という大きな成果を得る。八月十四日には部民の全廃を求める詔を発した。こうして部民制から公民制へと大きく舵が切られたのである。

小郡宮と大郡宮

大化二年九月、難波へ戻ってきた孝徳は、小郡宮に拠点を構えた。小郡宮は既存の難波小郡を改造したもので、難波堀江（河内湖と大阪湾をつなぐ水路。現在の大川に相当）に面したことから、蝦蟇行宮（蝦蟇は川津の意）とも呼ばれた。その所在地については、大坂城本丸から北に一段下がった傾斜面と考えられる（吉川　二〇二二）。すでに難波長柄豊碕宮の造営が始まっていたが、完成までに相当な歳月が見込まれたため、仮の滞在施設として蝦蟇行宮に居住することにしたと考えられる。しかし、孝徳の当面の滞在施設となるため一定の整備が必要であり、改造を加えて小郡宮に生まれ変わらせたのである。

大化三年、小郡宮で礼法が制定された。有位者は寅刻（午前三〜五時）、南門の外に左右に整列し、日の出とともに朝庭に参上して再拝した後、庁に侍候して執務を行い、午刻（午前十一〜午後一時）に鐘の合図とともに退出するように命じられた。これは日常的な朝参《ちょうさん》（朝廷へ参内すること）の作法を定めたもので、同年の冠位十二階制から十三階制への改定とあわせ、官僚制整備の一環となる政策である。大化五年には冠位十九階制へ移行し、全官人がその授与の対象となるとともに、新たな中央官司の設置もみられた。

その後、詳しい時期は不明であるが、孝徳は大郡宮へ居を移したようである。大郡宮の前身は大郡で、外国使節への儀礼・饗宴の場であった。それまで大郡で実施してきた外交儀礼を、建設途次にあった難波長柄豊碕宮で実施できる見込みがたったことから、大郡を王宮として使用することを思い立ったのであろう。場所は小郡宮の約一キロ西方、現在の大阪市中央区石町《こくまち》のあたりとみられ、同じく難波堀江に面した場所であった。難波堀江には難波津もあったと推定されており、瀬戸内海交通の起点ともなっていた。

二　前期難波宮（難波長柄豊碕宮）を体感する

巨大な朝堂院

孝徳天皇が難波長柄豊碕宮に遷宮したのは、難波遷都から六年が経過した白雉二年（六五一）十二月晦日のことである。この日、味経宮に僧尼二千百人余りが集められ、一切経《いっさいきょう》が読経された。夕方には朝庭内で二千七百余りの燈火がともされ、新宮を安寧に導くために安宅経・土側経が読経された。参上した孝徳は新宮（味経宮）を難波長柄豊碕宮と名づけ、一連の流れで翌朝早朝の元日朝賀に臨んだ。そして白雉三年九月、ついに難波長柄豊碕宮の造営工事は一段落した。これについて、『日本書紀』編者は「宮造ること已に訖《おわ》りぬ。其の宮殿《おおとの》の状《かたち》、殫《ことごとく》に論《い》うべからず」（宮の造営がすっかり終わった。その宮殿の形状は、とても言葉で説明し尽くせない）の文言を残している。

前期難波宮は四方が六〇〇メートル以上もある壮大な王宮で、内裏空間・朝堂院などの中枢部と、その東西に広がる官衙域に大別できる。難波宮跡公園に足を運んでぜひ体感してほしいのは、南北約二六三メートル、東西約二三三メートルもある朝堂院《ちょうどういん》である。公園のすぐ南にあるマンションの前に、朝堂院南門の柱跡が表示されている。ここが朝堂院の南端中央にあたる。北正面に後期難波宮の大極殿《だいごくでん》の復元基壇（凝灰岩切石《ぎょうかいがんきりいし》で化粧）が見えるが、その少し後方（大極殿後殿の場所）が前期朝堂院の北端中央となる。その北側が内裏空間であり、七間×二間の巨大な門（内裏南門）によって連結されていた。この内裏南門の奥には、後の大極殿に相当する九間×五間の巨大な殿舎（内裏前殿と仮称）が威容を誇っていた。また、内裏南門の東西には複廊が取り付き、その両端には複廊の回廊で囲

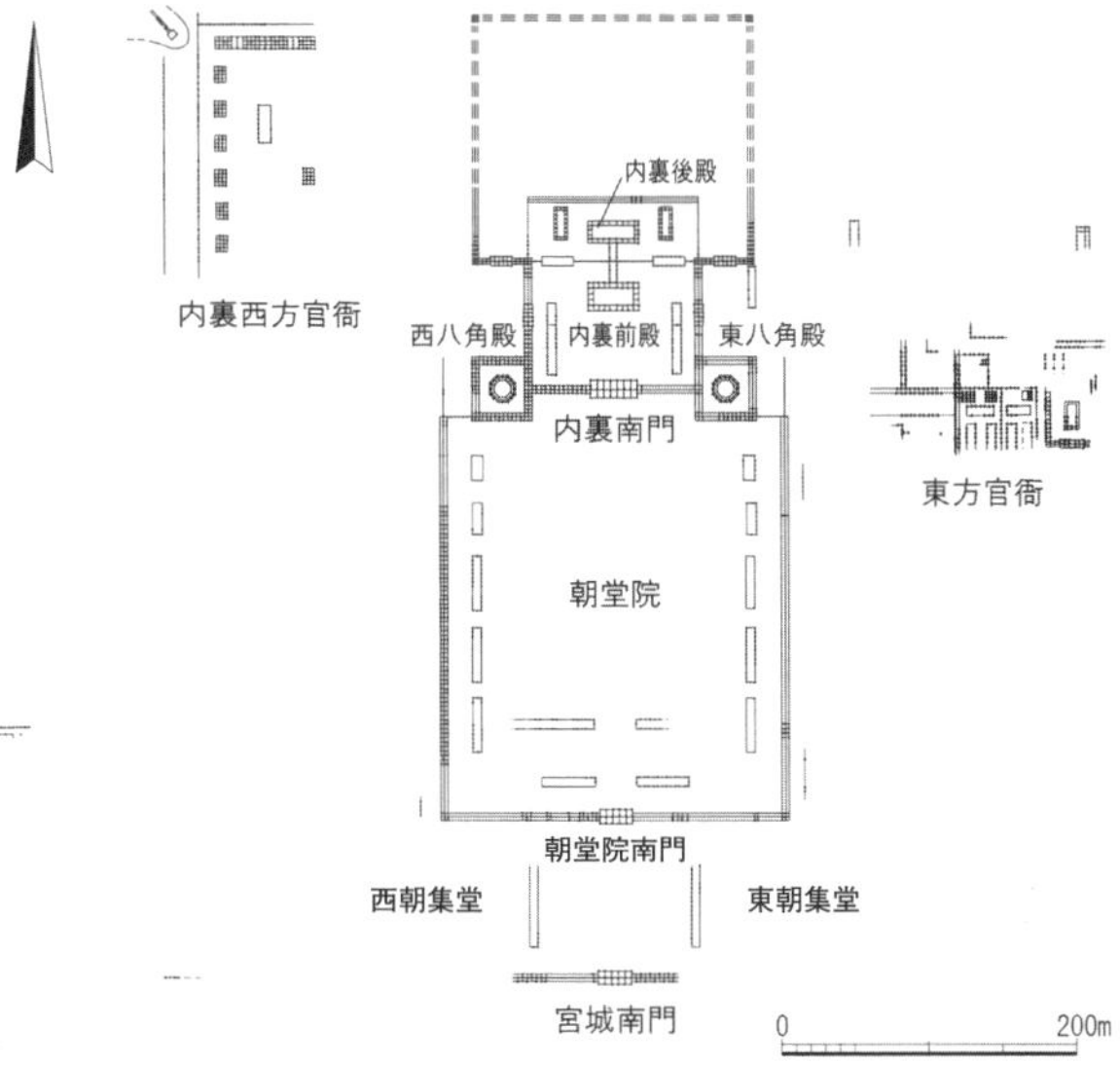

前期難波宮遺構図（村元　2022より，一部改変）

前期難波宮の内裏空間と朝庭（大阪市教育委員会提供）

まれた八角形の楼閣建物が屹立していた。その性格については、仏殿、東楼・西楼、鐘楼・鼓楼などの見方が出されているが、いまだ定説はない。現在は西側の楼閣建物が赤い藤棚で遺構表示されている。

なお、難波宮は前期と後期の遺構があって少しわかりにくいが、基本的に前期の建物・回廊は赤レンガで、後期は土盛りで表示する工夫がなされているので、それを手がかりにしてほしい。

さて、広大な朝堂院の東西両側には、十四棟以上（十六棟カ）の朝堂が東西対称に配置され（遺構表示されている）、その内側が朝庭となっていた。朝堂は官司ごとに座が定まっており、口頭決裁（口頭で案件を読み上げ、決裁を加える）を中心とする政務の場として整備された。一方、朝庭は、例えば元日朝賀などの国家的な儀式の際に、官人が列立し、内裏前殿に出御した天皇に対して拝礼などを行う空間である。朝堂院は前代の小墾田宮《おはりだのみや》（推古朝の王宮）でも存在したことが『日本書紀』からわかるが、その朝堂は二棟、どれだけ多くても四棟とみられ、前期難波宮では大きな飛躍がみられる。

そして、遺構表示はされていないが、朝堂院の南方には朝集堂が東西対称に一棟ずつ並び、朝堂院南門と同一規模の宮城南門（五間×二間）が開いた。宮を囲む大垣は一本柱塀であったが、「朱雀門」に該当する宮城南門の両脇は複廊になっていた。宮城南門は南へ急激に下がる高所に位置しており（東側の道路に出るとよくわかる）、そこから南へ一〇キロ以上にわたって、「難波大道」（北側は「朱雀大路」とも）と仮称される直線道路（敷設時期は諸説ある）がまっすぐ延びていた。

先行使用された中枢部

難波長柄豊碕宮は造営開始から遷宮まで長い年月を要しているが、実は中枢部については先行使用されていた。その確実な最初の事例が、大化五年三月十七日の挙哀《こあい》の儀（死者に哀悼の意を捧げて声を上げて泣く儀礼）である。

外戚で左大臣の阿倍内倉梯麻呂が亡くなると、孝徳は皇祖母尊《すめみおやのみこと》（皇極）・中大兄皇子・群臣を従えて、「朱雀門」で挙哀の儀を行っている。先述の通り、「朱雀門」は前期難波宮の宮城南門に相当し、南へ急激に下がる高所である。この挙哀の儀は南からの視線を意識して実施されたもので、政治的パフォーマンスであったことをよく示す。

このほか、元日朝賀・白雉改元の際にも難波長柄豊碕宮の中枢部が先行使用されている。白雉元年の改元の儀は次のように実施された。まず、左右大臣と百官人らが四列になって「紫門」（内裏南門）の外、つまり朝庭に整列した。次いで、粟田飯虫ら四人が白雉の乗った輿《こし》を担いで先に北へ進み、左右大臣も百官人と百済王族・高麗侍医・新羅侍学士《じがくし》らを率いて、「中庭」（内裏前殿の前の庭）へと進む。三国麻呂《みくにのまろ》ら四人が交代して雉の輿を「殿前」（内裏前殿の前）へ進め、さらに輿の前部を左右大臣が、後部を伊勢王ら三人がそれぞれ持ち上げ、孝徳の目の前に置く。孝徳は中大兄皇子を喚んで一緒に白雉を覧じた。その後、中大兄は退いて孝徳に再拝し、左大臣の巨勢徳陀古《こせのとくだこ》が賀詩を奏上して再拝すると、孝徳は応神天皇の世に現れた白烏、仁徳天皇の時に現れた龍馬にも言及しながら、白雉の出現を喜ぶ詔を発し、大化から白雉への改元などを命じている。

難波長柄豊碕宮は国家的な儀式の場となる中枢部を優先する形で建設が進められ、それゆえ遷宮以前から使用されることもあったのである。これを朝庭でぜひ感じ取ってほしい。

実務空間としての官衙域

次に官衙域に足を運んでみよう。官衙域は、口頭政務を中心とする朝堂と違って、現業・実務のための場として機能した。それまでの王宮は、大王の居処と内廷関係の諸施設を中心に構成され、大蔵も存在していた。一方、外廷諸機関は王族や群臣・豪族の居宅にあった。ところが、前期難波宮になると、外廷機能が新たに王宮内に取り込まれることになる。氏族制と表裏をなす部民制を解体して新たな官僚機構を作り上げていくのが、大化改新の大きな課題の一つであった。王宮に政務の場を集約するという目的のもと、曹司《そうし》（官衙）を新たに設置するとともに、朝堂の数を大幅に増加させることが目指されたのである。十四棟以上の朝堂が建ち並ぶ朝堂院は国家的儀式の場としても利用できるため、前述したように優先して造営が進められたと考えられる。これに対して官衙域は、斉明元年（六五五）に飛鳥へ王宮が戻ってしまったこともあり、十分に展開しなかった可能性もあるが、それでも二ヵ所で興味深い遺構が確認されている。

第一が内裏西方官衙で、大阪歴史博物館・NHK大阪放送局のある一郭である（法円坂倉庫群の場所でもある）。複数の倉庫と一棟の管理棟、管理棟周辺の庭などが検出されており、国庫の管理などを職掌とした大蔵省の前身官衙とされる。律令制下、大蔵省の庭に禄（給料）を山積みにし、参集した官人らに賜う儀礼があったが、こうした儀礼のあり方が孝徳朝にまでさかのぼることを示唆する（古市　一九九七）。改新詔第一条では、王族・豪族らの所有する部民・屯倉などを廃止する代償として、食封《じきふ》や布帛《ふはく》を支給する方針が示されていた。内裏西方官衙は、新たな仕組みのもと集積された税物を保管し、その一部を官人に再分配するための場として整備された可能性がある。博物館を訪れた際には、一階エントランスホールの足下に注意してほしい。強化ガラスの真下に、内裏東方官衙管理棟の巨大な柱穴の実物を見学することができる。また、館内の地下に保存された遺跡を案内してくれるツアーがあるので、こちらへの参加もおすすめしたい。なお、博物館の十階では充実した難波宮関係の常設展示を見学でき、山根徳太郎の銅像と一緒に、難波宮とその周辺を広く見渡すこともできる。

第二が東方官衙で、内裏空間・朝堂院の東方にあたる。現地には遺構案内板があるので、それを手がかりに想像を膨らますことになるが、建物を整然と配した八つの小区画があり、建て替えもあったことがわかっている。ただし、そのすべてが官衙であったとは断定できない。東端の区画の場合、楼閣状の建物を回廊で囲み、建物の周囲を石敷とし、回廊には格式の高い五間門《ごけんもん》が取り付くなど、他の区画とは性格を異にしている。楼閣状の建物は、東方の河内湖や生駒山を眺めるための眺望施設であった可能性が指摘されている。

三　前期難波宮の周辺も散策してみよう

前期難波宮は南北に細長い上町台地の北側に位置していた。前期難波宮の最寄り駅は地下鉄谷町四丁目駅であるが、時間に余裕があれば北に一駅前の天満橋《てんまばし》駅で下車し、難波堀江の後身である大川、台地北端部の急激な落ちを確認してほしい。そして、大阪城を横目に南に向かって坂を一気に登ると、やがて前期難波宮が目に飛び込んでくる。孝徳天皇は、単に王宮だけではなく、京域も設定する意図をもっていた可能性があるが、そうであるとすれば、京師の北端に王宮を置く「北闕型《ほっけつ》」の都城の建設を目指したことになる。

「北闕型」の都城

北闕型の都城は、中国大陸において北魏平城《へいじょう》（三九八〜四九四）に始まり、北魏洛陽城《らくようじょう》（四九四〜五三四）などを経て、唐長安城《ちょうあんじょう》（その前身としての隋大興城《たいこうじょう》）へと受け継がれたものである（佐川　二〇一六）。北闕型の要素としては、A京域を左右に二分する道幅の広い南北道路、B王宮の北方に広がる禁苑《きんえん》（後苑）があげられる。難波の場合には、Aは前述した「難波大道」「朱雀大路」が該当する。Bは北方にあった「難波杜」（生国魂社《いくくにたましゃ》の杜）とも関わり、発掘調査で出土した大小の花崗岩《かこうがん》は、苑池の護岸用の石材であった可能性が指摘されている（積山　二〇一四）。

ただし、中国の伝統的な考え方からすれば、北闕型の都城はむしろ異端であった（佐川　二〇一六）。後の平城京・長岡京・平安京が北闕型の都城であるので、難波における北闕型の採用は当然視されがちである。しかし、前期難波宮より後世の藤原京（六九四〜七一〇）が王宮の四方に京域が広がる「中央宮闕型《ちゅうおうきゅうけつ》」であったように、北闕型は必ずしも規定路線とはいえない。改新政府には隋・唐に長く留学した僧旻や高向玄理が国博士として参画しており、その見聞が活かされたと考えられる。ちなみに、前期難波宮の内裏空間は南側へ突出した逆凸字形をなすが、これも唐長安城の太極宮の空間構成を模倣した可能性が高い（積山　二〇一三）。内裏西方官衙の倉庫群の位置も、長安城における太倉の位置と類似している。

南方の寺院

さらに余力があれば、前期難波宮から南下してほしい。地図を片手に、中軸線にあたる朱雀大路のあたりを進むのがおすすめである。南に向かって緩やかに傾斜しているが、意外に起伏に富んでいることがわかる。二キロほど南下すると、細工谷《さいくだに》の地名に気がつくであろう。当地は、百済尼寺の存在を示す多数の墨書土器や瓦、あるいは金属加工に関連した遺物や富本銭《ふほんせん》、和同開珎《わどうかいちん》の枝銭《えだぜに》などが出土したことで名高い細工谷遺跡の所在地である。その東南方には堂ヶ芝《どうがしば》廃寺があり、百済寺の推定地となっている。この一帯は古代の百済郡で、百済最後の王である義慈王《ぎじおう》の子、余善光《よぜんこう》を祖とする百済王氏が居住していた場所である。このことは、『日本書紀』天智三年（六六四）三月条に「百済王善光王等を以て、難波に居《はべ》らしむ」と記されているが、それ以前から百済系の渡来人が多く居住していたと推定されている場所であった。百済寺・百済尼寺については、出土する瓦の状況から、造営が本格化するのは七世紀後半になってからである。

なお、細工谷一丁目の交差点の北側から、ＪＲ大阪環状線の寺田町駅の前まで、南北にまっすぐ続く道は、朱雀大路の中軸線と重なっており、「大道《だいどう》」の地名も残るので、とくに注意してほしい。

百済寺・百済尼寺と朱雀大路をはさんで西南の場所には、聖徳太子の建立で名高い四天王寺《してんのうじ》が現在も伽藍《がらん》を誇っており、ぜひ訪れたい場所である。四天王寺の中心伽藍は、中門・塔・金堂・講堂が南北一直線に並んでいるが、こうした伽藍配置は飛鳥時代までさかのぼるものである。『日本書紀』は推古元年（五九三）の創建と伝えるが、所用瓦の分析からは六二〇年前後の創建とみる見解が有力である。また、中心伽藍のうち、創建当初から存在していたのは金堂と塔であり、講堂や周辺施設はそれよりも遅れるとのことである。

大化改新に関わって注目すべきは、『日本書紀』大化四年二月己未条の「阿倍大臣、四衆《ししゅ》を四天王寺に請《ま》せて、仏像四躯を迎えて、塔の内に坐《ま》せしむ。霊鷲山《りょうじゅせん》の像を造《かた》り、鼓を累積《かさ》ねて為《つく》る」という記事である。「阿倍大臣」は左大臣の阿倍内倉梯麻呂で、舒明朝以来、百済大寺の造営にも深く関わった人物である。四天王寺からは百済大寺（吉備池廃寺）と同笵の瓦が出土している。百済大寺が百済寺とセットになったように、四天王寺も難波宮とセットになるように整備されたのである。ただし、孝徳朝は長く続かず、都は飛鳥へ再度戻ってしまい、中断を余儀なくされる。四天王寺の整備がその後大きく進展するのは、七世紀後半になってからで、百済寺の整備とも連動する動きであったようである。

参考文献

市大樹『日本古代の宮都と交通―日中比較研究の試み―』塙書房、二〇二四年

・孝徳朝の難波諸宮に対する評価はさまざまであるが、私見について詳しく論じている。本章もその成果にもとづいて記しており、批判的に受け止めてほしい。

積山洋『シリーズ遺跡を学ぶ　東アジアに開かれた古代王宮―難波宮―』新泉社、二〇一四年

・難波における発掘調査の成果がわかりやすくまとめられている。余力があれば、専門書『古代の都城と東アジア―大極殿と難波京―』（清文堂出版、二〇一三年）で本格的に勉強してほしい。

吉川真司『律令体制史研究』岩波書店、二〇二二年

・大化改新・難波宮・王宮の構造など、多くの影響を学界に与え続けている重要論文を収録。まずは、新書『シリーズ日本古代史3　飛鳥の都』（岩波書店、二〇一一年）から入るのがよいであろう。

石川知彦監修、和宗総本山四天王寺編『聖徳太子千四百年御聖忌記念出版　聖徳太子と四天王寺』法蔵館、二〇二一年
大阪市立大学難波宮研究会編『難波宮と大化改新』和泉書院、二〇二〇年
栄原永遠男『難波古代史研究』和泉書院、二〇二二年
佐川英治『中国古代都城の設計と思想―円丘祭祀の歴史的展開―』勉誠出版、二〇一六年
直木孝次郎『難波宮と難波津の研究』吉川弘文館、一九九四年
中尾芳治『難波宮の研究』吉川弘文館、一九九五年
中尾芳治編『難波宮と古代都城』同成社、二〇二〇年
中尾芳治・栄原永遠男編『難波宮と都城制』吉川弘文館、二〇一四年
日本高麗浪漫学会監修、須田勉・荒井秀規編『古代渡来文化研究2　古代日本と渡来系移民―百済郡と高麗郡の成立―』高志書院、二〇二一年
古市晃「前期難波宮内裏西方官衙の再検討」『ヒストリア』一五八、一九九七年
村元健一『日本古代宮都と中国都城』同成社、二〇二二年

関連資料館等

①大阪歴史博物館
②四天王寺宝物館

①

②

「大化の薄葬令」と終末期古墳

廣瀬　覚

一　「大化の薄葬令」をめぐる問題

「薄葬令」と終末期古墳

「大化の薄葬令《はくそうれい》」とは、『日本書紀』孝徳天皇の大化二年（六四六）三月甲申（二十二日）条に記された長文の詔のうち、葬送の簡素化や統制に関する規定を記した部分をさす。『日本書紀』は、蘇我本宗家が滅亡した大化元年（六四五）六月の「乙巳の変」の直後から、律令国家体制への転換を意味する詔を集中的に記す。いわゆる「大化改新」であり、「薄葬令」もその一部をなすものである。我が国の古墳の序列に対する唯一の規制記事であり、古墳が簡素化し、消滅していく現象との対応をめぐって分厚い研究史が蓄積されてきた。とりわけ、昭和四十七年（一九七二）の高松塚《たかまつづか》古墳壁画の発見は、いわゆる終末期古墳の研究を活性化させる起爆剤となり、以後、「薄葬令」の実在性・実効性をめぐって激しく議論が戦わされてきた。

現在、終末期古墳の概念は、前方後円墳が終焉した後の飛鳥時代の古墳に対して用いられている。ただし、飛鳥時代でも前半段階は大型の方墳や円墳が築かれ、巨石を用いた横穴式石室の構築や群集墳の造営も続く。墳丘や埋葬施設の規模が著しく縮小し、群集墳も衰退していく現象は飛鳥時代でも後半段階に生じており、終末期は大きく新古二時期に区分されて研究が進展してきた。当然、「薄葬令」との関係が問題になるのは後半段階、すなわち七世紀後半から八世紀初めにかけての古墳の動態となる。

いわゆる「大化改新」をめぐっては、戦後歴史学の進展のなかで虚構性が議論された経緯がある。信憑性が増すとされる当該期の『日本書紀』の記載においても、いわゆる「郡評論争」に象徴されるように潤色が存在することは紛れもない事実であり、「薄葬令」の記述を古墳研究と擦り合わせるにあたっては、慎重な検証作業が必要となる。

大仁・小仁	大礼～小智	庶人
		—
4尺（1.2 m）		
4尺（1.2 m）		
不封使平		収埋於地
100人	50人	—
1日		—
		麁布
—	—	—

「薄葬令」は、表のように、埋葬施設と墳丘の規模、および造営のための役夫やその使用日数、国から貸し出される装具の内容を、王族・群臣の身分に応じて規定する。埋葬施設に対する規定は、唐の大尺（一尺三〇センチ弱）を基準にしているとみられ、その規模から七世紀後半に盛行する横口式石槨《せきかく》を対象としたものと理解される。また墳丘の「方」は方墳を指し、「尋《ひろ》」は人体を基準にした尺度で、両手を広げた長さ（一尋一・六メートル前後）に相当すると考えられる。

「薄葬令」は実在したか

従来、「薄葬令」をめぐっては、①実在性・実効性ともに認める立場、②実在はしたが、実態と乖離しており実効性はなかったとする立場、③孝徳朝の施策ではなく、実年代は天智朝や天武朝に下る、といった大きく三者の立場から議論が

大化の薄葬令にみえる墳墓規定（岸本　2020）

		王以上	上臣	下臣
内（石室）	長さ	9尺（2.7 m）		
	闊さ（幅）	（5尺〈1.5 m〉）		
	高さ	5尺（1.5 m）		
外域（墳丘）	方（辺長）	9尋（13.5 m）	7尋（10.5 m）	5尋（7.5 m）
	高さ	5尋（7.5m）	3尋（4.5 m）	2尋半（3.75 m）
役夫	のべ人数	1000人	500人	250人
	日数	7日	5日	3日
（棺を覆う）帷帳		白布		
葬送時の棺の運搬		轜車	担而行之	―

展開してきた。ただし、表にみるような埋葬施設・墳丘のそれぞれの規定数値に完全に合致する実例は皆無である。①の立場においても、その適合性は部分的なものであったことは認めざるをえず、そのため、「薄葬令」は遵守すべき上限を定めた「制限法」に過ぎないとの主張（奥村　一九七四）や、当初は「改新」に対する反動から規定の効力が限定的であり、段階的に規制が強まっていったとする理解（高橋　二〇〇九）が提出されてきた。

近年では、古墳が被葬者の死後ではなく、生前から造営されたとする生前造墓説の立場から、七世紀中頃の「薄葬令」の規定を上回る古墳を例外扱いする立場も登場している。すなわち、規定を上回る古墳については、「大化改新」以前の造墓着手時の規範にもとづくものと捉えることで現象面での矛盾の解消を図り、同時に七世紀後半段階の規定に合致した古墳の存在を根拠に「薄葬令」の実在性・実効性を主張する議論である（岸本　二〇二〇）。ただし、各古墳の年代比定の精度や「規定への合致」をどのレベルまで許容するかなど、依然として課題も残る。

そもそも終末期古墳は出土遺物が少なく、古墳時代のような副葬品や土器・埴輪などによる詳細な編年を組み上げることが困難である。「薄葬令」をめぐる議論が混迷を極める最大の要因は、終末期古墳の年代比定の不安定さにあるといっても過言ではない。

二　被葬者論に登場する終末期古墳

文献史料の信憑性が増す飛鳥時代の古墳、とりわけ宮都周辺の主要古墳をめぐっては、『古事記』『日本書紀』などに登場するいずれかの人物が葬られているであろうとの期待も相まって、しばしば被葬者論が繰り広げられてきた。それは編年的根拠が脆弱な終末期古墳に被葬者の没年から実年代を与えうるという期待の裏返しでもあった。奈良時代に下る一部の古墓を除いて、日本では墓誌《ぼし》が出土することがないため、被葬者の特定も蓋然性の議論を超えることはできないが、状況証拠の積み重ねから、研究者間でも被葬者の特定にほぼ異論のない古墳がいくつか存在する。

石舞台古墳

奈良県明日香村島庄《しまのしょう》に所在する一辺五〇㍍《メートル》を超える巨大な方墳で、全長約一九㍍《メートル》を測る巨大な横穴式石室は橿原市五条野丸山古墳に次ぎ列島最大級の規模を誇る。横穴式石室の型式学的位置づけからも、被葬者は『日本書紀』推古天皇三十四年（六二六）五月条に「桃原墓には葬る」とある蘇我馬子《そがのうまこ》とする理解が有力である。石舞《いしぶ》台《たい》古墳に隣接する島庄遺跡からは、石で護岸した池や建物跡が見つかっており、馬子が住んだ「嶋宅」にあてる説が有力である。石舞台古墳は、現在、国営飛鳥歴史公園内に位置し、巨大な墳丘や石室内部を見学することができる。

叡福寺北古墳

　大阪府太子町に所在する円墳で、直径は南北四三㍍、東西五三㍍を測る。聖徳太子墓守護のため推古天皇によって開基されたとの寺伝を有する叡福寺《えいふくじ》の北背面に位置する。宮内庁により聖徳太子の磯長《しなが》墓に治定されており、立ち入りは不可であるが、明治の治定以前に残された絵図などにより、埋葬施設はいわゆる岩屋山式石室とよばれる切石造りの横穴式石室で、内部に棺台三基が安置されていたことが判明する。聖徳太子（厩戸皇子）とその母の穴穂部間人《あなほべのはしひと》皇女、后の膳部菩岐々美郎女《かしわでべのほききみのいらつめ》の三人を合葬したとする説が有力である。

文殊院西古墳

　奈良県桜井市阿部文殊院《あべもんじゅいん》の境内に位置し、切石のブロックを精緻に積み上げた大型の横穴式石室を内包する。周辺の阿部丘陵は阿倍氏の本貫地と推定され、氏寺である阿倍寺《あべでら》に加えて、谷口古墳、艸墓《くさばか》古墳、文殊院東古墳などが相次いで築かれている。これらの古墳の被葬者は安倍氏の族長クラスと推定され、なかでも文殊院西古墳は、大化改新政府の首班であった阿倍倉梯麻呂《くらはしまろ》の墓とみる説が有力である。谷口古墳、艸墓古墳、文殊院東・西古墳は、いずれも石室が開口しており、文殊院東古墳が開口部からの見学となる以外は、いずれも石室内に入って内部を観察することができる。

阿武山古墳

　大阪府高槻市奈佐原《なさはら》・茨木市安威《あい》にまたがって所在する。昭和九年、京都大学地震観測施設建設時に偶然発見され、花崗岩《かこうがん》の切石と塼《せん》を積み上げた小型の埋葬施設内に夾紵棺《きょうちょかん》（漆を塗りながら布を貼り重ねた棺）が原形を保った状態で遺存していた。棺内には、熟年男性の遺体が収められており、銀線で青・緑のガラス玉を編んだ玉

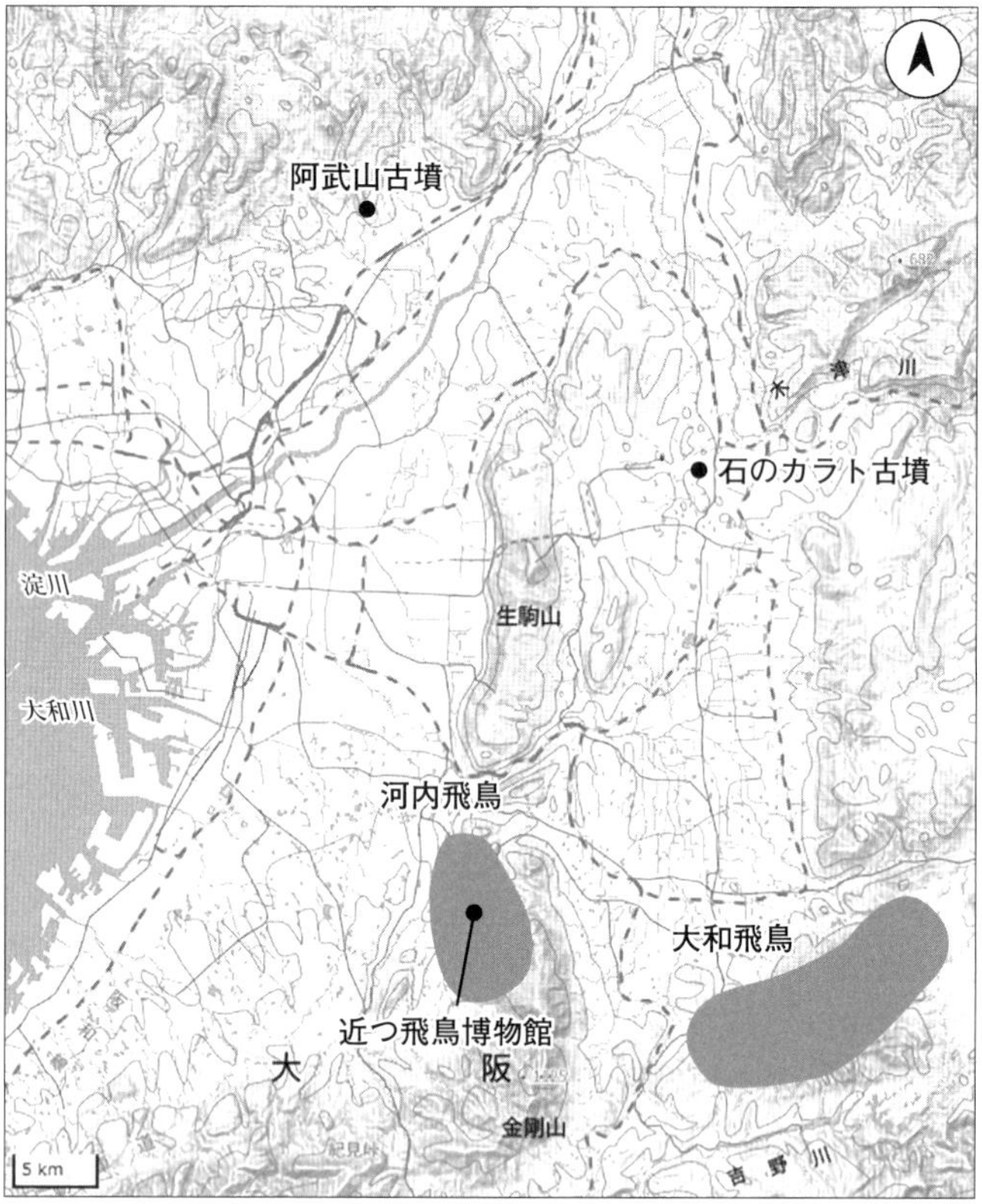

終末期古墳分布図

枕が用いられていた。当時の調査としては珍しくX線写真が撮影されており、その解析から、男性は亡くなる前に腰椎などを骨折していたことや、金糸で刺繍された豪華な冠帽をまとっていたことが判明した。『多武峰略《とうのみねりゃく》記《き》』は、大職冠《だいしょくかん》を授かった中臣鎌足を安威山に埋葬したことを記し、また鎌足は三島に別業《べつごう》を置いたことが知られることからも、阿武山《あぶやま》古墳を天智天皇八年（六六九）没の鎌足の墓にあてる説が有力である。ただし、出土土器の年代観から、これを疑問視する意見もある。

阿武山古墳は現地を見学することができるが、出土した遺体や埋葬品は調査時に木棺とともに埋め戻されて目にすることはできない。塼や土器といった出土品、玉枕や冠帽の復元品は、高槻市今城塚古代歴史館で展示公開されている。

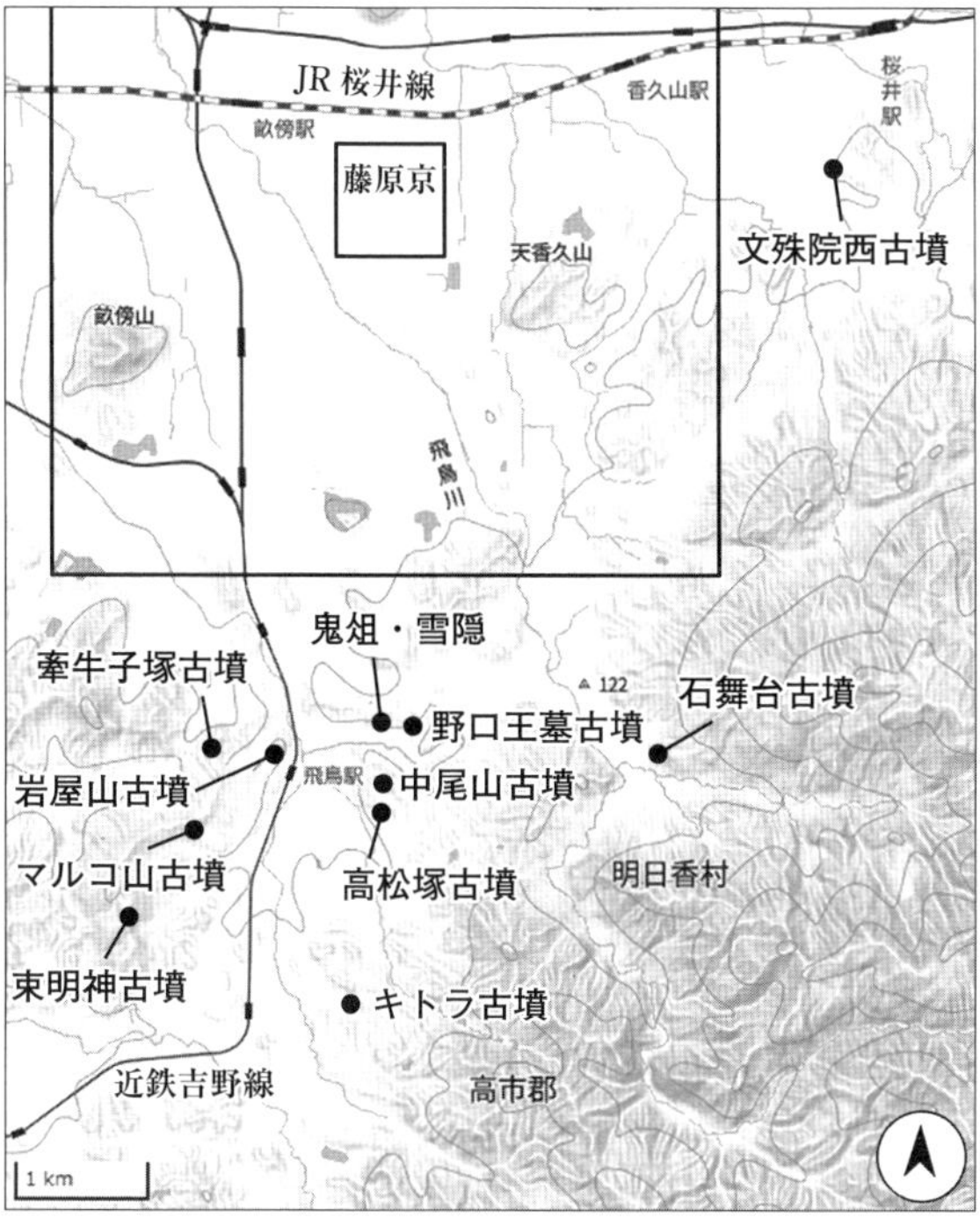

飛鳥の関連古墳

牽牛子塚古墳

奈良県明日香村越《こし》に所在する。埋葬施設は二上山《にじょうさん》産出の巨大な白色凝灰岩一石を刳り貫いた横口式石槨で、内部は仕切り壁により二つの空間に区分され、当初から二棺を納めることが計画された構造となっている。牽牛子《けんごし》とはあさがおの別称であり、以前からその名称が墳丘の外形、すなわち八角墳に由来する可能性が指摘されてきたが、平成二十一年（二〇〇九）から二十二年にかけての発掘調査で表面に凝灰岩切石を貼った対辺長二二メートルの八角形墳であることが確

復元整備された牽牛子塚古墳（明日香村教育委員会提供）

定した。石槨内からは、夾紵棺の破片や金銅・七宝製の棺金具、ガラス玉、三十〜四十代とみられる女性の人骨などが出土している。『日本書紀』天智天皇六年（六六七）二月には、「天豊宝重日足姫（斉明）天皇と間人皇女とを小市岡《おちのおか》上陵に合せ葬せり。是の日に、皇孫大田皇女を、陵の前の墓に葬す」とある。八角墳は、七世紀後半から八世紀初めにかけての天皇陵に特有の形状であることに加え、二棺での合葬を前提とする石槨の構造からも、牽牛塚古墳は斉明天皇の陵とみることに異論はみられない。古墳の東南に隣接して検出された、越塚御門古墳《こしづかごもん》は一辺一〇㍍程の方墳で、埋葬施設は後述する鬼《おにの》俎《まないた》・雪隠《せっちん》と同タイプの石英閃緑岩《せきえいせんりょくがん》を刳り貫いた横口式石槨である。上述の『日本書紀』の記述との対応から、越塚御門古墳は大田皇女墓の蓋然性が高い。

なお、『続日本紀』文武天皇三年（六九九）十月条には、「越智・山科の二つの山陵を営造せむと欲するが為なり」とする記事がある。牽牛子塚古墳を天智朝造営の斉明天皇陵とみた場合、文武朝の造営記事は、外表施設などの修繕を意味することになるが、天智朝に最初に築かれた斉明陵を約五〇〇㍍離れた岩屋山古墳にあて、牽牛子塚古墳は文武朝に新たに斉明天皇陵として造営されたものとする説もある（白石　二〇一二）。

牽牛子塚古墳や越塚御門古墳は築造時の姿に史跡整備され、現地を自由に見学することができるが、石槨内の見学には事前予約が必要である。

野口王墓古墳

現在、宮内庁が天武・持統天皇陵として管理するため、内部の見学はできないが、近鉄飛鳥駅から県道二〇九号線沿いに東へ一キロほど行くと、道の北側に御陵の拝所へと続く参道が見えてくる。墳丘は拝所の北にそびえる。

明治初期の治定では、天武・持統陵は五条野丸山古墳とされたが、文暦二年（一二三五）三月に発生した天武・持統陵盗掘事件の調書である『阿不幾乃山陵記《あおきのさんりょうき》』が明治十三年（一八八〇）に発見されると、その内容から本墳が天武・持統陵であることが確実視されるようになり、翌明治十四年（一八八一）一月に本墳に治定変えがなされた。陵墓の治定が変更になった唯一の例である。

『阿不幾乃山陵記』の記述から墳形は八角形であることが知られてきたが、近年、過去に宮内庁が実施した調査内容が公表され、墳丘は表面に二上山凝灰岩製の切石を配した五段構成で（別途、外周にも石敷をめぐらせる）、その規模は対辺長三七メートルを測ることが明らかとなった（福尾　二〇一三）。埋葬施設は『阿不幾乃山陵記』から、内陣（長さ四・二メートル、幅三メートル、高さ二・四メートル）、外陣（長さ三・五メートル、幅二・四メートル、高さ二・二メートル）に区分されることが判明する。内陣は横穴式石室でいうところの玄室、外陣は羨道にあたるとみられる。石室内には格挟間のある金銅製の棺台があり、その上に朱漆塗りの木棺が置かれていた。棺内には天武天皇の遺骨と赤色の衣服断片が残っており、藤原定家の『明月記《めいげつき》』によれば白髪も残っていたという。また火葬された持統天皇の蔵骨器は金銅製の容器（桶）で、遺骨はその内部の銀製の箱に収められていたが、『明月記』によると盗掘者が銀製の箱を持ち去るにあたり、遺骨を道端に投棄してしまったという。

野口大墓古墳は、藤原京朱雀大路の南延長線上に正しく位置しており、藤原京造営に着手した天武天皇の陵を藤原京と一体で計画的に配置したことが読み取れる。古墳は宮内庁の管理下にあるが、墳丘の周囲を歩いて見学することができる。

中尾山古墳

明日香村平田にある八角墳である。墳丘上部には貼石が確認されておらず、詳細な段構造は不明であるが、周囲には二重の礫敷が検出されており、その平面形から八角墳であることが判明する。外周の礫敷を墳丘とみなした場合、対辺長は約三〇メートルとなる。埋葬施設は、底石と天井石に花崗岩、壁材に竜山石（流紋岩質凝灰岩）を用いた横口式石槨であるが、その内部の規模は長さ、幅、高さとも〇・九メートル四方と小型であることから、火葬蔵骨器を納めたものと考えられる。飛鳥の八角墳は天皇陵に限定されることからも、被葬者は慶雲四年（七〇七）十一月十二日に飛鳥岡で火葬され、十一月二十日に檜隈《ひのくまの》安古《あこ》山陵に葬られた文武天皇とみる説が有力である。

三　「薄葬令」との関係が取沙汰される終末期古墳

規定に合致するとされる古墳

明日香村野口・平田には鬼俎《おにのまないた》・雪隠《せっちん》とよばれる二石の石造物がある。地元では通りがかった旅人を鬼が捕らえて俎の上で調理し、雪隠で用を足したとの言い伝えが残る。実際には二石は一組の横口式石槨の部材であり、本来は床石である俎の上に雪隠が覆いかぶさるように載せられ、その内部に棺を納めて使用した。俎上面に削り出された床面部分の大きさは、『明日香村史』によると長さ二・七四～二・七七メートル、幅一・五一メートルで、これが石槨内部の平面形となる。網干善教はこれを「薄葬令」が「王以上」とした「長九尺、幅五尺」の規定に従って築かれた実例と理解した（網干　一九六七）。

鬼俎・雪隠は、宮内庁の管理下にあり、内部に直接立ち入ることはできないものの、石材の間近まで近寄って

二石一体で石槨をなしていた鬼俎（左）**と雪隠**（右）

見学することができる。また、俎の東側にはよく似た石材が一基あったとされ、古墳は二基の石槨が並列する双槨《そうかく》墳であった可能性が高い。東側にあった石槨の床石は、現在、奈良県立橿原考古学研究所附属博物館に移設されており、同館の敷地内で見学できる。

一方、前述の阿武山古墳の横口式石槨は、奥行二・七メートル、奥壁幅一・二メートル、天井高一・二メートル程度で、唐大尺（一尺＝〇・三メートル弱）では「長九尺、高・幅各四尺」となり、薄葬令の「大仁・小仁、大礼以下小智以下」の規定に合致する。前述のように、その被葬者は中臣鎌足とする説が有力である。大職冠を授けられ内大臣に任じられて死去した鎌足の地位との対応関係が問題となるが、そもそも「薄葬令」の「王以上」「上臣」「下臣」「大仁・小仁」「大礼以下小智以下」の階層序列を七世紀後半の冠位制度史に対応させて理解すること自体が難しい問題である。

このほか、羽曳野市駒ケ谷に所在する鉢伏山西峰《はちぶせやまにしみね》古墳は、二段築成の方墳で、出土土器（飛鳥Ⅱに編年される）から「薄葬令」以降に築かれたことが確実視される古墳である。岸本直文は、同古墳の石槨を長さ二・七メートル（九尺）、幅〇・九メートル（三尺）、墳丘規模は一辺一三・五メートル（九歩〈尋〉）とみて、「薄葬令」との対応を見出す（岸本　二〇二〇）。鉢伏山西峰古墳は、発掘調査後に整備されており、現地で見学が可能である。

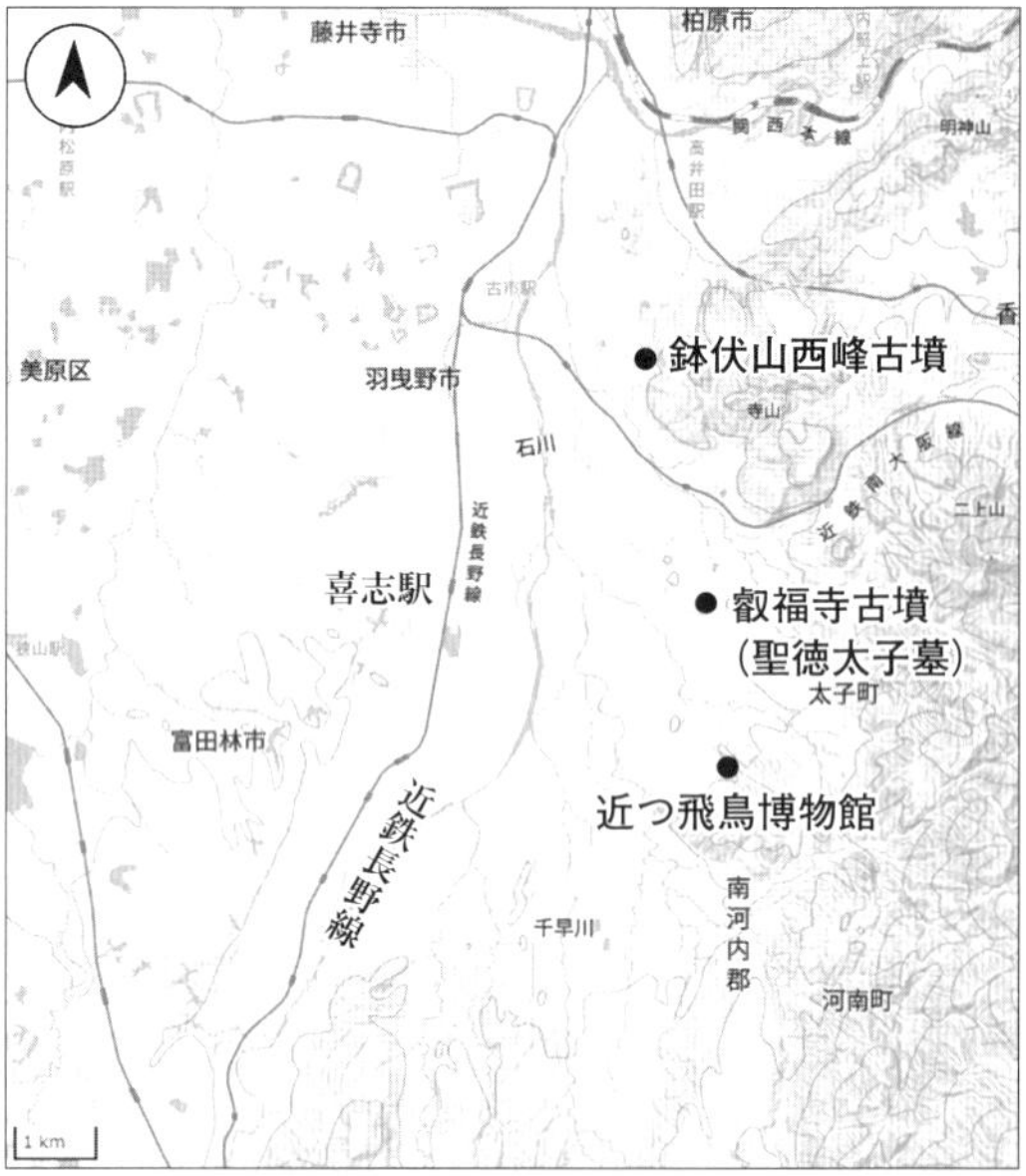

河内飛鳥の関連古墳

規定に合致しない古墳

　前述のように文殊院西古墳は、阿倍倉梯麻呂の墓とする理解が有力であるが、その没年は大化五年（六四九）である。切石造りの横穴式石室の規模は、玄室長五・一メートル、幅二・九メートル、高さ二・七メートルで、唐大尺に換算して長さ一七尺、幅一〇尺、高さ九尺ほどとなる。これに長さ七・三メートルの羨道が取り付き、石室全長は一二・四メートルに達する。倉梯麻呂は大化改新時の新政権で左大臣に就任した人物でありながら、「薄葬令」の規定をはるかに上回る古墳を築いたことになることが早くから指摘されてきた。この点に関しては、倉梯麻呂が新しい冠を拒み古い冠を被り続けたエピソードもふまえ、新政権のなかでも反動的な立場にいたことで規定が徹底されなかったとする見方がある。また前述のように、古墳が生前造墓を原則とするとの見地から、倉梯麻呂が先代の鳥《とり》にかわって阿倍氏の族長に就いたとみられる六二〇年代の石室とみることで、規定を遵守しなくとも問題にはならなかったとする主張もある。いずれにしても、「薄葬令」の実効性を議論するうえで重要な鍵を握る古墳であることは間違いない。

　一方、天武・持統陵であることが確実視される野口王墓古墳、立太子後、皇位に就くことなく早世した草壁皇子の墓とする説が有力な束明神《つかみょうじん》古墳の墓室も、「長九尺、濶五尺」とする「薄葬令」の王以上の規定を超える。

一方で、斉明と娘の間人皇女墓と目される牽牛子塚古墳の石槨内部の規模は、東・西槨とも長さ七尺、幅四尺、高さ四尺で「王」どころか、規定上最下位の「大礼以下小智以上」の規模をも下回る。そもそも、「薄葬令」の墳丘規定は、対象となる全墳墓が方墳であることを前提とする。薄葬令の実効性を認める立場では、必然的に八角墳となる七世紀後半の天皇陵は規定を超越した存在として理解されることになる。

藤原京期から平城京遷都間もない頃（七世紀末〜八世紀初頭）に築かれたとみられるマルコ山古墳、キトラ古墳、石のカラト古墳、高松塚古墳は、切石を組み合わせた酷似した横口式石槨を内包する。その規模は「薄葬令」の規定内に収まる長九尺（キトラ古墳のみ八尺）、幅三・五〜四・三尺、高さ四〜四・七尺であり、石のカラト古墳の墳丘については九尋に合致するとの意見もある。ただしこれらの古墳は、皇族クラスの被葬者が想定されることに加えて、「薄葬令」が発布されたとされる時期から五十年ほどが経過した時期に築造されており、「薄葬令」よりも大宝律令との関係が考慮される。

今後の研究にむけて

以上のように「大化の薄葬令」が発布されたとされる七世紀後半以降、古墳の薄葬化が進むことは確かであるが、考古学的に把握しうる古墳の特徴と「薄葬令」の内容を単純に擦り合わせることが困難であることもまた事実である。今後の終末期古墳の研究は、安易に「薄葬令」の記述内容に古墳の特徴を擦り合わせて満足するのではなく、キトラ古墳や高松塚古墳といった最終末期の古墳を最後に墳丘を有する墓が築かれなくなっていく現象をもにらみつつ、また広く東アジアの墓制も視野に、律令制下における葬送制度の成立過程をめぐる問題としてその実態を追究していく姿勢が不可欠である。

参考文献

大阪府立近つ飛鳥博物館編『ふたつの飛鳥の終末期古墳』二〇一〇年
・二〇一〇年開催の終末期古墳の展示図録であるが、豊富な写真・図面類を用いて主要な終末期古墳やその研究情報を解説する。
白石太一郎編『古代を考える　終末期古墳と古代国家』吉川弘文館、二〇〇五年
・終末期古墳研究の基本文献を網羅した論文集で、終末期古墳の検討課題を一望することができる。
奈良国立文化財研究所飛鳥資料館編『飛鳥時代の古墳』一九八一年
・飛鳥周辺の主要古墳の概説とあわせて、飛鳥時代の人物の没年表とその関連資料を掲載しており、終末期古墳を研究するうえで手助けとなる。
明日香村史刊行会『明日香村史』上巻、一九七四年
網干善教「大化甲申詔にみえる墳墓の規制について」森浩一編『論集終末期古墳』塙書房、一九七三年、初出一九六七年
奥村郁三「大化薄葬令について」『関西大学考古学研究紀要』三、一九七七年
岸本直文「大化の薄葬令による古墳の変化」『難波宮と大化改新』和泉書院、二〇二〇年
白石太一郎「牽牛子塚古墳と岩屋山古墳―考古学からみた斉明陵―」『大阪府立近つ飛鳥博物館館報』一五、二〇一二年
高橋照彦「律令期葬制の成立過程―「大化薄葬令」の再検討を中心に―」『日本史研究』五五九、二〇〇九年
福尾正彦「八角墳の構造―押坂内陵・山科陵・檜隈大内陵を中心に―」『牽牛子塚古墳発掘調査報告書』明日香村文化財調査報告書第10集、二〇一三年

関連資料館等

①今城塚古代歴史館
②大阪府立近つ飛鳥博物館
③キトラ古墳壁画体験館 四神の館
④奈良文化財研究所 飛鳥資料館

①

②

③

④

附編　伝承の世界を歩く

ヤマトタケル伝承の世界

荒井秀規

一　ヤマトの英雄

皇族将軍

ヤマトタケルは、記紀神話におけるヤマト王権の若き皇族将軍（景行天皇皇子）であり、五〜六世紀のヤマト勢力の地方進出を背景とする伝説上の英雄である。『古事記』（以下、記とも略す）では倭建命、『日本書紀』（以下、紀または書紀とも略す）では日本武尊と表記され、そして『常陸国風土記』（以下、風土記とも略す）に載る伝承のなかでは「倭武天皇」とされているが、ここではヤマトタケルと書くことにしよう。

ワカタケル

ヤマトタケル説話のモチーフのなかで大きい存在が、ワカタケルの名をもつ雄略《ゆうりゃく》天皇（当時の言葉としては大王）である。雄略が四七八年に宋に送った上表文《じょうひょうぶん》が『宋書《そうしょ》』倭国伝《わこくでん》に載るが、そこで自ら語る「昔より祖禰《そでい》躬《みずか》ら甲冑を擐《つらぬ》き山川を跋渉《ばっしょう》し、寧処《ねいしょ》に遑《いとま》あらず。東は毛人を征すること五十五国、西は衆夷を服すること六十六国、渡りて海北を平らぐること九十五国」とは、まさにヤマト王権の地方進出の過程であり、西に東に出征するヤマトタケルの姿にほかならない。埼玉《さきたま》古墳群の稲荷山《いなりやま》古墳（埼玉県行田市）出土の辛亥年（四七一）銘鉄剣や江田船山《えたふなやま》古墳（熊本県和水町）出土の銀象嵌《ぎんぞうがん》銘鉄剣に「ワカタケル大王」と雄略の名が刻まれていることが、以上を示唆してもいる。

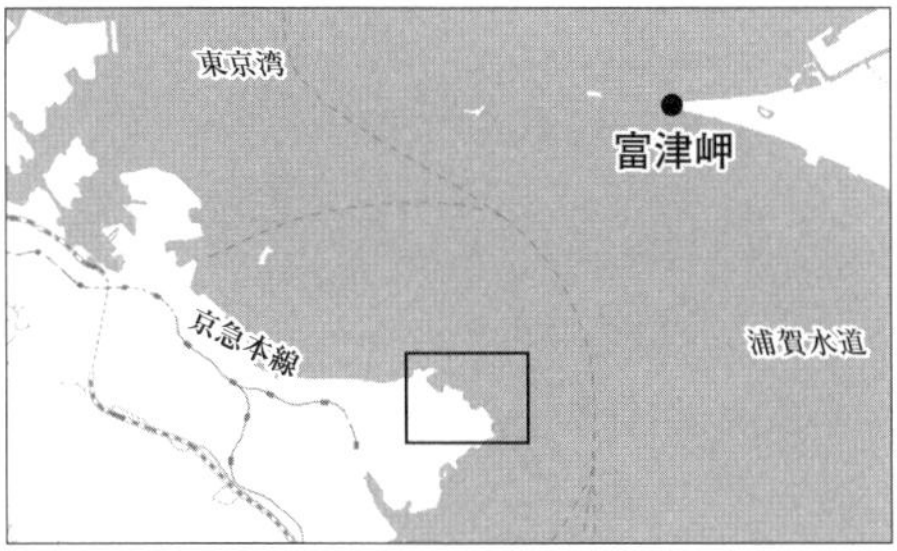

浦賀水道

二　ヤマトタケルとオトタチバナヒメ

走水遭難

ヤマトタケルは、西へは熊襲《くまそ》征討そして出雲建《いずもたける》征討も行うが（記。書紀での征西は景行《けいこう》の行為）、ここでは東征、足柄坂《あしがらざか》（駿河・相摸国境）以東、碓日坂《うすひざか》（信濃・上野国境）以東の東国（今の関東地方）のヤマトタケル伝承の舞台をとりあげる。

『古事記』では、父景行から「東方十二道の荒夫琉神《あらぶるかみ》、また、まつろわぬ人等を言向《ことむ》け和平《やわ》せ」と命ぜられたヤマトタケルは、相武国《さがむのくに》（相摸国）にいたって、小野《おの》（神奈川県厚木市小野に比定）で地元勢力の裏切りによる火攻めに遭うも、草薙剣《くさなぎのつるぎ》を用いて返り討ちにし（書紀では駿河での出来事）、次いで三浦半島の走水《はしりみず》の海（浦賀水道）を渡って房総半島へ向かおうとすると、渡の神の妨害に遭う。この際、生け贄として自ら入水し、荒海を鎮めてヤマトタケルを助けたのが、妃のオトタチバナ（弟橘）媛で、七日後にその櫛《くし》が海辺に流れ着

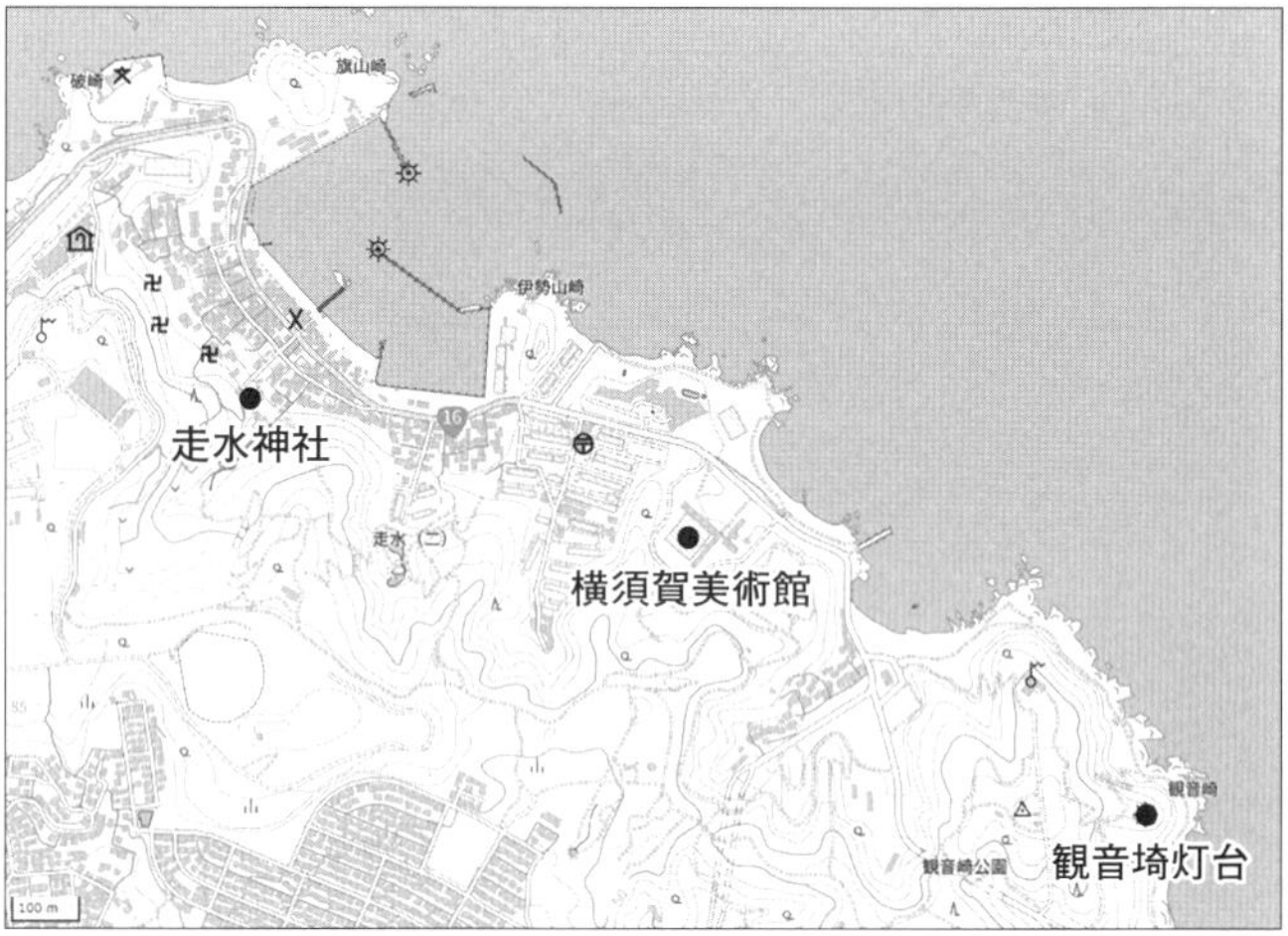

観音埼灯台と走水神社（神奈川県横須賀市，前頁地図の黒枠部分）

オトタチバナヒメのレリーフ（走水神社）

き、それを以て陵《みささぎ》が作られた。

走水神社

このことを受けて、神奈川・千葉両県には、オトタチバナヒメにまつわる伝承が多い。ヤマトタケル・オトタチバナヒメ両者を祀る走水神社（神奈川県横須賀市）の境内にはオトタチバナヒメが入水のときに詠った「さねさし相武の小野に燃ゆる火の火中《ほなか》に立ちて問ひし君はも」の歌碑やオトタチバナヒメのレリーフがある航海安全祈願の「舵の碑」がある。

観音埼灯台

近くの観音埼灯台に登れば、東京湾を挟んで房総半島が一望できる。相摸国から浦賀水道を渡って上総国から

富津岬「明治百年記念展望塔」より三浦半島をのぞむ

下総国へと向かうのが当初の東海道駅路の本線であり（安房国へは支路）、したがって武蔵国は東海道の国ではなく東山道の国であった。武蔵国が東海道の国となり、東海道駅路が相摸→武蔵→下総（→常陸）→上総→安房の陸路となるのは、奈良時代も終わりに近い宝亀七年（七七六）のことである。ヤマトタケル伝承のルートは初期の東海道駅路の反映であるが、それはヤマト王権の東国〜東北遠征路でもあった。

木更津タワー

櫛が流れ着いた場所については、神奈川県側では二宮町の海岸とされ、その陵の場所には両者を祀る吾妻《あづま》神社がある。また、川崎市高津区の橘樹《たちばな》神社もオトタチバナヒメを祀る。一方、千葉県側では、木更津市の「きさらず」は、オトタチバナヒメを喪ったヤマトタケルが何日もその地を去ることができなかった「君不《きみさら》去《ず》」が語源と伝わり、同市太田山公園の「きさらずタワー」の頂きには手を差し伸べ合う両者の銅像が置かれ、市のシンボルとなっている。また、木更津市の北の袖ケ浦市はオトタチバナヒメの袖が流れ着いた処とされ、さらには木更津市・富津《ふっつ》市・成田市ほかの吾妻神社や、茂原市の上総国二宮橘樹神社などオトタチバナヒメを祀る神社が多い。

富津岬

おすすめしたいのが、横須賀市走水と浦賀水道を挟んでの距離がもっとも短い富津岬の先端にある「明治百年記念展望塔」である。遠くに富士山を拝みながらヤマトタケルが渡った海が広がる。また、神奈川県川崎市と千葉県木更津市を結ぶ東京湾アクアラインの中程にある「パーキングエリア海ほたる」では、走水の海上を実感できる。

三　足柄坂と碓日坂

あづまはや

ヤマトタケルは、「悉《ことごと》に荒夫琉蝦夷《あらぶるえみし》等を言向《ことむ》け、また山河の荒ぶる神等を平和《やは》して」帰還するとき、「足柄の坂本」（神奈川県南足柄市関本に比定）で、白鹿に化けた坂の神を殺した。そして、「坂の上」（同南足柄市と静岡県小山町の境）で走水の海に消えたオトタチバナヒメを偲んで「あづまはや」（吾が妻よ）と嘆いた。これにより坂より東はアヅマと呼ばれるようになったと『記』はいう。

坂から峠へ

「あづまはや」と嘆く場は、『書紀』では上野の碓日坂で、そこでは山の東をアヅマと呼ぶとある。これはヤマトタケルの帰路が『記』では東海道、『書紀』では東山道とされているからで、養老令《ようろうりょう》の公式令《くしきりょう》朝集使条が、朝集使が都に上るのに東海道は坂（足柄坂）より東の国、東山道は山（碓日坂）より東の国からは駅馬に乗ることを認めるのと対応する。なお、坂は峠のことであるが、「峠」の字がまだなかったので記紀ともに「坂」とある。坂の神に供え物を手向け（タムケ）たことから、トウケの和語が生まれ、「峠」の国字が創造された。

碓日峠の所在

今日、足柄山系には碓日峠（神奈川県箱根町宮城野）と呼ばれる場所があり、『書紀』の碓日坂をあてる説もあるが、『書紀』では碓日坂の前に武蔵・上野と転じ、後に信濃へと向かうのであるから、足柄山の碓日峠とは別となる。かくして『書紀』の碓日坂は東山道となるが、その場所は、今日の国道一八号線の碓氷峠（群馬県安中市松井田町坂本と長野県北佐久郡軽井沢町との境）ではなく、近世の中山道の碓氷峠（長野県北佐久郡軽井沢町大字峠町）または、古墳時代の祭祀遺跡が発見されている入山峠《いりやま》（碓氷バイパスでの長野・群馬県境）と考えられる。

別離の坂

今日、足柄峠や碓氷峠は、防人歌の場として有名であるが、さかのぼれば両峠は「アヅマ」命名の地である。防人や残される家族にとって両峠が別れの場であった背景には、オトタチバナヒメを偲ぶヤマトタケルの存在があった。

四　常陸のヤマトタケル

倭武天皇と二人のタチバナヒメ

『常陸国風土記』にヤマトタケルは、「倭武天皇」と表記される。そして、行方郡条の「倭《やまと》より降り来て、この地に参り遇ひたまひき。故、安布賀邑《あふかのむら》と謂ふ」は、ヤマトタケルに遅れて大橘比売が常陸に来て再会したという話であるが、ここから、走水の海に散った弟タチバナヒメに替わって、姉の大タチバナヒメが常陸に来たとする理解がある。安布賀邑は、『常陸国風土記』が編纂された養老年間には相鹿里に転じ、さらに『和名類聚《わみょうるいじゅう》抄《しょう》』では逢鹿（郷）となっている。現在の茨城県潮来《いたこ》市大賀がその遺称地である。記紀ではヤマトタケルと常陸の関係は『書紀』に日高見国よりの帰路に常陸を経たことが記されるだけであるが、風土記には具体的な逸話が多くある。「倭武天皇、東《あづま》の夷《えみし》の国を巡狩《めぐりみそな》はして、新治県《にいはりのあがた》を幸過《すぎいでま》ししに、国造毗那良珠《ひならす》命を遣はして、新に井を掘らしむるに、流泉《いづみ》浄く澄み、尤好愛《いとめづら》しかりき。時に、乗輿《みこし》を停めて、水を翫《め》で、み手を洗ひたまひしに、御衣《みけし》の袖、泉に垂りて沾《ひ》ぢぬ。便《すなわ》ち、袖を漬《ひた》す義によりて、此の国の名と為せり」という常陸国名起源のように、ヤマトタケルの巡行とそれにもとづく地名起源伝承である。ここでのヤマトタケルは、地元の国造を率いての、まさに天皇の国見《くにみ》行為を行っている。

ヤマト派遣将軍

『常陸国風土記』には、ヤマトからの派遣将軍の伝承も載る。茨城郡の記事に国栖《くず》・佐伯《さえき》と呼ばれた在地勢力を掃討したとある黒坂命は、信太《しだ》郡の記事（逸文）では「陸奥の蝦夷を征討」したとある。同様に、行方郡の記事で崇神朝に「東《あづま》の垂《さかひ》の荒ぶる賊《にしもの》を平《ことむ》けむ」として派遣され、国栖を殲滅したのは建借間命《たけかしまのみこと》であった。記紀にこの二人はみえず、その役回りはヤマトタケルのものとなっている。

『常陸国風土記』では神功皇后も「意長帯比売天皇《おきながたらしひめ》」と表記されている（茨城郡）。風土記は、養老三年（七一九）～七年頃まで国守であった藤原宇合が最終的編纂をしたと考えられているが、記紀にみえない天皇や派遣将軍の存在も、『書紀』が成立し歴代天皇が確定した養老四年以前に常陸に流布していた独特な在地伝承による。

即位の有無

『播磨国風土記』は、応神天皇皇太子でありながら異母兄（仁徳）に皇位を譲るべく自殺した菟道稚郎子《うじのわきのいらつこ》を「宇治天皇」、また履中天皇皇子の市辺押磐皇子《いちへのおしはのみこ》を「市辺天皇」と表記している。実はヤマトタケルと市辺押磐皇子には、自身は即位していないが父も子も天皇である共通点がある。三者とも、本来ならば即位しているという意識が地方にあったのではなかろうか。ヤマトタケルは、『阿波国風土記』逸文でも「倭建天皇命」とある。

茨城県の伝承地

常陸すなわち茨城県で今日、ヤマトタケル伝承を象徴するものは少ないが、石岡市の常陸国総社宮にヤマトタケル腰掛石がある。また、北茨城市の佐波波地祇《さわわちぎ》神社（式内社）には、同市の沖合でヤマトタケルの船が難航しているのを佐波波神が助けたので、ヤマトタケルによって祀られ、以後海上交通の守護神となったという社伝がある。さらに、笠間市には、ヤマトタケルを祭神とする栗栖《くりす》神社があり、栗栖の由来として、ヤマトタケルが奉ぜられた栗を美味と賞したこと、あるいはヤマトタケルの陪従がヤマトから来て住んだことによる、と伝わる。

参考文献

入江英弥『オトタチバナヒメ伝承』岩田書院、二〇二〇年
・走水のヤマトタケルとオトタチバナヒメほか、各地のオトタチバナヒメ伝承を論じる。
上田正昭『人物叢書　日本武尊』新装版、吉川弘文館、一九八五年
・旧版は一九六〇年刊行。ヤマトタケル研究の古典的名著。
産経新聞取材班『ヤマトタケル』潮書房光人新社、二〇一九年
・産経新聞（大阪版）の連載「ヤマトタケルのまほろば」をまとめた書籍。各地のヤマトタケル伝承の舞台をカラー写真と本

項筆者ほか関係者の見解を紹介している。

関連資料館等

走水神社

『播磨国風土記』とアメノヒボコ

高橋明裕

アメノヒボコ（『古事記』では天之日矛《あめのひぼこ》、『日本書紀』では天日槍命《あめのひぼこのみこと》）の伝承は『古事記』『日本書紀』（以下、両書は記紀と略す）に所載され、『播磨国風土記』（以下、『風土記』と略す）にも登場する。ほかの風土記などの古代文献にもアメノヒボコに関連するモティーフが散見され、この章ではそれらを総合することにより、『風土記』に登場するアメノヒボコ伝承の特質を明らかにし、伝承を通してみえる地域の歴史世界に触れてみたい。

一　アメノヒボコ伝承とは

『古事記』のアメノヒボコ

まず記紀のアメノヒボコ伝承をみる。『古事記』応神《おうじん》段において、新羅国主の子、天之日矛（以下、アメノヒボコ）は日光感精により一賤女が産んだ赤玉を手に入れ、寝所に置いたところその赤玉が乙女に化したのでこれを妻にした。妻がアメノヒボコの驕りを嫌って小船で逃げ出したので、アメノヒボコもこれを追って日本に渡来した。妻は難波に留まり難波の比売碁曽社《ひめこそのやしろ》の祭神である阿加留比売《あかるひめ》神となった。アメノヒボコはさえぎられて難波に入れず、但馬に滞在してここで現地の女を妻にした。その末裔が垂仁《すいにん》段に登場する多遅摩毛理《たぢまもり》（以下、タジマモリ）であり、タジマモリの姪の葛城《かつらぎ》之《の》高額比売《たかぬかひめ》命が息長帯比売《おきながたらしひめ》命（神功皇后）の母にあたるという系譜を記す。アメノヒボコが新羅から将来した八種の神宝が出石《いずし》神社の八前《やくさ》の祭神であるという。

日光感精による受胎、および赤玉が乙女に変じる説話は高句麗王の始祖朱蒙《しゅもう》などにみられる卵生神話に相当すること、男から逃れて朝鮮半島から渡来する女神ヒメコソの説話はほかに類例があることから（『肥前国風土記』基肄《きい》郡姫社《ひめこそ》郷をはじめ、ヒメコソ神の縁起は難波や九州など渡来集団ゆかりの各地に存在する）、これらが朝鮮半島からの渡来者が奉斎する外来神のモティーフであることが三品彰英（三品　一九七二）などによって指摘されている。

『日本書紀』のアメノヒボコ

『日本書紀』では垂仁天皇三年三月条本文に、天日槍（以下、アメノヒボコ）は新羅の王子であり、七つの神宝を将来してこれらは但馬に納められたとする。より詳細な同条の分註「一云」ではアメノヒボコははじめ船で播磨国に停泊して宍粟邑《しそうむら》に滞在した。そこで垂仁は三輪君氏の祖大友主《おおともぬし》と倭直《やまとのあたい》氏の祖長尾市を宍粟邑に派遣してアメノヒボコに問わしめたところ、「聖の皇《ひじりきみ》」を慕って来朝し八種の宝を献上するという。アメノヒボコには宍粟邑と淡路の出浅邑《いでさ》への滞在を許し、彼は諸国を巡行することを願い出て、宇治川から北近江、若狭を経て但馬に住処を定めた。同文註には近江の鏡村の陶人がアメノヒボコの従人であることが記され、アメノヒボコを祖といただく渡来集団には須恵器工人が含まれることが示唆される。垂仁天皇八十八年条では垂仁天皇がかつてアメノヒボコのもたらした但馬の神宝を閲覧しようとしたところ、神宝の一つ小刀「出石」が消失したが、後に小刀が淡路に出現したという奇瑞が語られる。

『日本書紀』にはアメノヒボコをヒメコソの女神の配偶者とする要素がみえず、記紀に共通するのは、アメノヒボコが新羅から渡来し但馬に神宝をもたらしたという点のみである。このことから松前健は『古事記』のアメノヒボコ伝承は朝鮮半島からの外来神の複数のモティーフを結びつけたもっとも発展した形態であり、アメノヒボコ伝承の祖型は朝鮮半島渡来の蕃神であり、但馬の渡来集団がこれを奉斎した点にあると指摘する（松前　一九九七）。

垂仁紀三年三月条「一云」は出石神社の神宝譚と位置づけられるが、『日本書紀』では但馬に納められたとするのみで、むしろ神宝の「出石」という名の小刀の奇瑞を説くことにより、伝承における但馬と淡路との関連性を伝えている。この点は「一云」がアメノヒボコゆかりの地を播磨の宍粟邑と淡路の出浅邑と特定していることと、後述する『風土記』のアメノヒボコ伝承の主な舞台が揖保《いぼ》川が貫流する播磨の宍粟郡と揖保郡であることと符合している。

二　『播磨国風土記』のアメノヒボコ

揖保郡粒丘

『風土記』におけるアメノヒボコは、地域の土地神である葦原志許乎《あしはらしこを》命（以下、アシハラシコヲ）や伊和大神《いわのおおかみ》と国占めを争ったり、軍勢をくりだして戦ったりする韓国渡来の蕃神として登場する。アシハラシコヲは大汝《おほなむち》命と同じく地域の土地神であり、伊和大神も『風土記』独自の神格だが、宍粟郡に「伊和坐大名持御魂神社」として鎮座するので、『風土記』中において両神は同神格の土地神といえる。これに対する外来神・蕃神がアメノヒボコなのである。

『風土記』において、アメノヒボコは揖保川流域の揖保郡と宍粟郡、市川流域の神前《かんざき》郡の説話に登場し、とりわけ揖保郡揖保里粒丘《いいぼのおか》、宍粟郡の比治里奪谷《ひじのさとうばいだに》、高家《たかや》里、柏野《かしわの》里伊奈加川《いなかがわ》、雲箇《うるか》里波加《はか》村、御方《みかた》里というように揖保川の河口から上流にかけて集中している。以下、揖保郡揖保里粒丘条をとりあげよう。

粒丘《いひぼ》。粒丘と号《なづ》けし所以《ゆえ》は、天日槍命、韓国《からくに》より度《わた》り来て、宇頭《うづ》の川底に到りて、宿処《やどり》を葦原志許乎命に乞ひて、曰ひしく、「汝は国主《くにぬし》たり。吾が宿らむ処を得まく欲《おも》ふ」と。志許《しこ》、海中を許しき。その時、客神、剣を以て海水を攪《か》きて宿りたまひき。主の神、客神の盛なる行《わざ》を畏《かしこ》みて、先に国を占めむと欲ひて、巡り上りて粒丘に到りて湌《みお》したまふ。此に、口より粒落ちき。故、粒丘と号けき。其の丘の小石、比《ひと》しく能く粒に似たり。また、杖を以て地に刺す。即ち杖の処より寒泉湧き出でて、遂に南と北とに通ひき。北は寒く南は温し。

大意は、韓国から渡来したアメノヒボコが揖保川河口に来て剣で海水を撹拌して海上に自らの土地を確保したのに対して、これを脅威とみた土地神のアシハラシコヲが、国占めを行って自らの支配領域を確認しようと、ここ粒丘の地で食事をした。ところが慌てていたために米粒が口からこぼれ落ちたので、その神の行為にちなんで粒丘（飯穂《いいぼ》の丘）の地名となったという地名起源伝承であり、神の事績を地域に即して語るローカルな神話となっている。国占めとは自らの支配領域を確認するための儀礼的行為で、食国《おすくに》の思想にもとづき食事をする食膳儀礼を含み、大地に杖を刺して水源を湧出させる行為も儀礼的な勧農行為として国占めの一環である。この地名起源伝承（神話）の背景として、国主である地域首長が自ら神として振る舞い食膳儀礼を行っていた可能性が指摘されている（坂江　二〇一三）。

粒丘の地を歩く

郡名を冠する揖保里には揖保郡衙が所在したと想定できる。とりわけ葦神との国占めを争ったことが伝わる「揖保」の地名起源の地である粒丘の伝承は、揖保里に所在する粒丘こそがこの地域における神話的宗教的聖地であったことをうかがわせる。

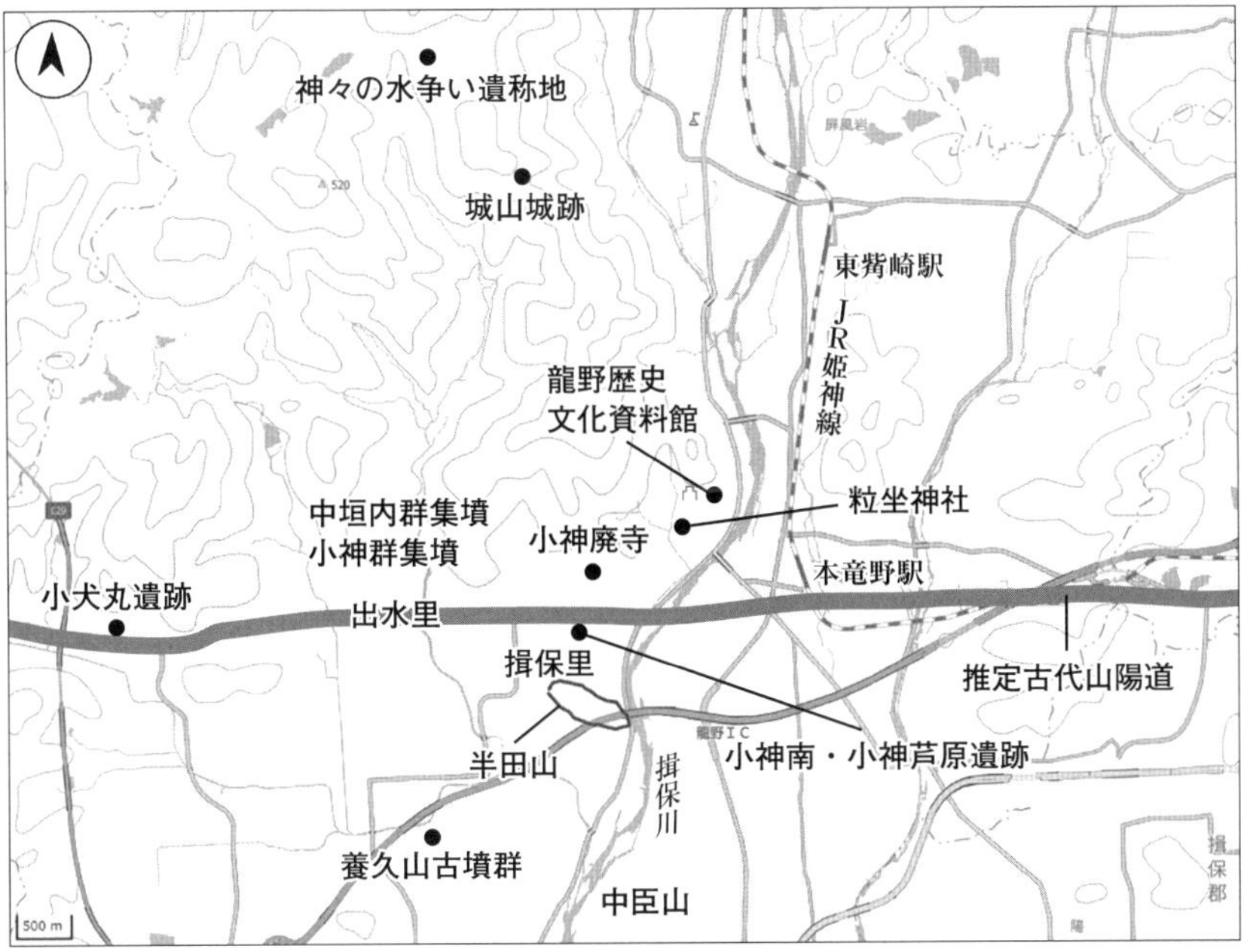

揖保里周辺

では粒丘の遺称地はどこであるか。候補地としては、①粒坐《りゅうざ》神社（延喜式では粒坐《いひにいます》天照《あまてる》神社）の現在の鎮座地である日山（社伝によれば元、的場山に祠を建て、この時一粒万倍の稲を授かったという）、②延喜式の中臣印《なかとみい》達《たて》神社が鎮座する中臣《なかじん》山、③半田山、が挙げられる。①日山と③半田山は揖保川右岸に位置し、古代山陽道が通る場所に近接する。山陽道の北側の日山を含む山塊には中垣内《なかがいいち》古墳群、景雲寺古墳群、小神古墳群など古墳の稠密地帯であり、中垣内廃寺（遺跡）、小神廃寺が所在する。山陽道の南側の小神南遺跡と小神芦原遺跡からは、奈良時代の比較的規模の小さい掘立柱建物群が数十棟検出され、揖保郡衙関連の地方官人たちの居宅群とみられる。推定揖保郡衙は小神廃寺がある山陽道の北側に所在した可能性が高い。③半田山は石英粒が地表面に表出することが知られている。石英粒は石英が米粒状に細片となったもので、

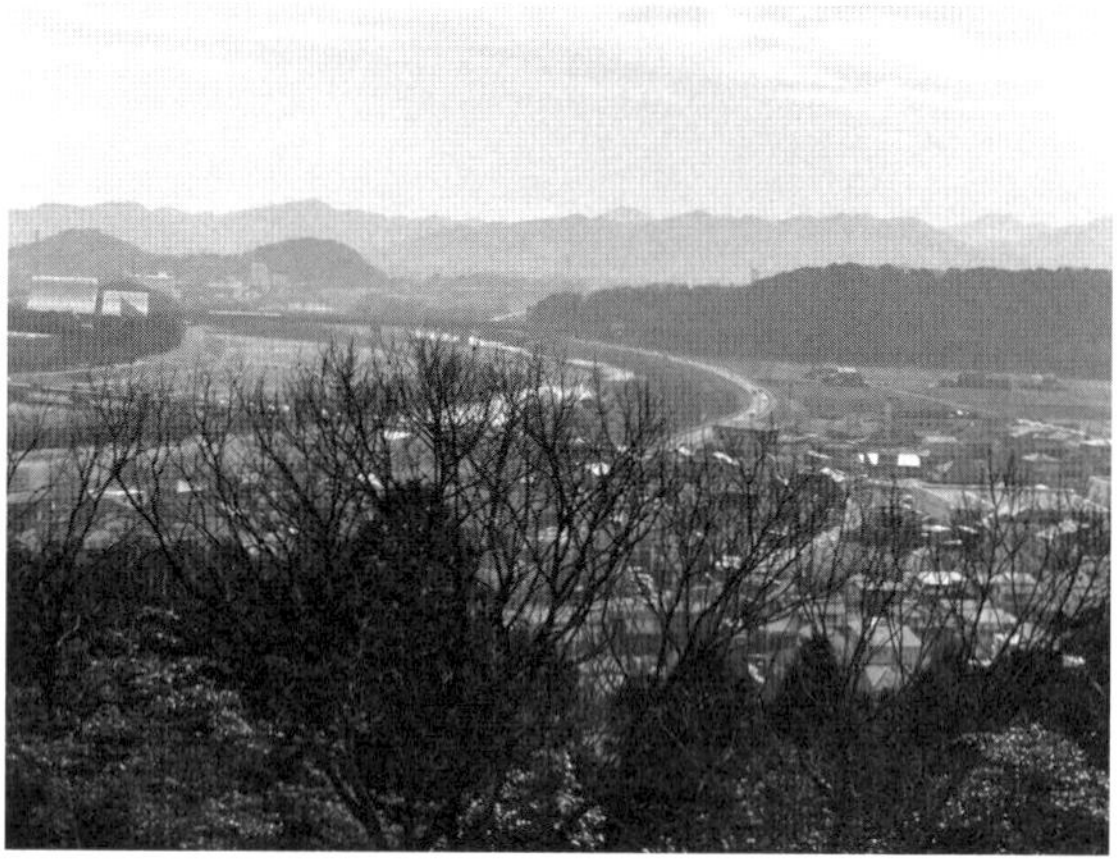

的場山から揖保川右岸の半田山をのぞむ（左の双丘は中臣山）

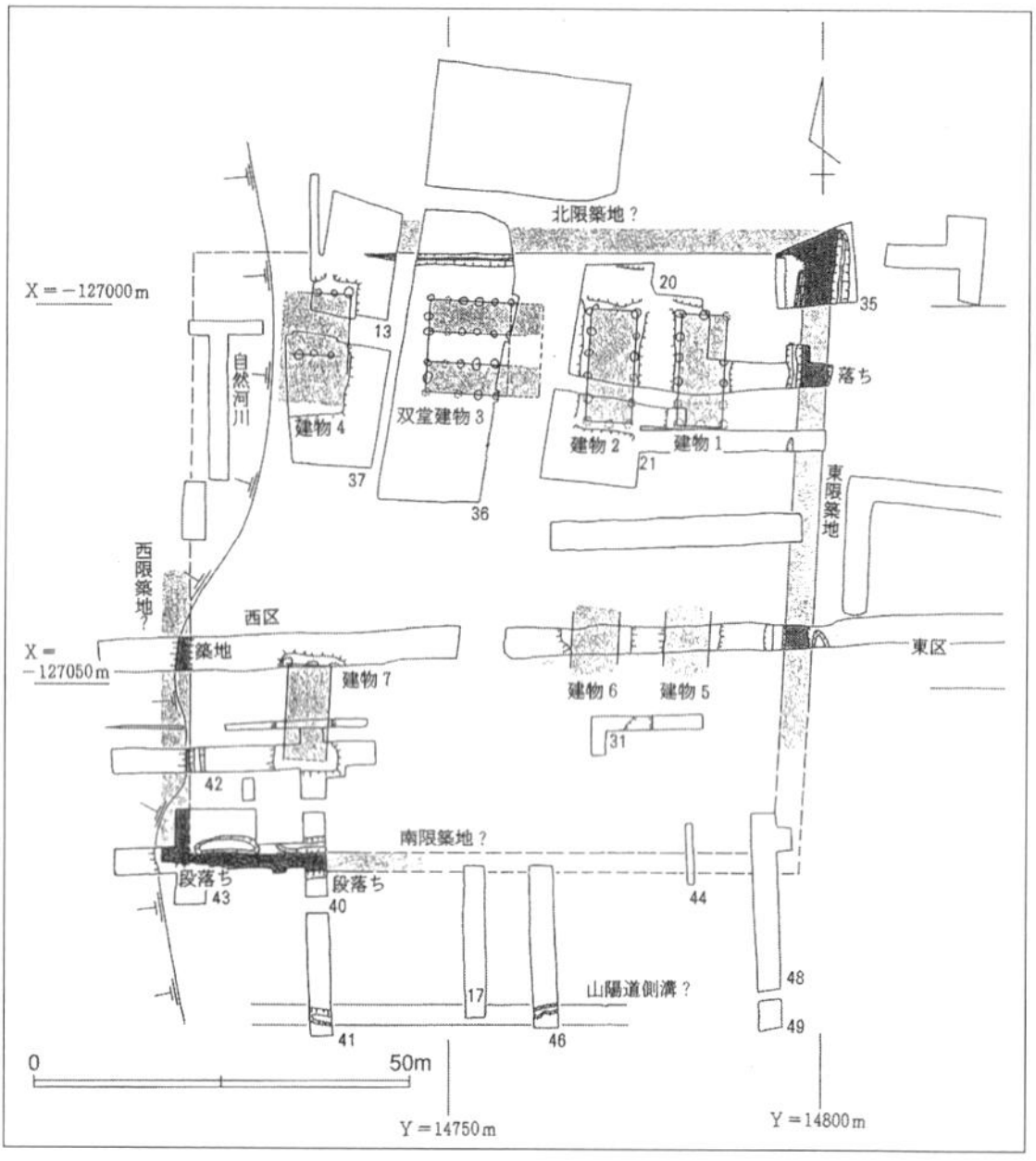

第二次布勢駅家の駅館院（岸本道昭『日本の遺跡11　山陽道駅家遺跡』同成社，2006年）

地方によっては「小米石」とも呼ばれる。神が飯粒をこぼしたために今もその地の「石が飯粒に似たり」とされる粒丘は③半田山がふさわしい。古代の「宇頭川」＝揖保川河口部は現在の揖保川と林田川の合流地点付近だったらしく、アメノヒボコが宿りを得たとされる場所は半田山からのぞみ見えたことであろう。

半田山は弥生時代前期と後期および古墳時代後期の墓域であった。揖保郡衙を拠点としたこの地の郡領氏族は、弥生時代以来半田山とその周辺を墓域とした地域有力者集団のなかから成長した氏族集団の後裔なのであろう。揖保川を遡上して宍粟に迎えられ、さらに但馬の出石神社の神宝に関与した蕃神と、地域有力者集団が奉斎する土地神が国占めを争うのにふさわしい土地である。半田山の南の山塊である養久山《やくやま》に稠密する養久山古墳群には、バチ形を呈する古式前方後円墳の養久山一号墳、初期須恵器を出土した四一・四三号墳が所在する。

古代山陽道を小神から西に行ったところには全国ではじめて駅家遺跡として確認された、布勢駅家跡である小犬丸遺跡が所在する。的場山の北方の城山の頂上近くには、中垣内川と越部川を分水する神々の水争い遺称地があり（『風土記』揖保郡出水里条）、朝鮮式山城の城山城《きのやま》がある。たつの市立龍野歴史文化資料館と埋蔵文化財センターでは、それぞれ小犬丸遺跡からの出土遺物をはじめ、付近の古墳や古代寺院の出土遺物などが展示されている。古代山陽道と揖保川が交錯し、ヤマト政権と接触するなかで地域有力者集団の宗教的政治的中心地となった地域の歴史世界を『風土記』の遺称地をめぐりながら実感してもらえることだろう。

参考文献

松前健「記紀のヒメコソ縁起の成立」『松前健著作集』三、一九九七年、おうふう

・アメノヒボコから逃れた妻ヒメコソ神の縁起を包括的に論じ、朝鮮半島からの外来神の太陽神、寄り神信仰としての性格を論じる。

三品彰英『増補　日鮮神話伝説の研究』三品彰英論文集四、一九七二年、平凡社

・古代文献における朝鮮由来の神話の要素を分析し、朝鮮半島の外来神を祭る新たな宗教的祭儀の列島への浸透を論じる。

坂江渉「「国占め」神話の歴史的前提」『国立歴史民俗博物館研究報告』一七九、二〇一三年

たつの市立埋蔵文化財センター『大上宇市のあしあと―生誕一五〇年記念―』二〇一五年

福島好和「『播磨国風土記』の天日槍命伝承」『兵庫県の歴史』二一、一九八五年

関連資料館等

①たつの市立龍野歴史文化資料館

②たつの市立埋蔵文化財センター

①

②

古代地方豪族の開発と村落

——麻多智の谷を歩く——

田中禎昭

八世紀に編纂された『常陸国風土記』（以下、『風土記』）には、ヤマト王権時代の地方豪族による開発の実態をうかがわせる貴重な伝承が採録されている。その代表的なものは、『風土記』行方《なめかた》郡条に収載された箭括氏麻《やはずのうじのま》多智《たち》と壬生連《みぶのむらじ》麻呂《まろ》による開発伝承であろう。ここでは、この二人の豪族に関する伝承を読み解き、『風土記』の記述を手がかりに現地を調査することで、あらためて古代地方豪族による開発と村落形成の実態をとらえ直してみたい。

一　『風土記』にみる開発伝承

箭括氏麻多智の開発

はじめに箭括氏麻多智（以下、麻多智）の開発伝承とはいかなるものか、『風土記』の記述をひもといてみよう。

継体《けいたい》天皇の時代（六世紀初頭）、麻多智は奈良時代に行方郡衙があった場所の「西の谷」の「葦原」を切り開き、村人たちに「夜刀神《やとのかみ》」として恐れられていた蛇を追い払った。そして「山の口」に標の梲《つえ》を立て、梲より上を「神の地」、下を「人の田」と宣告し、社を設け自ら祝《はふり》となって「夜刀神」を祭り、その祟りを鎮めたという。

まずこの開発伝承は、『風土記』のなかで行方地方にあった曽尼《そね》村における水田の起源説話として位置づけられている。また箭括氏は君や直など国造クラスの有するカバネを有しておらず、これらの点から麻多智は曽尼村を支配した小豪族と考えられる（関　一九八四）。八世紀、村を支配する小豪族は「社首」と呼ばれ（『令集解』儀制令春時祭田条古記・一云）、村の社官として祭祀を介して村人を支配していた（大町　一九八六）。箭括氏は、曽尼村の「夜刀神」を祭る「社首」として村落を支配していた氏族と推定されよう。

次に「夜刀神」＝蛇神の神格について考えてみたい。奈良時代、蛇は司水の神を意味する「蛇靇」（「於箇美《おかみ》」）と呼ばれ（『豊後国風土記』直入《なおり》郡条）、「夜刀神」は湿地を司る蛇神と理解されている（井上　一九八九）。一方、江戸時代に編纂された『新編常陸国誌』以来、「夜刀神」を湿地に生息する蝮《まむし》とみる説もある。また、現在刊行されている『風土記』活字本（岩波日本古典文学大系本・山川出版社本）は「夜刀神」の姿態に関する記述箇所を「其の形は蛇の身にして頭に角あり」と読み下し、「頭に角が生えた蛇」という神話的なイメージでとらえている。しかし『風土記』の原文を確認すると、当該箇所は「其形蛇身頭角」と記されており、読み下し文は「頭に角あり」（＝頭有角）ではなく「頭は角なり」（＝頭角）とすべきであろう。蝮は、蛇のなかでも三角形（角形）の頭をもつ際立った特徴を備えており、「蛇身頭角」とは蝮の姿態を正確にとらえた表現と考えられる。つまり麻多智は、曽尼村の社官として谷戸の湿地に群生する蝮を「夜刀神」として敬い祭り、その加護を受けながら湿田の開拓を推し進めた人物とみなされているのである。

壬生連麻呂の開発

一方、壬生連麻呂（以下、麻呂）の開発は孝徳天皇時代（七世紀中葉）のこととされている。麻呂は、麻多智が開拓した「谷」を占めたうえで「椎井《しいのい》」の名をもつ「清泉」（湧水）から流れる谷水を堤でせき止め、池を造築することによって開発を進めたという。『風土記』の記載によれば、当時、麻呂は茨城国造の地位にあり、六五三年、那珂国造壬生直夫子と協力し、茨城国造と那珂国造の支配地の一部を分割・併合して新たに行方評（評は郡の前身）を立てたとされる。したがって麻呂による池の造築は、新たに就任した行方評の官人としての立場で行われた国家的開発の一環と考えられ、それは天皇の徳化（「風化」）による統治理念を前面に押し出し、「夜刀神」の神威を乗り越えることで実現したものであった（吉田　一九八〇）。この点に関して『風土記』は、池造築時に椎・槻の木に群れ集った「夜刀神」に対して麻呂が「大声」で「何の神、誰の祇ぞ、風化（天皇の徳化）に従はぬ」と叫び、「役民」たちに堤の造築を妨害するものをことごとく「打ち殺せ」と命じ、それを聞いた「夜刀神」は「避隠」したと記している。

しかし、こうした麻呂の開発は「夜刀神」の祭祀自体を否定したものではなかった。まず麻多智の子孫は代々祝の地位を受け継いでおり、『風土記』編纂時点においても「夜刀神」祭祀を実修していた（「麻多智が子孫、相ひ承けて祭を致し、今に至るまで絶えず」）。また「夜刀神」に対して発した麻呂の「大声」は神への宣戦布告ではなく、むしろ神に対し人間の意志を伝える「言挙げ」を意味すると考えられている（三宅　二〇一六）。さらに「夜刀神」の「避隠」とは逃げ隠れることではなく、神が山に「避り隠り」見えない存在として鎮祭の対象となったことを示している。『風土記』には「夜刀神が群れて難を免れようとしている様子を見た人は一族が滅びる」と注記があるが、これは「神を見てはならない」ととらえる禁忌（見るなの禁）に関わる習俗であろう（関一九九四）。つまり麻呂は天皇の権威を背景に「夜刀神」に対して「言挙げ」をしたうえで、池の築造後も曽尼村の社官・箭括氏による鎮祭を承認し、孝徳朝に新たに成立した評（行方評）―村（曽尼村）の重層的支配に対応する祭祀システムを地域社会内部に構築したものと考えられるのである。

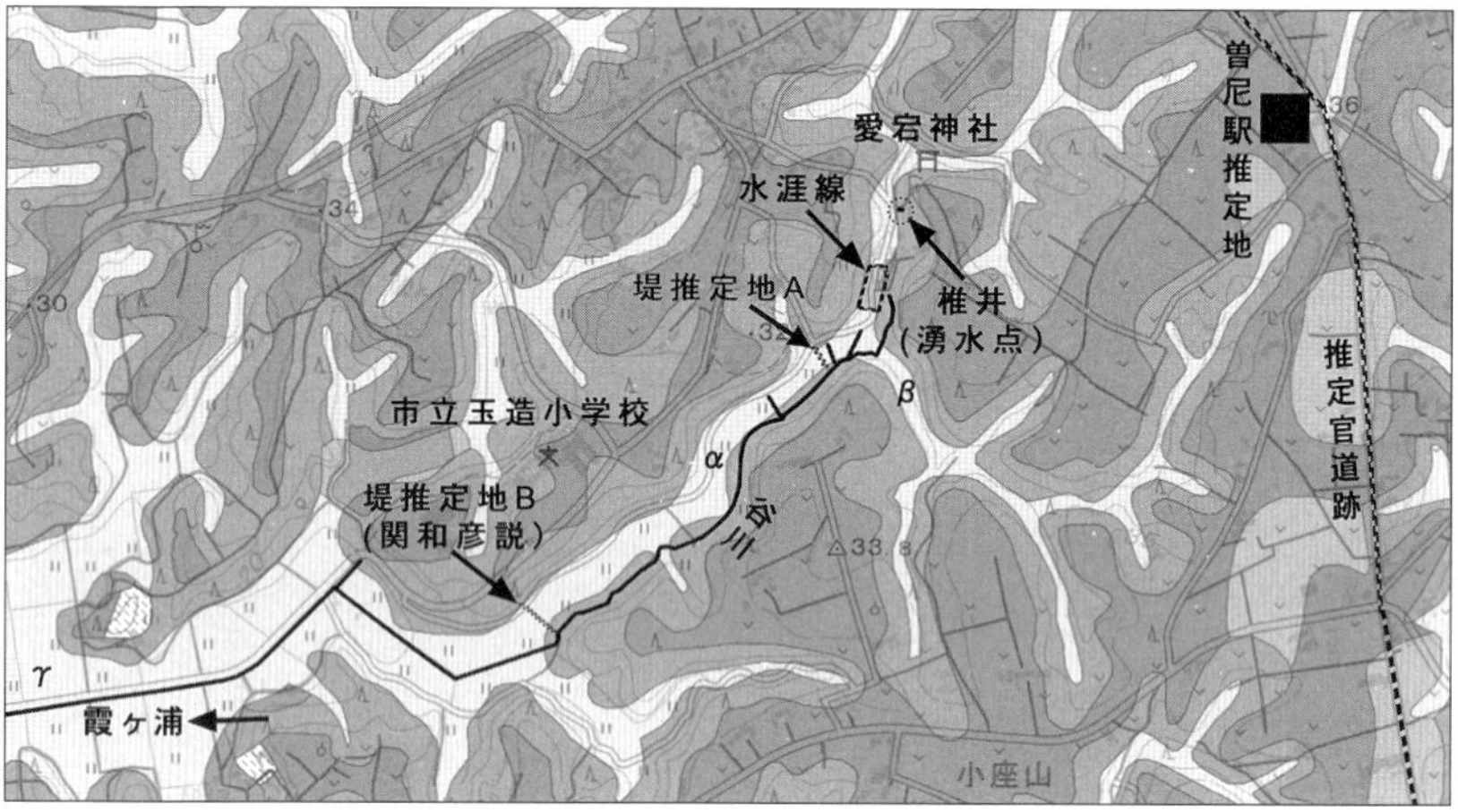

麻多智の谷と麻呂の堤推定地（茨木県行方市玉造甲・天竜谷津付近，土地条件図に加筆）

二　開発の現地を歩く

麻多智の谷と麻呂の堤

霞ヶ浦と北浦の間を南北に貫く行方台地に刻まれた開析谷の一つに、天竜谷津（茨城県行方市玉造甲）と呼ばれる谷戸（地図中α）がある。今は訪れる人も少なく、冷涼な山あいに水田がひっそりとたたずむばかりだが、実はこの谷戸こそ麻多智と麻呂による開発の舞台として注目される場所である。麻多智と麻呂の開発伝承地が天竜谷津であった事実を実証的に明らかにしたのは、関和彦（関　一九八四）である。関は当該伝承が曽尼村・曽尼駅に関わっていた点をふまえ、古代官道と曽尼駅所在地の比定を通して麻多智の谷の所在地を確定した。天竜谷津は、まさに曽尼駅比定地直下に隣接する谷戸であり、ここには「夜刀神」を祭ったとする伝承をもつ愛宕《あたご》神社も鎮座している。そして、神社の直下には現在も地下水を湧き出す湧水点（写真、「椎井」の比定地）があり、江戸時代、そこから流れる谷水をせき止めた「古代大池」と称する溜池が存在していたと指摘している。この関による麻多智の谷の現地比定はきわめて説得的で、今日、定説となっている。

しかし、関説には課題もある。現在、「椎井」の湧水を引く池水はほとんど確認できず、そのため麻呂の造築した池の場所は必ずしも明確ではない。関の作成地図（関　一九八四）によれば、麻呂の堤の推定地は天竜谷津の西側出口付近（地図中B付近）に比定されている。麻呂はここに堤を造築して麻多智の開発した天竜谷津のほぼ全域を溜池とし、堤から行方海（霞ヶ浦）にいたる平野（地図中γ）を開発したとみるのである（関　一九九四）。

一方、近年、増田寧は、当地域の農家からの聞き取りをふまえ、天竜谷津奥に「池袋」という字地名が残り、昭和四十年代にこの地点から丸太の巨木が出土した事実を確認した（丸太は現在所在不明）。これらの知見から、増田はこの付近に麻呂の構築した大堤があったのではないかと推察している（増田　二〇一七）。

椎井（湧水点）

開発の場はどこか？

そこで、今回、増田の著書に掲載された解説と写真（同氏の著書に地図は掲載されていない）を手がかりに現地を歩き、地図中Aの地点に東西方向に延びる土手状の高まり（以下、土手）を確認した。そしてその場所は、関の作図に示された堤推定地と位置を異にしていることが確かめられた。そこであらためて関説・増田説を検証するため、国土地理院発行の土地条件図（数値地図二五〇〇〇、二〇一三年刊）にもとづいて当該地域の微地形を確認し、それをベースマップとして関連情報を追記し

天竜谷津の土手

た図を作成した。

まず土地条件図によると、「椎井」のやや南方に水涯線が確認できる。現在、道路上から水面はほとんど確認できないものの、水涯線内には背の高い湿性植物が繁茂し、水田は全く見当たらない。そして、この水涯線南端部より約一〇〇《メートル》、「椎井」から約二七〇《メートル》下った地点に土手が位置しており、現在もこの場所が水田域と未耕地の境界線となっている。この土手が過去の池堤跡の名残りであり、その北側に湧水点から流れる水を蓄えた溜池が存在していた可能性は高いといえる。一方、「椎井」から関が想定した堤の推定地までは八〇〇《メートル》以上の距離があり、湧水の水量が乏しくなるこのような下流に堤を築くことは、今日の山池と比較しても不自然であろう。なお、土手の東南方にも谷（地図中β）が見えるが、この谷は地図中αの谷より地表面の標高が高く、東側にむかって斜面状に傾斜している。したがって、βの谷の入口を塞ぐ堤の構築は必要性に乏しいと考えられ、池の堤は土手が残る地点に造築されたものと推測できる。山麓の湧水を水源とする山池は谷川下流の一方をせき止めるのが一般的である。もちろん、この土手は麻呂の築堤そのものとはいえないが、この付近にその池堤がかつて造築されていた可能性は地形的な観点から十分にありえるだろう。

ちなみに古代の山池に関しては、近年、全国各地で考古学的遺構が検出されている。そのうち、奈良県薩摩遺跡、兵庫県宅原遺跡、福岡県池田遺跡で発見された八世紀初頭〜九世紀の溜池は湧水を主要水源とし、谷の一方に堤を築きせき止める「湧水貯留型」溜池であると指摘されている（北山 二〇二二）。これらの調査成果は、「椎井」の湧水をせき止める麻呂の築堤方法を考えるうえで参考になる。

そして、天竜谷津の土手（地図中A）付近に麻呂の造築した椎井池の堤が存在した場合、麻呂の開田対象地は麻多智が湧水によって切り開いた場所と同じ、天竜谷津（地図中a）そのものであった可能性が高くなる。一般に山池の機能は、渇水期における用水の安定供給とともに湿田の乾田化の促進にあると考えられている。したがって、麻呂は関が説くように霞ヶ浦沿岸平野部の耕地を新たに開発したのではなく、麻多智が切り開いた谷戸の湿田を溜池により安定化させることを目的に池を造築したのではないだろうか。ただこれらの論点は、考古学・土壌学・地質学の総合的研究によってのみ検証しうることである。今後の当地域における調査の進展に期待したいと思う。なお、今回の現地調査には昭和女子大学附属高校教諭の細矢宣広氏に同行していただいた。末筆ながら謝意を表したい。

参考文献

関和彦『風土記と古代社会』塙書房、一九八四年

・『常陸国風土記』の史料批判と現地調査を通して、麻多智の谷の所在地を実証的に明らかにした基本文献。

増田寧『風土記ロマン　読む・歩く・見る「常陸国風土記」入門ノート』崙書房出版、二〇一七年

・『常陸国風土記』の諸条文をひもときながら現地を探訪した成果が記されており、フィールドワークの参考書として有益。

吉田晶『日本古代村落史序説』塙書房、一九八〇年

・『常陸国風土記』行方郡条にみえる開発記事を古代土地所有論のなかに位置づけた好著。古代村落史の基本文献でもある。

井上辰雄『常陸国風土記にみる古代』学生社、一九八九年

大町健『日本古代の国家と在地首長制』校倉書房、一九八六年

北山峰生「古代溜池の水源について」『考古學論攷　橿原考古学研究所紀要』四五、二〇二二年
関和彦『日本古代社会生活史の研究』校倉書房、一九九四年
三宅和朗『古代の人々の心性と環境　異界・境界・現世』吉川弘文館、二〇一六年

関連資料館等

①石岡市立ふるさと歴史館
②茨城県立歴史館
③常陸風土記の丘

①

②

③

丹後半島と神仙世界
――浦島子と天女説話の背景――

三舟隆之

一　浦島子説話

浦島子説話とは

今、浦島太郎の物語を知らない人はいない。子ども向けの絵本からテレビのＣＭまで、浦島太郎は人気者である。この浦島太郎の物語は、室町時代に成立した『御伽草子《おとぎぞうし》』にはじめて登場するが、実は平安時代に成立した『浦島子伝』や『続浦島子伝記』などをベースにしていると思われる（三舟　二〇〇九）。さらにこの物語のルーツは奈良時代の浦島子伝承で、『日本書紀』雄略二十二年七月条には「丹波国余社《よさ》郡の管川《つつかわ》の人、瑞江浦島子《みずのえのうらのしまこ》、舟に乗りて釣す。遂に大亀を得たり。便《たちまち》に女に化為《な》る。是に浦島子、感《たけ》りて婦にす。相逐ひて海に入る。蓬萊山《とこよのくに》に到りて、仙衆《ひじり》を歴《めぐ》り観る。語《こと》は別巻《ことのまき》に在り」とあって、瑞江の浦島子という人物が大亀を釣ったところ美女に化し、結婚して仙人たちの棲む蓬萊山に行ったとある。

また『丹後国風土記』逸文には同様に、与謝郡日置里《ひおきのさと》筒川村の日下部首《くさかべのおびと》らの先祖の筒川の島子が、ある日釣りに出て五色の亀を釣ったところ、亀が美女（亀比売）に化し、共に蓬萊山に向かい、結婚して楽しく過ごし三年が経つ。ある日故郷を思い出した島子は亀比売に別れを告げ、玉匣《たまくしげ》をもらって故郷に帰ったが、三百年が過ぎていることを知り、絶対開けるなと言われて渡された玉匣を開けると、芳蘭《かぐわ》しき姿が天空に飛び翔っていってしまい、亀比売とは二度と会えなくなった、という悲恋の物語がある。実はこの物語は、亀が美女に変身したり蓬萊山が登場するなど、中国の説話や道教の神仙思想の影響を受けたものである。古代人は不老不死の世界に憧れ、仙人になることを浦島子に仮託して夢見たのである。

浦島子説話の舞台

その浦島子説話の発祥地と考えられているのが京都府与謝郡伊根町字本庄浜の浦嶋神社で、目の前を筒川が流れ古代では良好な港である潟湖《せきこ》であったと思われる。『延喜式《えんぎしき》』にはすでに宇良《うら》神社の名前がみえるから、平安時代にはこの地で浦島子信仰が成立していたと思われる。

浦嶋神社には、鎌倉後期から南北朝時代に製作されたとされる「浦島明神縁起絵巻」があり、神社の宝物資料館では室町時代の亀甲紋玉櫛笥《たまくしげ》（玉手箱）のほか、「浦嶋明神縁起絵巻掛幅形式」も見ることができる。さらに丹後半島には、浦嶋神社のほかに網野町網野神社や島児《しまこ》神社、西浦福島神社などの浦島子を祀る神社があり、網《あ》野《み》銚《の》子《ちょう》山《し》古《やま》墳の脇には皺だらけになった浦島子が、自分の頬の皺をちぎって榎に投げつけたという皺榎《しわえのき》の伝承なども残る。

二　『丹後国風土記』逸文の天女説話

天女説話とは

天女説話とは、天女が天から舞い降りてきて水浴をしているところを見ていた男が天女の羽衣を隠し、そのた

真奈井の池

め天に帰れなくなった天女と男が結婚する。やがて二人の間に子供が生まれるが、その後子供が羽衣のありかを教えて天女は羽衣を見つけ出し、天に還ってしまうというモチーフで、白鳥処女説話として世界各地に分布する。その中国の天人女房説話が日本に伝わり、七夕説話として今も年中行事として残る。

『丹後国風土記』逸文の天女説話の内容は、丹後国丹波郡比治《ひじ》里の比治山の頂上に真奈井《まない》と呼ぶ井があり、ここに天女が八人降りてきて水浴びをしていた。それを覗いて見ていた老夫婦が、そのうちの一人の天女の羽衣を隠す。天に帰れなくなった天女は老夫婦の子供となり酒を造るが、この酒は万病を治すというので老夫婦の家は繁栄する。金持ちになった老夫婦はやがて天女を追い出し、天女は悲しみながら比治里荒塩村、丹波里哭木《なきき》村などを流浪し、最後には竹野《たかの》郡船木里奈《な》具《ぐ》村に落ち着いて、奈具神社の豊宇賀能賣命《とようかのめのみこと》（食物神・豊饒の神、豊受大神）となるという、地名由来説話を含む説話である。

この豊受大神は現在、伊勢神宮外宮に祀られることで有名であるが、元々は京都府宮津市にある式内社の籠《この》神社の奥宮に鎮座していたといわれている。宮司家には海部《あまべ》氏系図が伝わり、古代氏族研究にとっての重要な史料となっている。付近には丹後国分寺跡が残るが、現在目にする遺構は中世のものである。

舞台となった比治里は『和名抄《わみょうしょう》』にはみえないが、『延喜式』には丹後国丹波郡に比沼麻奈為《ひぬまない》神社がある。比治山に比定されている山のひとつが磯砂山《いさなごさん》で、頂上付近に真奈井の池があり、頂上には天女のレリーフがあるが、磐座《いわくら》とおぼしき岩があり、古代から祭祀の場であったことが想定される。現在は整備されてハイキングコースになっており、山の頂上からは日本海や天橋立まで眺望できる。「熊出没注意」の看板が気にならなければ、登ることをおすすめする。

『丹後国風土記』逸文では、天女は降臨した比治山の真奈井から比治里に留まり、その後老夫婦に追放されて荒塩の村へ、さらに丹波里の哭木の村にたどり着き、最後に竹野郡船木里の奈具村で留まる。比治里は京丹後市峰山町久次に所在する比治麻奈為神社付近、哭木村は峰山町内気にある名木神社付近、奈具村は京丹後市弥栄《やさか》町舟木字奈具に所在する奈具神社に比定される。実はこれは、磯砂山を中心とする鱒留《ますどめ》川から竹野川の流域の順番に地名・神社が展開してこの説話はできている。在地の地名とその位置を理解していなかったら、この順に説話を創作することはできないであろう。少なくともこの天女説話の創作者は、中国の説話と在地の状況に詳しい者であろう。

三　丹後地域の古代遺跡

中国的な遺物の出土

では、なぜこの丹後地域に中国の影響を受けた浦島子と天女の説話が存在するのか、その舞台となった丹後地域について歴史的背景を考えたい。

弥生時代前期の大集落である峰山町途中《とちゅう》ヶ丘《がおか》遺跡や扇谷《おうぎだに》遺跡、丹後町竹野遺跡からは大陸系の陶塤《とうけん》（土笛）が出土している。久美町函石浜《はこいしはま》遺跡からは、中国の新（西暦八～二三年）の「貨泉」と呼ばれる貨幣が出土した。弥生時代中期の弥栄町奈具岡遺跡からも、中国から輸入されたと思われるカリガラスや鉛ガラスから作られた勾

丹後半島の関連遺跡

玉などの破片も見つかっており、中国大陸との交流が存在していたと思われる。峰山町桃谷《ももだに》古墳からも、漢代で流行したガラス製の耳璫《じとう》が出土している。

卑弥呼より古い鏡

古墳時代前期（四世紀）の築造と推定される弥栄町・峰山町大田南五号墳からは、中国の魏の年号である「青龍三年」（二三五年）の紀年銘をもつ方格規矩四神鏡が出土した。青龍三年は邪馬台国の女王卑弥呼が魏に遣使する三年前にあたり、卑弥呼が中国の魏から「親魏倭王」の称号をもらう前に、この地域の王が中国との交渉を行っていた可能性も考えることができる。

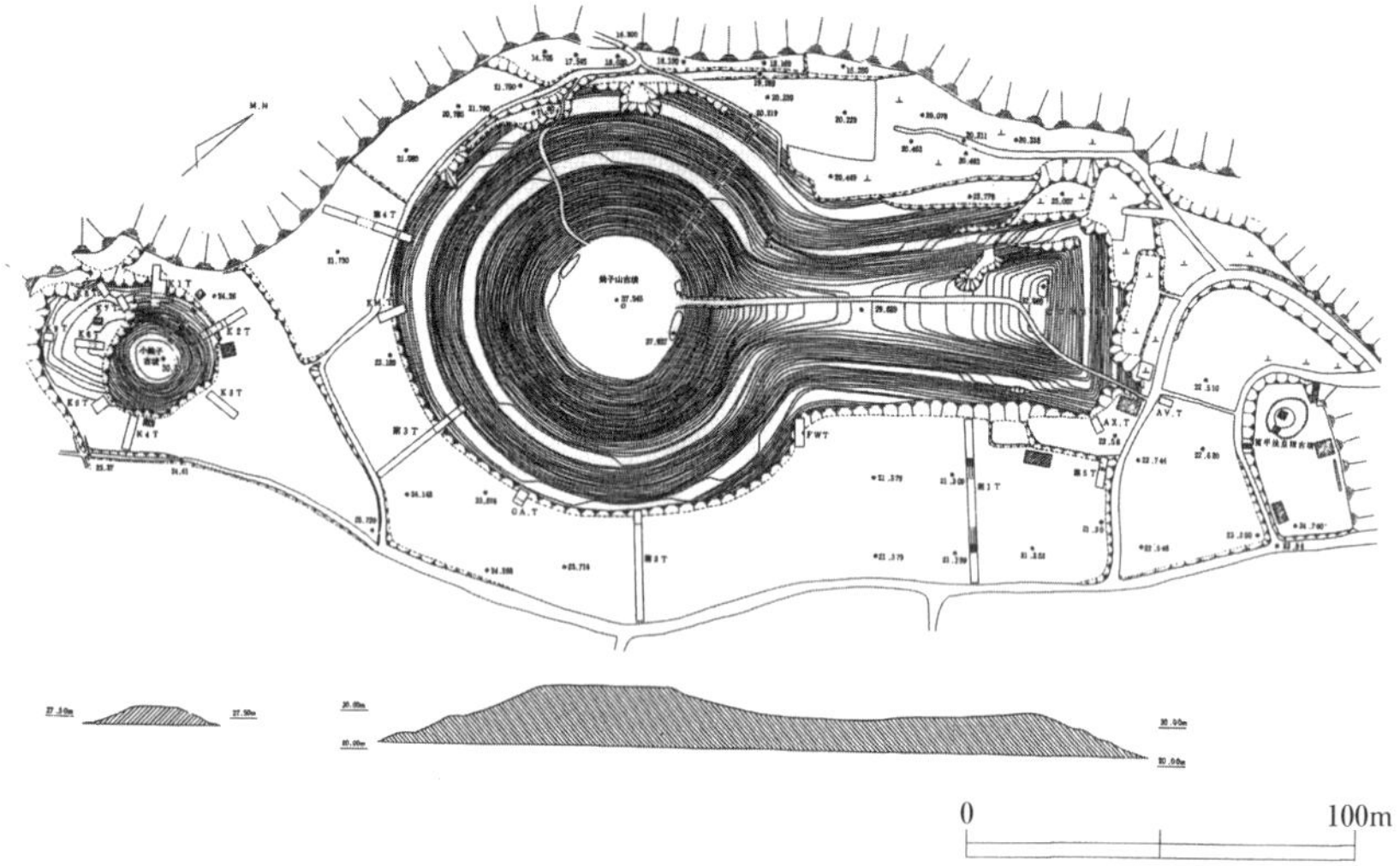

網野銚子山古墳測量図（『網野銚子山古墳範囲確認調査報告書（京丹後市文化財調査報告書第4集）』京丹後市教育委員会，2010年）

大型前方後円墳の出現

丹後地域には広大な平野がみられないにもかかわらず、丹後半島北部へ流れる竹野川河口部には式内社の竹野《たかの》神社が所在し、全長一九〇メートルの巨大前方後円墳である神明山《しんめいやま》古墳が存在する。墳丘からは舟を漕ぐ人物が描かれた円筒埴輪が出土しており、日本海に面している立地から考えると興味深い。福田川流域の網野銚子山古墳は全長二〇〇メートルの前方後円墳で、京都府はもちろん日本海沿岸部で最大の前方後円墳である。出土する埴輪や墳形から神明山古墳は五世紀初頭、網野銚子山古墳は五世紀前半の成立と考えられる。このほか与謝野町には全長一四五メートルの蛭子山《えびすやま》古墳を中心とする、円墳・方墳からなる作山《つくりやま》古墳群があり、丹後型円筒埴輪という丹後独自の埴輪が存在し、独自の古墳文化を形成していた。

丹後王権と大和王権

記紀には開化《かいか》天皇の后に竹野比売という名がみえ、崇神《すじん》天皇が派遣した四道将軍丹波道主命《たにはのみちぬしのみこと》の五人の娘が垂仁《すいにん》天皇の后となるという伝承があり、大王家と婚姻関係を結ぶほど強力な勢力を誇っていたことが知られる。さらに垂仁天皇八十七年条には八尺瓊勾玉《やさかにのまがたま》の神宝献上の記事がみられ、大和王権が大陸からの交易品を得る丹後ルートを手中におさめたことを示唆する。網野銚子山古墳の前面には旧浅茂川湖があり、神明山古墳のある竹野川河口にも竹野湖があった。このような海と砂丘で隔てられた水域を潟湖と呼び、古代においては天然の良港であった。浦島子説話の「水の江」とは、まさしくこの潟湖のことであろう。すなわち日本海をルートとする交易による経済力が、この丹後地域の首長の権力基盤になっていたと考えられる。丹後地域の弥生時代の大形墳墓を築造した首長や古墳時代の大型古墳を造営した首長は、大和王権とは別に中国・朝鮮半島や九州・出雲・北陸地域などとの独自な交易ルートを確保していたのではなかろうか。この潟湖の周辺に自然と人が集住して、交易によって富が蓄積され、その地域が繁栄していった。

中国の影響を受けた浦島子と天女説話が『丹後国風土記』逸文に残る背景には、このような弥生・古墳時代からの潟湖を中心とする、中国・朝鮮半島や日本海ルートの海上交易が背景に存在したことが想定される。天女説話も、外来の先進技術であった酒造りに携わる集団が存在し、それが天女像として投影されていったのではなかろうか。

「舟を漕ぐ人」を描いた線刻埴輪（神明山古墳出土）

参考文献

下出積與『古代神仙思想の研究』吉川弘文館、一九八六年

・中国の道教の神仙思想が日本で受容され、浦島子や天女の説話に展開することを明らかにした基本的研究書。

三舟隆之『浦嶋太郎の日本史』吉川弘文館、二〇〇九年
・奈良時代に成立した浦島子説話が中世の浦島太郎になり、現在の昔話になるまで、その時代背景とともに解説した日本思想史。
三舟隆之「『丹後国風土記』逸文と天女説話」倉本一宏・小峯和明・古橋信孝編『説話の形成と周縁　古代篇』臨川書店、二〇一九年
・各地に伝わる天女説話を紹介し、『丹後国風土記』にみえる天女説話が丹後地域で成立したことを述べる。
高木敏雄・大林太良編『増訂　日本神話伝説の研究2』平凡社、一九七四年
瀧音能之・三舟隆之『丹後半島歴史紀行　浦島太郎伝説探訪』河出書房新社、二〇〇一年
中田千畝『浦島と羽衣』坂本書店出版部、一九二六年
三浦佑之『浦島太郎の文学史　恋愛小説の発生』五柳書院、一九八九年

関連資料館等

①浦嶋神社
②京丹後市立丹後古代の里資料館
③ふるさと丹後ミュージアム（京都府立丹後郷土資料館）
④与謝野町立古墳公園はにわ資料館

①

②

③

④

『懐風藻』と神仙世界
——吉野を歩く——

水口幹記

よき人のよしとよく見てよしと言ひし　吉野《よしの》よく見よよき人よく見つ

この歌は、天武天皇が吉野宮に行幸《ぎょうこう》した際に詠んだとされる歌であり（『万葉集』巻一―二七）、山水の豊かな吉野の自然を見ることで、吉野に集う全ての人が「よき人」として生まれ変わることを祝福している。『万葉集』には他にも多くの吉野を詠んだ歌が収載されていて、持統天皇が吉野宮に行幸した際に、天皇を神のなかの神と賛美した柿本人麻呂の吉野讃歌（巻一―三八）は代表作の一つである。

吉野を題材としたのは、和歌だけではない。漢詩も多く詠まれている。天平勝宝三年（七五一）に編纂された現存最古の漢詩文集『懐風藻《かいふうそう》』には、吉野詩と称される吉野を扱った詩群がある。全部で十七首あり、その多くが、吉野宮や山・川（水）を詠んでいる。

一　吉野宮とその歴史

史料上の吉野宮

吉野宮の史料上の初見は、『日本書紀』斉明《さいめい》天皇二年（六五六）是歳条である。斉明天皇は、飛鳥を中心として数々の造営事業を行った。自らが住む後飛鳥岡本宮《のちのあすかおかもとのみや》をはじめ、田身嶺《たむのみね》に垣をめぐらせその嶺上に両槻宮《ふたつきのみや》

『懐風藻』の吉野詩

	歌番号	作　者	タ イ ト ル	形　式
1	11	葛野王	遊龍門山	五言四句
2	31	藤原史	遊吉野	五言八句
3	32	藤原史	遊吉野	五言八句
4	45	中臣人足	遊吉野宮	五言八句
5	46	中臣人足	遊吉野宮	五言四句
6	47	大伴王	従駕吉野宮　応詔	五言八句
7	48	大伴王	従駕吉野宮　応詔	五言四句
8	72	紀男人	遊吉野川	七言四句
9	73	紀男人	扈従吉野宮	五言八句
10	80	吉田宜	従駕吉野宮	五言八句
11	83	大津首	和藤原大政遊吉野川之作	五言八句
12	92	藤原宇合	遊吉野川	五言十二句
13	98	藤原万里	遊吉野川	五言八句
14	99	丹墀広成	遊吉野山	五言八句
15	100	丹墀広成	吉野之作	七言四句
16	102	高向諸足	従駕吉野宮	五言八句
17	119	葛井広成	奉和藤太政佳野之作	五言八句

＊歌番号は岩波古典文学大系本による.

（天宮《あまつみや》とも称された）を築き、香山《かぐやま》の西から石《いその》上《かみ》山まで渠《みぞ》を掘った。その渠を当時の人々は「狂心渠《たわぶれごころのみぞ》」と呼んだ。これらはのちに有間《ありまの》皇子《みこ》が蘇我赤兄《そがのあかえ》に謀反を打ち明けたときに、天皇の失政として挙げられている（同四年十一月）。この是歳条の終わりに「又た吉野宮を作る」とみえるのである。そして、有間皇子事件収束後の五年三月一日、斉明天皇は吉野へ行き饗宴《きょうえん》を催した。斉明が吉野へ赴いた記録はこの一回だけだが、中大兄皇子《なかのおおえのみこ》や大海人皇子《おおあまのみこ》らが吉野宮を訪れたことは想定してよい。

天智十年（六七一）十月、大海人皇子は即位の意思がないことを兄天智に示すため、出家をし、家族とともに吉野の地へ移った。このとき入った吉野宮は、斉明朝に造営されたものであろう。天智の死後、大海人は吉野宮を発ち挙兵をし、天智の子の大友皇子《おおとものみこ》擁する近江方との戦端を開いた。壬申の乱である。勝利を収めた大海人は即位し天武天皇となった。天武八年（六七九）五月、鸕野皇女《うののひめみこ》（のちの持統天皇）との子草壁皇子《くさかべのみこ》を皇位継承者とするためのいわゆる「吉野盟約」を行うために、天武は他の五皇子らをひきつれ吉野を訪れている。

もっとも吉野宮を訪れたのは持統天皇で、在位中に計三十一回もの行幸をしている（譲位後は一回）。理由として、「聖なる吉野の山と川」に対する信仰の存在であるとか、天武系天皇の絶対性を演出するためであるとか、諸説はあるが、行幸が和歌や漢詩を生み出す契機であったことは間違いなく、文学生成の場としての吉野の重要性がクローズアップされよう。なお、その後は文武が二回、元正・聖武がそれぞれ一回吉野を訪れている。

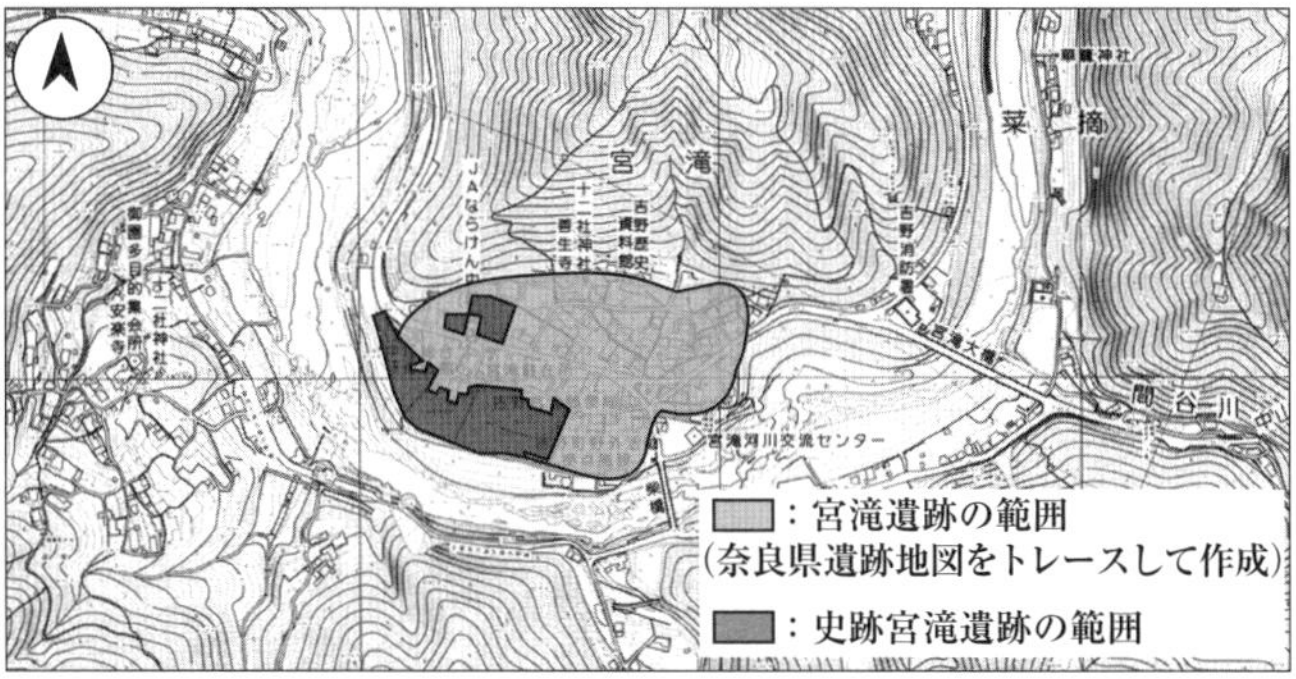

宮滝遺跡・史跡宮滝遺跡の範囲（吉野町作成，一部改変）

宮滝遺跡

吉野宮の比定地とされているのが、奈良県吉野郡吉野町宮滝《みやたき》に所在し、紀伊半島を東西に横断する吉野川の上流域北岸の河岸段丘上に立地する、国指定史跡の宮滝遺跡である。遺跡は、①七世紀半ば（斉明期頃）、②七世紀後半から八世紀初め（天武・持統期頃）、③八世紀前半から中頃（元正・聖武期頃）、④平安期と大まかに分けられ、①②の遺構は重なる部分も多く、まとめて一期とみることもできる。さらに、近年の発掘により③でも複数の時期変遷があったことが判明しており、吉野宮が細かく整備されていたことが考えられる。

遺跡からは、ここに建物群があったことがわかっている。まず、四面庇《ひさし》建物の大型の東西棟（SB4101）があり、これが吉野宮の正殿であると考えられている。北側には後殿と思われる東西棟があり、さらにSB4101を中心に南南西と南南東にそれぞれ東西棟が存在する。これらは脇殿であろう。通常脇殿は南北に長い建物であるが、ここは東西棟となっており特徴的である。また、後殿の北側に広大なスペースが広がっていることが明らかとなっており、この場所にも何らかの施設があった可能性がある。

　そして、何よりこの建物群が吉野川から二〇《メートル》程度しか離れていないという点が注目される。吉野宮では川のせせらぎの音が聞こえ、周囲の山々を見渡すことのできる環境であったのである。この風景が和歌や漢詩を生み出していた。

二　吉野詩

中臣人足「吉野宮に遊ぶ」

　一例として、中臣人足《なかとみのひとたり》の詩（四五）をとりあげよう（以下、引用などは江口　二〇〇〇、辰巳　二〇一一などを参照）。

　惟山且惟水　惟《こ》れ山にして且《か》つ惟れ水（山といえば吉野、川といえば吉野川）
　能智亦能仁　能《よ》く智にして亦《ま》た能く仁《じん》なり（山水は智者と仁者の求め友とするもの）
　万代無埃所　万代《ばんだい》　埃《ちり》の無き所にして（吉野は古来ちり汚れの無いところ）
　一朝逢柘民　一朝　柘《しゃ》に逢ひし民あり（はからずも美稲《うましね》が柘姫に逢ったところ）
　風波転入曲　風波　転《いよよ》曲に入り（風や波が音曲の中に入り込み）
　魚鳥共成倫　魚鳥　共に倫《とも》を成す（魚や鳥も友となって遊ぶ）
　此地即方丈　此の地　即ち方丈《ほうじょう》（この地はまさに方丈の山）
　誰説桃源賓　誰が説かん桃源《とうげん》の賓《ひん》（今更誰が桃源郷の客の話をするであろうか）

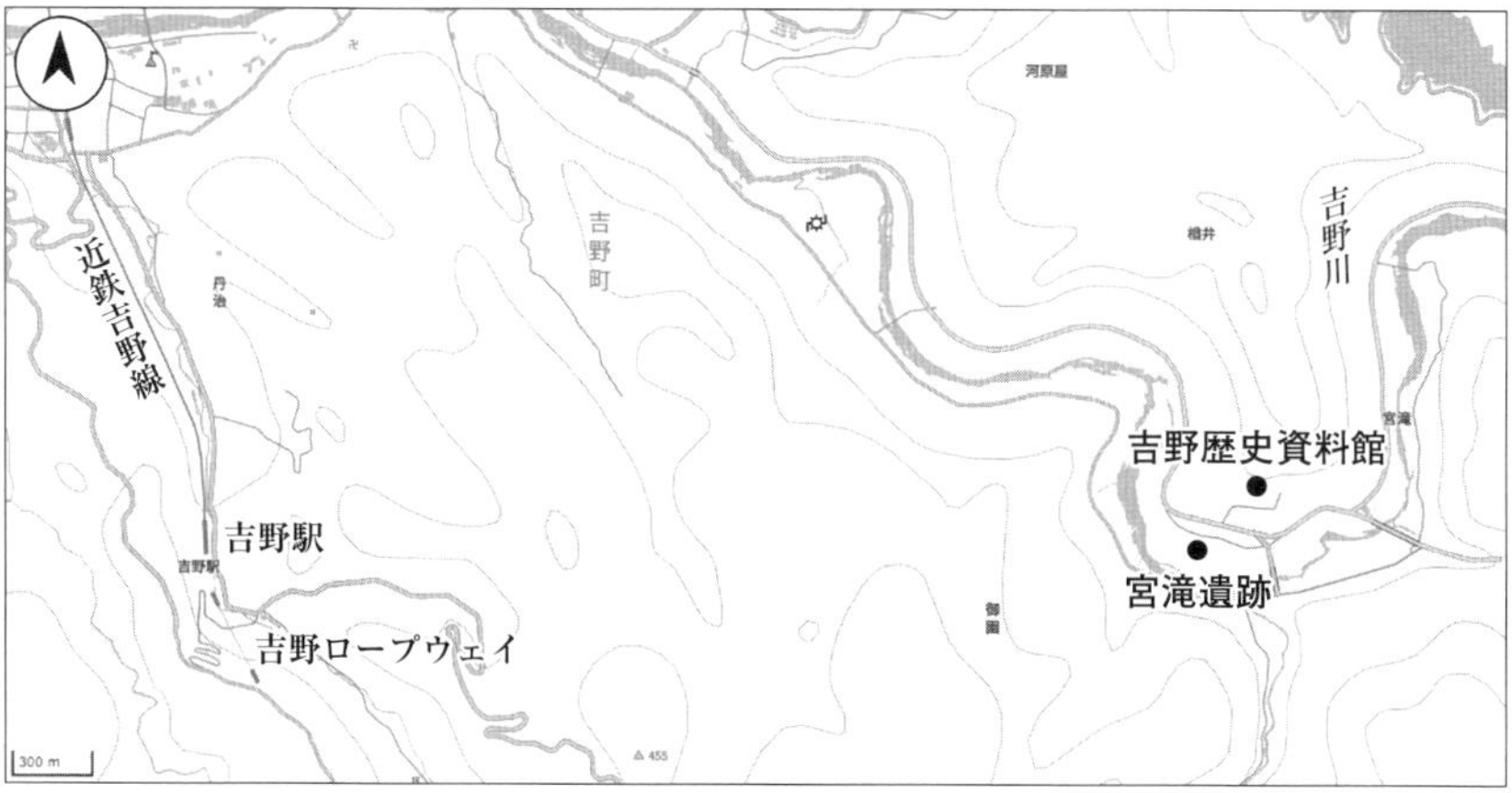

吉野宮比定地（宮滝遺跡）

人足は生没年未詳であるが、従四位下左中弁兼神祇伯として五十歳で亡くなっている。養老五年（七二一）に正五位上であったことがわかるので、その後従四位下へ昇叙されたのであろう。いずれにせよこの時期の人物である。

吉野詩のモチーフ

本詩には吉野詩に共通するモチーフが複数みられる。冒頭二句で「山水」「智仁」が詠み込まれる。これには出典がある。『論語』雍也《ようや》篇「知者は水を楽しみ、仁者は山を楽しむ」である。この箇所は藤原万里《まろ》の釈奠《せきてん》詩（『懐風藻』九七）でも引用され、人口に膾炙しており、誰もが理解できる語句であった。つまり、吉野川や山々という眼前に広がる風景を詠んだこの二句には、底流には儒教的観念が存在しているのである。「智水仁山」を詠み込んだ詩は天皇臨席の場で詠まれた作品が多く、山水を楽しむ天皇の徳を讃えていることになる。それを受けた三句目冒頭の「万代」は天皇の御代の永遠性も含意していよう。ただし、『論語』原典を離れて、中国六朝期の独自の展開（老荘思想との融合）の影響もあったとされている。

第四句の「一朝逢柘民」は柘枝《つみのえ》伝説をモチーフにしている。

それは、吉野川上流から流れてきた柘の枝を漁夫の味稲《うましね》が拾うと、枝が美女と化し、味稲と結婚した後昇天したというストーリーであり、人間の味稲と神仙の美女との異類婚姻譚《いるいこんいんたん》となっている。この話の背景には中国の神仙思想が影響していると思われるが、ベースには神武《じんむ》天皇の国栖《くず》の舞奏上や雄略《ゆうりゃく》天皇の吉野童女の舞奏上などの伝統的発想があり、それを中国的に解釈し直して融合したものだと考えられている。

最終句の「桃源」は、陶淵明《とうえんめい》「桃花源記《とうかげんき》」に代表される俗界を離れたユートピア＝桃源郷《とうげんきょう》であることは明らかであろう。この語句だけで、吉野を神仙境と描くことは可能であり、第七句「方丈」（蓬莱《ほうらい》・瀛洲《えいしゅう》とともに仙人が住む島とされた東方の三神山の一つ）も同様の作用をもたらしている。

「神仙境」の成り立ち

吉野は、一般的に幽玄な雰囲気をもつ神仙境と理解されることが多い。それは第一に吉野の地そのものがもつ自然の神秘性によることは、当地を訪れた者ならば理解できよう。しかし、そういったイメージも実は漢詩や和歌で表現された世界観に影響されているのである。しかも、単純に神仙が住む場所というだけでなく、さまざまなモチーフが絡み合いながら形成された「神仙境」なのである。我々はそれを直接的・間接的に読み、吉野＝神仙境と単純に考えてしまうが、実は奥深い成り立ちをもっているのである。

では当時の官人たちは吉野＝神仙境をどのようにとらえていたのであろうか。『懐風藻』には吉野詩以外にも神仙思想や隠遁《いんとん》者への憧れを詠んだ歌が多くみられ、俗世を離れる隠遁への憧れを吐露する。藤原宇合《うまかい》の吉野詩（九二）にも清談で有名な竹林七賢《ちくりんのしちけん》の阮籍《げんせき》や嵇康《けいこう》が詠み込まれている。しかし、吉野詩詠者の多くは高位高官をもった者たちである。不遇をかこつもそれは竹林七賢とは決して同一ではない。吉野詩については、実は山水についても具体的な描写は少なく多分に観念的であることが指摘されている。宇合詩も、あくまでも現実世界において俗世の価値観を脱して生きることの理想を表現したものともとらえられ、宇合をはじめ官人にとっては、吉野行きは非現実世界への逃避ではなく、吉野は現在でいう「避暑地」的な存在の側面もあったのかもしれない。

参考文献

辰巳正明『懐風藻全注釈（新訂増補版）』花鳥社、二〇二一年

・最新の『懐風藻』注釈書。漢籍出典の注釈が詳細である。ただし、携帯には、文庫本の江口孝夫訳注『懐風藻』（講談社、二〇〇〇年）がおすすめ。

古代吉野を見直す会『神仙境吉野の謎に迫る―壬申の乱と修験道の誕生―』京阪奈情報教育出版、二〇二〇年

三舟隆之「吉野の宗教的環境―神仙境と山寺―」『万葉古代学研究年報』二一、二〇二三年

・この二篇は、本章で触れなかった比曽寺や龍門寺、金峯山など吉野の宗教施設ほか関連個所を紹介しており、旅のお供に最適である。

多田一臣「『懐風藻』吉野詩の一面―漢詩文と和歌―」西宮一民編『上代語と表記』おうふう、二〇〇〇年

辰巳正明「人麻呂の吉野讃歌と中国遊覧詩」『万葉集と中国文学』笠間書院、一九八七年

土佐朋子「藤原宇合「遊吉野川」詩の論―現実世界としての吉野―」『古代研究』四三、二〇一〇年

中東洋行「奈良県吉野町宮滝遺跡の第69次・70次調査の成果」『条里制・古代都市研究』三六、二〇二一年

西本昌弘「天武・持統天皇の吉野行幸と宮滝遺跡」『上代文学』一二五、二〇二〇年

波戸岡旭「吉野詩考―「智水仁山」の典故を中心に―」『上代漢詩文と中国文学』笠間書院、一九八九年

和田萃「持統女帝の吉野宮行幸」『日本古代の儀礼と祭祀・信仰』下、塙書房、一九九五年

関連資料館等

吉野歴史資料館

『万葉集』を歩く

井上さやか

『万葉集』は七〜八世紀の和歌を収載し、全二十巻四千五百余首の歌から成る、現存する日本最古の歌集である。少なくとも六三〇年頃から約百三十年間にわたって詠まれた歌が残されており、飛鳥（奈良県明日香村）・藤原（同橿原市）・平城（同奈良市・大和郡山市）に都が置かれた時代に相当する。奈良時代の朝廷の勢力範囲に合致する、現在の宮城県から鹿児島県にいたる広範囲の地名が歌に詠まれており、言及すべき故地も多いが、ここでは、律令国家形成の中心であった飛鳥・藤原の地を紹介したい。

一　『万葉集』のなかの飛鳥

飛鳥と明日香

「飛鳥」は現在の明日香村の大字名の一つだが、一般的には飛鳥《あすか》浄《きよ》御《み》原《はら》宮《のみや》などの歴代の宮名として認識されている。一方、現在の「明日香村」の村名は、昭和三十一年（一九五六）に旧高市郡阪合村・高市村・飛鳥村が合併した際に採用された。「飛鳥」は『日本書紀』などにみられる表記であり、『万葉集』においては「阿須可」「安須可」などの一字一音表記を除くとむしろ「明日香」と表記される場合が多い。

独自の文字をもたなかった古代日本語は、古代中国語の文字であった漢字を用いて自国語を書き記す工夫をした。『万葉集』も全て漢字で書かれており、漢字の意味にかかわらず発音だけを示す一字に一音をあてた表記の仕方は、『古事記』『日本書紀』や木簡などにもみられるがとくに『万葉集』に用例が集中することから「万葉仮名」と呼ばれ、ひらがなやカタカナのルーツともいわれている。漢字仮名交じりの書き下しではなく、漢字本文を刻んだ万葉歌碑も多い。散策の際にはそうした歌碑にも注目してみてほしい。

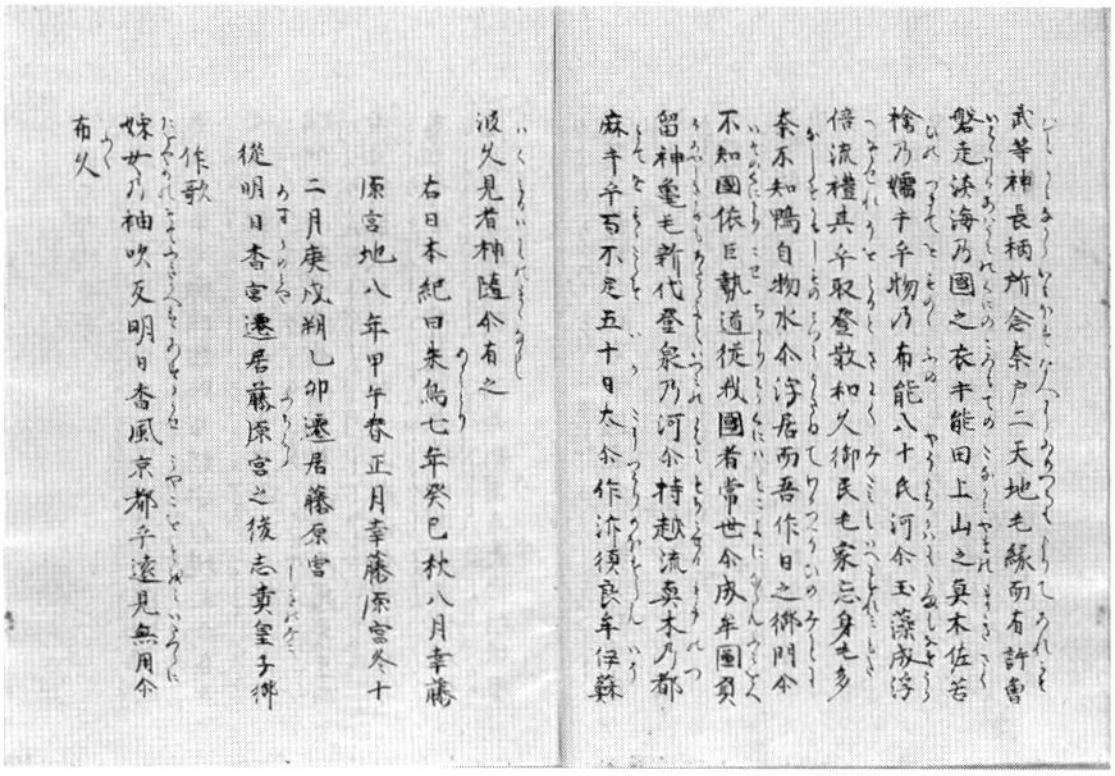

『万葉集』平仮名傍訓本（写本，江戸時代，奈良県立万葉文化館所蔵）

二つの万葉歌碑

飛鳥岡本宮・飛鳥板蓋宮《いたぶきのみや》・後飛鳥岡本宮・飛鳥浄御原宮といった歴代の天皇の宮が営まれた地は、現在「飛鳥宮跡」として国の史跡に指定されている。志貴《しき》皇子が藤原京遷都後にその飛鳥の地を詠んだ歌は有名である。

明日香宮より藤原宮に遷居《うつ》りし後に、志貴皇子の作りませる御歌

采女《うねめ》の袖吹きかへす明日香風都を遠みいたづらに吹く（巻一—五一）

采女とは天皇の身の回りの世話などに従事した才色兼備の女官を指し、高松塚《たかまつづか》古墳壁画の女性たちのような、袖の長い服を着ていたようである。その袖を吹き翻す明日香の風は、都が遠くなってしまったのでむなしく吹いているという歌である。

飛鳥宮と藤原宮とはせいぜい五キロ程しか離れていない。藤原京は

日本初の中国式都城であり、飛鳥諸宮が営まれた時代とは根本的に異なる体制となったことから、実際の距離感ではなく、心理的な隔世の感を表現したのではなかったかといわれている。

なお、この歌の歌碑は甘橿丘《あまかしのおか》（甘樫丘）中腹と飛鳥宮跡の二ヵ所にある。前者は、甘橿丘の頂上にホテル建設の計画が持ち上がり、運動の末に現在の景観が保全された際のモニュメントであり、後者は考古学の研究成果により宮の比定地が刷新された結果である。

万葉歌碑（犬養孝揮毫，甘橿丘中腹）

飛ぶ鳥のあすか

和銅三年庚戌の春二月、藤原宮より寧楽宮《ならのみや》に遷《うつ》りましし時に、御輿《みこし》を長屋《ながや》の原に停《とど》めて迥《はる》かに古郷《ふるさと》を望みて作れる歌〈一書に云はく、太上天皇の御製といへり〉

飛鳥《とぶとり》の明日香《あすか》の里を置きて去《い》なば君があたりは見えずかもあらむ（巻一―七八）

この歌は、平城宮へ遷る際に詠まれた歌とある。作者名は題詞に記されていないが、細注に「太上天皇（おほきすめらみこと）の御製（おほみうた）」とあり、はじめて生前譲位した持統天皇の歌とも伝わっていたことがわかる。その場合は持統没年（七〇二年）以前の歌であり、歌中の「君があたり」とは天武天皇陵のことを指したとみられている。現在は天武・持統合葬陵として知られる陵墓であり、近年整備された牽牛子塚《けんごしづか》古墳などとともに、特徴的な八角形の王墓は一見の価値がある。

古代日本の歌は、文字ありきではなく口承の文学として成立した。その名残は枕詞と呼ばれている修辞方法などにみられる。枕詞とは特定の語を修飾するいわば決まり文句であり、現代語に訳し難く語調を整えるだけの意味のない言葉として処理されてしまうことすらあるが、本来は聞き手のイメージを喚起し重層性をもたらす古代の歌に特徴的な技法であったとみられる。この歌の「飛ぶ鳥の」は、鳥がたくさん飛ぶ地を象徴していたとみられ、鳥の餌となる生物が豊富に棲息し、人間にとっても豊かな恵みをもたらす土地であることを表現していたと思われる。アスカの地を象徴する言葉が「飛ぶ鳥」であり、「飛ぶ鳥」といえばアスカの地が連想されるまでに歌の表現が定着してはじめて、アスカを「飛鳥」という文字列で表せるようになる。

「飛鳥」と明記された現存最古の木簡が、天武天皇の時代に最古の鋳造銭である富本銭を造っていた飛鳥池工房遺跡（奈良県立万葉文化館）から出土している。

故郷のあすか

平城遷都後には、飛鳥は「故郷」と表現された。

　　大伴坂上郎女の、元興寺の里を詠める歌一首
故郷《ふるさと》の飛鳥《あすか》はあれどあをによし平城《なら》の明日香《あすか》を見らくし好《よ》しも（巻六―九九二）

世界遺産である元興寺《がんごうじ》極楽坊は、平城京に飛鳥寺（元興寺・法興寺《ほうこうじ》）を移築したものであり、屋根の一部に飛鳥時代の瓦が葺かれていることで知られる。飛鳥が故郷であるという認識は、歴代の天皇の宮が営まれた記憶にもとづくと考えられる。『万葉集』の実質的な幕開けが飛鳥岡本宮で政治を行った舒明天皇の歌からであり、『古事記』（七一二年成立か）はその序文において編纂の契機を天武天皇の発言に求め、『日本書紀』（七二〇年成立）は飛鳥浄御原宮で政治を行った最後の天皇である持統天皇をもって閉じていることをみても、奈良時代の人々にとって飛鳥が格別な意義をもつ地であったことは疑いえない。

同じく奈良時代に活動した山部赤人《やまべのあかひと》も、聖武天皇代に飛鳥をたたえる長歌を残している。「……明日香の　旧《ふる》き京師《みやこ》は　山高み　河雄大《かわとおしろ》し……」（巻三―三二四）と、現実には存在しない高々とそびえる山や雄大な川を表現したのは、中国文学の表現を学びそれを倭語化して理想の景を表現したものと考えられる。

二　『万葉集』のなかの藤原京

天の香具山と四季のめぐり

天武天皇の遺志を継いだ持統天皇は、持統天皇八年（六九四）に藤原京に遷都した。藤原京は日本初の中国式都城であり、中央集権国家という新しい政治理念を具現化した碁盤の目状の街並みが築かれた。作者未詳の「藤原の御井の歌」（巻一―五二）には、東の香具山、西の畝傍山、北の耳成山、そしてはるか南の吉野山が守る、清らかな水が湧いている場所を都としたと表現されている。『日本書紀』に四神相応の地とあることにも合致し、新しい都の誕生を祝いその繁栄が末永く続くことを祈願したといえる。

大和三山の一つである香具山を詠んだ持統天皇の歌も有名である。

天皇の御製歌

春過ぎて夏来《きた》るらし白栲の衣乾したり天の香具山（巻一―二八）

春も終わり夏がやってきたらしい、と香具山に乾された純白の衣を見て夏の到来を知る歌である。文字通り理解すれば山に乾された白い衣を見たということになるが、白い花や冬の雪のたとえだという説もある。この歌は季節を詠んだ最古の歌とされ、中国式の暦が導入されたのが持統天皇代であったことと呼応しており興味深い。古代中国では、四季が滞りなくめぐることが為政者の徳を示すと考えられていた。春が終わり順当に夏がやって

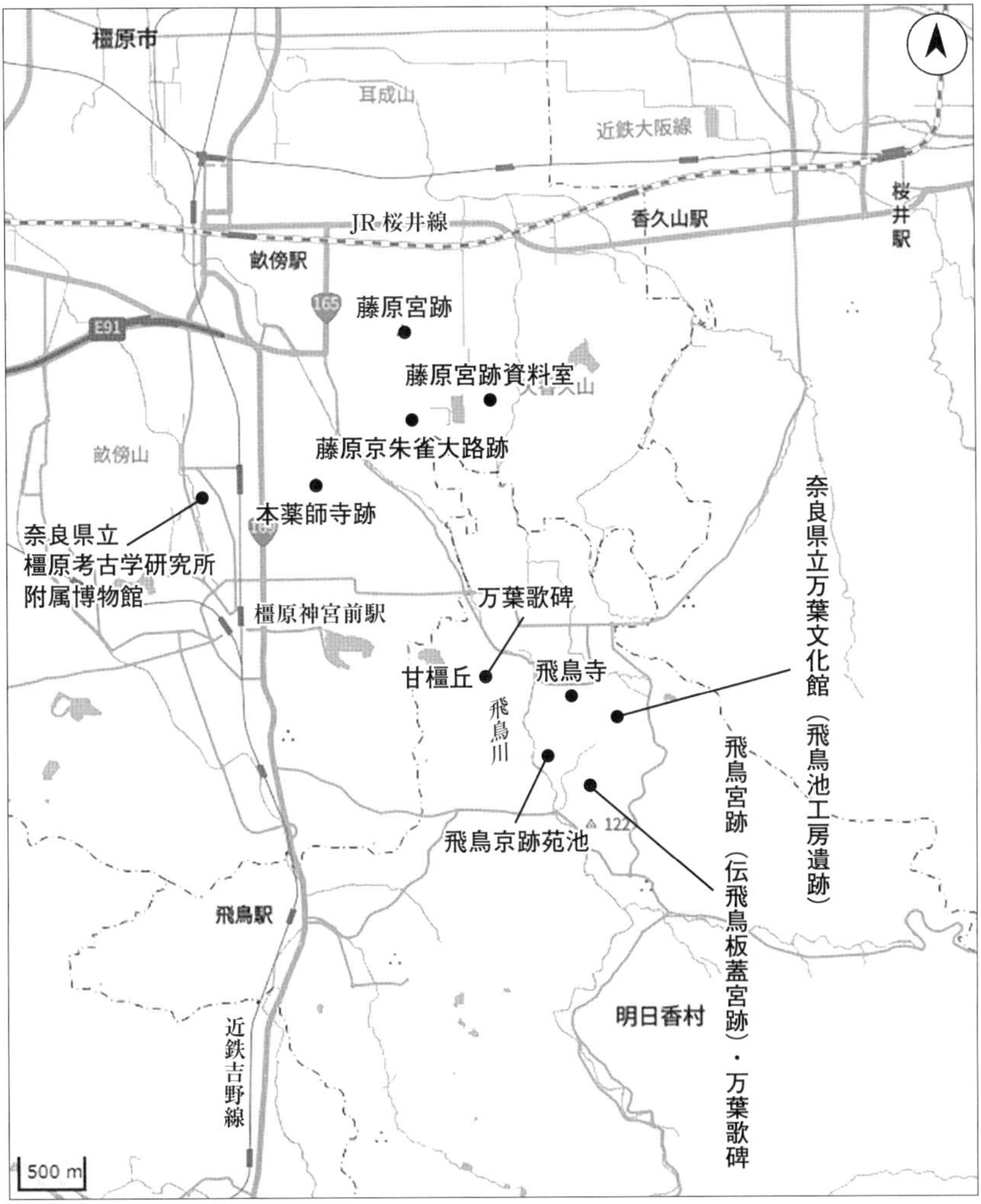
橿原市
耳成山
近鉄大阪線
JR桜井線
香久山駅
桜井駅
畝傍駅
藤原宮跡
藤原宮跡資料室
天香久山
藤原京朱雀大路跡
畝傍山
本薬師寺跡
奈良県立
橿原考古学研究所
附属博物館
橿原神宮前駅
万葉歌碑
甘樫丘
飛鳥寺
飛鳥川
奈良県立万葉文化館（飛鳥池工房遺跡）
飛鳥宮跡（伝飛鳥板蓋宮跡）・万葉歌碑
飛鳥京跡苑池
飛鳥駅
明日香村
近鉄吉野線
500 m

飛鳥周辺地図

きたと詠むことは、そうした思想にもとづいた言祝《ことほ》ぎであったとも考えられる。

香具山だけが「天の」という修飾語をともなうのは、特別に神聖視されていたゆえと考えられている。舒明天皇の歌（巻一―二）は香具山から「国見」の儀礼を行ったとあり、『釈日本紀』所収の「伊予国風土記逸文」には、『古事記』や『日本書紀』にみえる天上世界の山が地上に落ちてきたという伝承もみえる。しかし、美しい三角錐の耳成山や、見る位置によって形を変える畝傍山に比べて、香具山の山容は意外なほどに地味で、標高も一五〇メートル《メートル》程である。

古代日本文化の国際性

『万葉集』は異なる言語が交錯することで育まれたものであった。文学だけでなく、政治や宗教やものづくりの技術なども、現在の中国や韓国、さらに遠い国や地域からもたらされたものが数多くある。歴史書や詩歌集を編むという発想も、当時の国際社会のなかで自覚された意識にもとづくと考えられる。

言葉の文化遺産である『万葉集』を片手に、古代の人々の足跡をたどってみていただければ幸いである。

📖 参考文献

飛鳥学冠位叙任試験問題作成委員会『飛鳥への招待』中央公論新社、二〇二一年

・考古学・歴史学・文学・民俗学の研究者らが、飛鳥に関する六十四のトピックについてわかりやすく解説した本。

上野誠ほか『万葉集の基礎知識』角川書店、二〇二一年

・『万葉集』についてわかりやすく解説した入門書。書誌学や歴史学にも言及されている。

中西進『万葉集　全訳注原文付』一～四、講談社、一九七八年

・『万葉集』全歌の漢字本文・読み下し文・現代語訳に脚注を付した本。文庫本で持ち運びにも便利。別巻の『万葉集事典』も

有用である。

関連資料館等

①奈良県立橿原考古学研究所附属博物館
②奈良県立万葉文化館
③奈良文化財研究所 飛鳥資料館
④奈良文化財研究所 藤原宮跡資料室

①

②

③

④

黄泉の国の世界観
――装飾古墳と葬送――

三舟隆之

一　黄泉の国の世界

イザナギ・イザナミの命と黄泉の国

誰でも「あの世」には関心があるであろう。この世に生まれた限りは、いずれ行くことになるところだからだ。『古事記』『日本書紀』によれば、イザナギ・イザナミの二人の神は最初に淡路島を作り、その後日本列島を作ったとされ、さらにさまざまな神を生み出した。しかし火の神を生んで火傷をしたイザナミは、イザナギの看病の甲斐もなく亡くなってしまい、出雲の国と伯耆の国の境にある比婆山《ひばやま》に葬られた。その後もイザナミのことを忘れられないイザナギは、とうとうイザナミのいる黄泉の国を訪れた。

イザナギがイザナミに元の地上の国に戻るよう懇願したところ、黄泉の国の食べ物を食べたら戻れないと言いながら、しばしの猶予を請うて「絶対に私の姿を見ないで」と約束させる。しかし待ちきれなかったイザナギが黄泉の国を覗いてみると、そこにはイザナミの腐りかけた体にウジが湧いている醜い姿があった。怒ったイザナミはイザナギを殺せと黄泉醜女《よもつしこめ》たちに命じたが、イザナギは桃の実を投げて退散させ、ついにイザナギは黄泉平坂《よもつひらさか》に大岩を引っ張ってきて、それで黄泉の国と地上の世界の間をふさいでしまった。

黄泉の国の情景

この神話の黄泉の国の情景は、殯《もがり》をして遺体を安置し、その入口を閉塞石で閉じた、古墳時代後期にみられる横穴石室を暗示しているといわれている。実際、横穴石室を調査すると、被葬者が生前身につけていた装身具などのほかに、須恵器の坏・壺などの食膳具が副葬されている例があり、黄泉国の食べ物の存在を想像させる。

香川県善通寺市の宮《みや》が尾《お》古墳は七世紀初頭に造られた古墳で、主体部長九㍍《メートル》の両袖式横穴石室の壁面には線刻画が描かれており、羨道《せんどう》に二体の武人像、玄室の奥壁に人物や騎馬人物、そして漕ぎ手と鳥を載せたゴンドラ式の船と何艘かの船団などが克明に描かれている。そして小屋のなかに横たわる人物を取り巻く人々の様子は、古代の殯を描いたものと考えられている。

二　死者の世界

壁画古墳と装飾古墳

古墳に副葬されたさまざまな副葬品のほかに、死者の世界をうかがうことができるのが古墳の石室に描かれた壁画である。七世紀末に築造された壁画古墳では、高松塚《たかまつづか》古墳やキトラ古墳に天文図や四神図・人物像などが描かれ、葬られた人物の高貴性を推測することができるとともに、それらの壁画が中国・朝鮮半島からの影響を受けていることが知られる。

一方、五世紀初頭から六世紀にかけて、古墳の石室内に内部の壁や石棺に浮き彫り・線刻・彩色などの装飾のあるものが九州や東国にみられ、これらは装飾古墳と称される。古墳のなかに装飾を施したり絵を描く点は、壁画古墳と共通する。しかし中国や朝鮮半島の壁画古墳が被葬者の生前の日常生活の場面を描くものが多く現世的

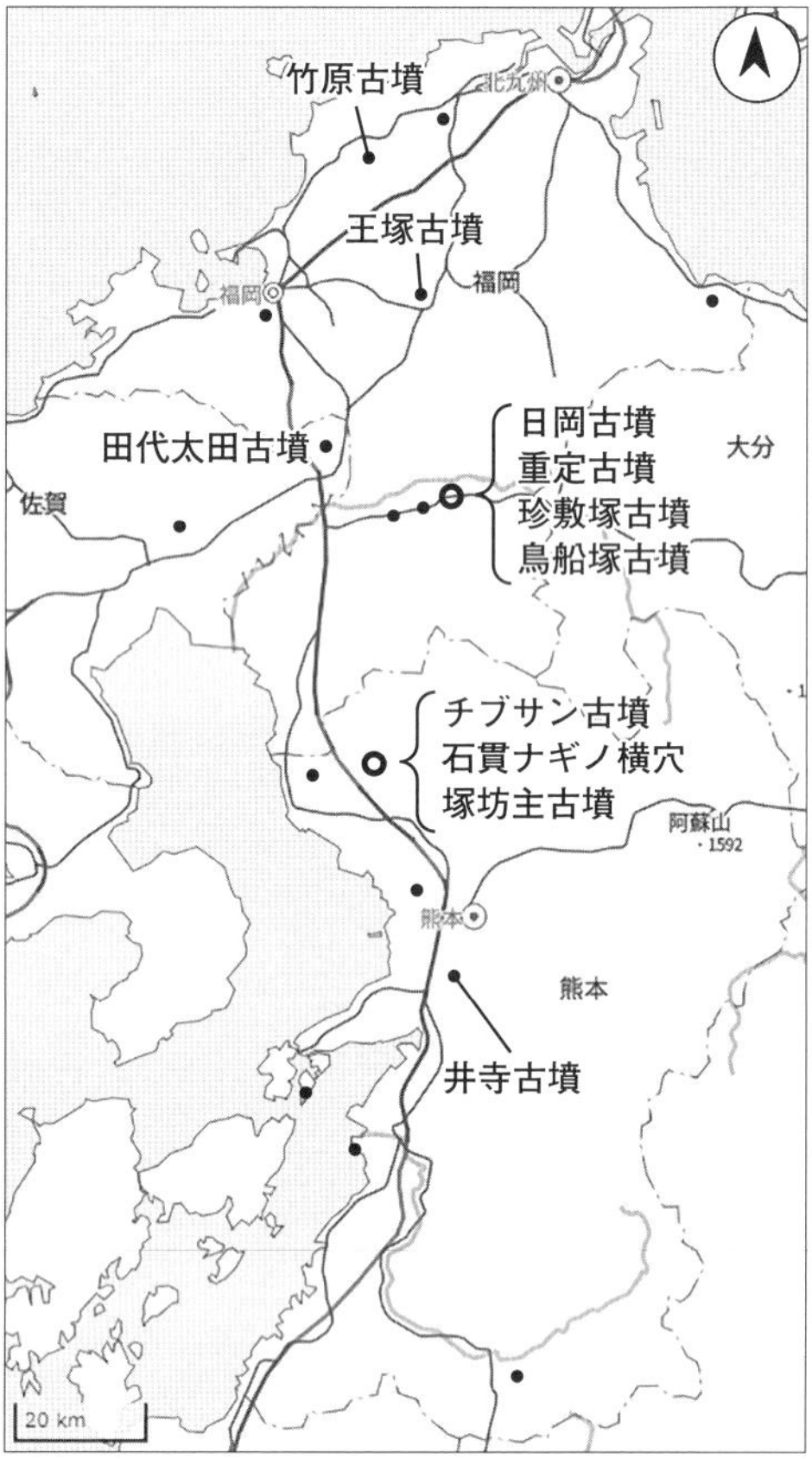

九州の装飾古墳

な絵画表現に対し、日本の装飾古墳に描かれた文様は、幾何学的な直弧文《ちょっこもん》のほかに蕨手文《わらびてもん》や円文・同心円文・連続三角文などがあり、日本独自の表現である。これらの絵や図が何を表現しているかは不明であるが、日本独自の死後の世界を表していると思われる。その他には盾・甲冑・刀や靫《ゆぎ》（矢筒）などの武器・武具を表しているものがあって、当時の古墳に収められた副葬品と変わらないことから考えると、円文は鏡を表すとも考えられる。そのほかにも人物・馬・鳥・ヒキガエルなどを表したものもあり、また幾何学文様もさまざまに装飾されている。次にそれを地域ごとに具体的にみていこう。

九州の装飾古墳

九州地方は装飾古墳が多い地域で、とりわけ福岡県筑後川流域と熊本県菊池川流域などに集中する。福岡県では、まず有名な装飾古墳は福岡県桂川《けいせん》町にある王塚《おうづか》古墳で、全長八六メートルの前方後円墳である。壁画は横穴石室の前室の全面に描かれ、三角形文・蕨手文などのほかには武器・武具・騎馬人物像が描かれており、被葬者の奥津《おくつ》城《き》の世界をうかがい知ることができる。宮若市に所在する六世紀後半の竹原《たけはら》古墳も、横穴石室の奥壁に人物や馬、「翳《さしば》」と呼ばれる日よけや波の図柄が描かれているが、とくに龍や朱雀・玄武などの中国的な思想も見受けられる。このような人物や騎馬が描かれている装飾古墳には、筑紫野市五郎山《ごろうやま》古墳や佐賀県鳥栖《とす》市田代太田《たしろおおた》古墳がある。武器や武具が描かれた装飾古墳にはうきは市浮羽町の重定《しげさだ》古墳の靫《さや》があるが、一方で鳥や船を描いたものもある。同じうきは市吉井町の珍《めずら》敷《し》塚《づか》古墳では、太陽のほかに鳥が舳先に止まった船と棹を差す人物、ヒキガエルや靫、大形蕨手文などが描かれており、「天之鳥船」を連想させる。同様に船が描かれた装飾古墳には同町の鳥船塚《とりふねづか》古墳・日岡《ひのおか》古墳があり、このうち日岡古墳では多数の同心円文や三角形文も描かれ、その他靫や大刀、馬・魚などの絵も描かれている。このように筑後川流域には多数の装飾古墳が所在し、王塚古墳は一般公開日に見学することができる。

竹原古墳の壁画

　福岡県と同様に装飾古墳が集中するのは、熊本県である。熊本県では菊池川流域に「ワカタケル大王（雄略《ゆうりゃく》天皇）」の銘文である銀象嵌銘《ぎんぞうがんめい》大刀が出土した江田船山《えたふなやま》古墳が有名であるが、装飾古墳である塚坊主《つかぼうず》古墳が隣接する。山鹿市にも装飾古墳が集中し、なかでもチブサン古墳は六世紀前半の前方後

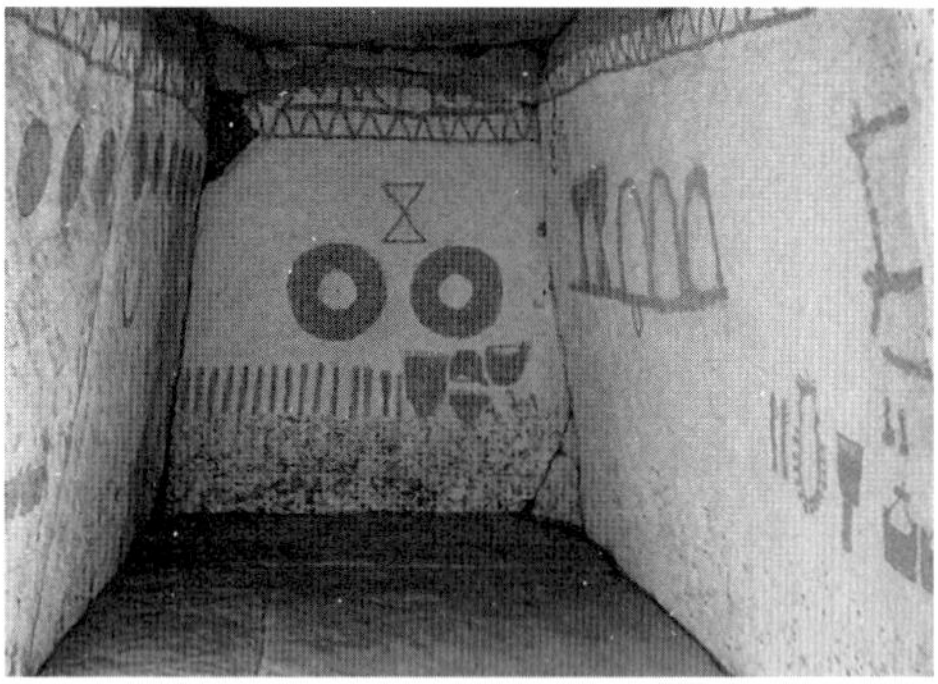

虎塚古墳の壁画

円墳で、横穴石室に収められている家型石棺の内壁に、黒・赤・白色の円文や三角文・菱形文が描かれている。同様な装飾古墳には弁慶ヶ穴《べんけいがあな》古墳があり、こちらには同様な同心円文や菱形文のほかに馬や人物も描かれている。このほか玉名市周辺には横穴墓群にも装飾古墳があり、石貫穴観音《いしぬきあなかんのん》横穴群や石貫ナギノ横穴群では円文や三角文のほかに大刀や船などの装飾があるものもあり、古墳の規模こそ違いはあるものの、内部の装飾の内容には共通点が多く、黄泉の世界は共通である。これらの装飾古墳については、熊本県立装飾古墳館でまず解説を受けるとよいであろう。

東国の装飾古墳

東国の装飾古墳で有名なのが、茨城県ひたちなか市の虎塚古墳である。虎塚古墳は七世紀初めに築造された墳丘全長五六メートルの前方後円墳で、昭和四十八年（一九七三）に明治大学教授の大塚初重を団長とする調査団によって発掘調査され、良好な遺存状態の壁画が発見された。板状の凝灰岩を組み合わせて構築された全長約九メートルの横穴石室の壁面に、幾何学文様や大刀・盾・靫などが描かれている。壁面には白土を塗ってその上にベンガラの赤色顔料で描いており、良好な保存状態である。奥壁には二個の環状文のほかに槍や鉾、矢と靫・大刀などの武器・武具、東壁にも武器・武具が描かれ、西壁には九個の円文が並ぶ。それぞれの壁の上部には連続三角文が描かれているが、三角文のなかまでは彩色されていない。

重要なのは、東京国立文化財研究所によって未開口状態の環境測定が行われたことである。その後昭和五十五年（一九八〇）に石室の保存施設が完成して、現在まで環境管理が行われ、その管理の下で年二回一般公開が行われている。古墳の壁画の保存は難しく、国の特別史跡で国宝になっている壁画ですらカビによる劣化が進んだ例があるなか、自治体の努力で管理されて年二回一般公開されて見学できることは大変喜ばしい。

このほかの東国の装飾古墳には、七世紀中葉から後半の方墳である埼玉県行田市地蔵塚《じぞうづか》古墳に、烏帽子《えぼし》を被った人物、馬、水鳥、家と思われる線刻が認められる。また同じ時期の八角墳である茨城県水戸市吉田古墳にも、靫や刀子・鉾・鉄刀などの線刻が認められる。さらに北では福島県西白河郡泉崎村の泉崎横穴墓や双葉郡双葉町の清戸迫《きよとさく》横穴などには、人物や馬などの動物、渦巻き文などが赤色で描かれている。このうち清戸迫横穴は、以前は一般公開が行われていたが、現在は福島第一原発の事故で帰還困難区域内にあり、見学はできない。

東国の装飾古墳

装飾古墳の地域性

日本における装飾古墳は九州・東国に多く分布し、反対に畿内では大阪府柏原市の高井田《たかいだ》横穴墓群以外にはみられない。そのほかの地域では中国地方では岡山市千足《せんぞく》古墳、鳥取市梶山《かじやま》古墳、香川県善通寺市宮が尾古墳などに装飾古墳がみられる程度で、こうした装飾古墳の地域性を特定集団の移動によるものとする説や、装飾古墳のなかでも船や騎馬人物が描かれている点などから朝鮮半島などの影響を指摘する説もあるがよくわからない。

一方で古墳の内部に描かれている絵で、鏡や武器・武具・騎馬などの内容と、石室内に収められた鏡や武器・武具・馬具などの副葬品と異なるところはあまりないので、装飾古墳がほかの古墳と異なる葬送儀礼であるとはいえず、むしろ共通する葬送儀礼であるともいえる。

黄泉の国の世界

とすれば、むしろこれらの装飾古墳が出現する時期が五世紀初頭から始まり、六世紀を中心として七世紀代まで続くところに注目するべきであろう。すなわちこの時期に古墳の葬送儀礼を副葬品だけでなく、むしろ装飾古墳が日本独自のモチーフで死後の世界をビジュアル的に表したところに意義があるのではなかろうか。すなわち死後の世界というイメージがこの時期に成立しており、現世とは別の黄泉の世界というものが意識されていたことを示している。

また装飾のなかの幾何学文様や赤色という彩色、武人や武器・武具が多く描かれているところから、死者の世界を魔物から守るという意味も認められそうである。あるいは船の上に描かれた鳥は死者の霊魂が鳥に化し、もしくは鳥を水先案内人とし、死者の霊魂が船で運ばれて冥界に行くという観念を表しているともいわれている。弥生時代以降、船形木棺などもみられることから、船が異界に行く交通手段であるという認識があったのであろう。

いずれにせよ、現世とは違う冥界観が装飾古墳の時代には成立していたことが、装飾古墳の壁画などから知ることができる。この冥界観はやがて七・八世紀に神仙思想の浦島子の蓬萊山に代表される仙人世界や、仏教の伝来によって『日本霊異記』などにみえる異界としての地獄観が成立し、さらに平安時代に極楽浄土という異界が成立することによって、日本的な「あの世」が成立すると考えられるのではなかろうか。

参考文献

国立歴史民俗博物館編『装飾古墳が語るもの―古代日本人の心象風景―』吉川弘文館、一九九五年
・東アジアから日本各地の装飾古墳について、考古学や美術史などの分野からの解説がある基本的概説書。
柳沢一男『装飾古墳ガイドブック―九州の装飾古墳―』新泉社、二〇二二年
・九州の装飾古墳を中心に、その文様や石室構造などを解説する。写真や図が多く掲載されていてわかりやすい。
稲田健一『シリーズ遺跡を学ぶ　装飾古墳と海の交流―虎塚古墳・十五郎穴横穴墓群―』新泉社、二〇一九年
広瀬和雄「装飾古墳の変遷と意義―霊魂観の成立をめぐって―」『国立歴史民俗博物館研究報告』一五二、二〇〇九年
和田晴吾「古墳の他界観」『国立歴史民俗博物館研究報告』一五二、二〇〇九年

関連資料館等

①王塚装飾古墳館
②熊本県立装飾古墳館
③ひたちなか市埋蔵文化財調査センター

①

②

③

あとがき

二〇二四年三月、NHK総合テレビの人気番組「ブラタモリ」が惜しまれつつ終了した。タレントのタモリさんが、ナビゲーター（専門家）やアシスタントの方と街をぶらぶら散策し、建造物や観光スポット、行政地名や自然地形などに残された痕跡を辿りながら、その街の歴史・文化を探っていくという番組である。本書を手に取った方の中には、この番組をよく見ていたという方も多いのではないだろうか。私もその一人である。とくに二〇一五年からゴールデンタイムでレギュラー放送されるようになって以降は、毎週楽しみに見ていた。ちょうどその頃から仕事が忙しくなり、さらにコロナ禍が追い打ちをかけ、フィールドワーク（調査・巡見）に出かける機会がめっきり減ってしまったので、代わりにこの番組を見て「旅に出たい」という欲求を満たそうとしていたのかもしれない。

研究者仲間には驚くほどフットワークの軽い人が何人もいるので、私はどちらかというと書斎派（インドア派）に入るのだろうと思っている。ただそれでも昔から、遺跡・史跡巡りにはよく出かけていた。誰に教わったか忘れてしまったが、「昔の人と時間は共有できないが、場所は共有できる」のだ（同じようなことはタモリさんも言っていた）。だから、大学に入って研究者を志してからは、自分が発表で取り上げた場所にはできるだけ足を運ぶようにしてきた。卒業論文では、奈良盆地の南東にそびえる三輪山で行われた古代祭祀（神様に対するお祭り）をテーマにしたので、三輪山周辺に点在する三十ヵ所ほどの遺跡をすべて回った。一つ一つの遺跡を自分の足で歩いてみると、距離感、高低差、景観など、実際にその場に行ってみないとわからないことが山ほどあった。いままで書籍や論文で読んだことが、だんだん自分の血となり肉となっていくような気がした。きれいな円錐形の三輪山を眺めては、「邪馬台国はここにあったのだろうか……」とか、「壬申の乱の際にはこのあたりで戦いが行われたのだなぁ……」とか、いろいろ想像するのがまた楽しかった。こうした経験が、私の研究の出発点になっているように思う。

学生の頃は、国土地理院の紙地図や折りたたみ式の分県地図を持って出かけたのだが、専門書にしか載っていない遺跡や、埋め戻されてしまった遺跡などもあり、下調べが不十分だと目的地に辿り着けないこともあった。それに比べて、いまはスマホで手軽に地図が見られるし、現在地もすぐにわかる。少々マニアックな遺跡でも、旅行好きの人がブログで詳細な道順を写真付きで紹介してくれていたりするので、道に迷うこともほとんどなくなった。重たい専門書や発掘調査報告書などはスキャンしておき、タブレット端末に入れていけば現地でも確認できる。驚くほど簡単に、誰でも充実したフィールドワークができるようになった。

しかし当たり前だが、体調を崩したり、事故に遭ったりしては元も子もない。都市部の寺社仏閣を回るだけならよいかもしれないが、郊外の遺跡・史跡となると、たとえ整備されていても夏場は草木が生い茂るし、日陰がまったくなかったりもする。写真を撮ろうとして、雪で隠れたくぼみに足を取られることだってある。動物や虫にも気をつけなければならない。遠足の注意書きのようで恐縮だが、なるべく肌を露出しないようにし、歩きやすく滑りにくい靴を履くこと。両手を空けて歩くため、荷物はリュックサックにまとめること。水分補給を忘れずに。「せっかく来たのだから」ではなく、「また来ることもあるだろう」くらいの気持ちで、無理をしない。気軽に楽しめるようになったからこそ、きちんと準備をし、安全に無事に帰ってくることの大切さを改めて強調しておきたい。

さて、この『歩いて学ぶ日本古代史』シリーズ全三冊は、観光のためのガイドブックとは異なり、それぞれの遺跡・史跡の重要性を理解するために必要な知識を、最新の研究成果にもとづいて解説している。第一冊目となる本書には、弥生〜飛鳥時代を扱ったトピックを収録した。執筆は、各地域を専門とする研究者が担当した。冒頭で触れた「ブラタモリ」風に言えば、執筆者がナビゲーターとなってその地域を案内するので、みなさんは解説を読んで想像を膨らませ、そして実際に自分の足で歩き、現地に立ち、その場所で起こった歴史的な出来事に思いを馳せていただきたい。詳しく知りたいことが出てきた場合は、各トピックの末尾に挙げられた参考文献や、先に刊行された『テーマで学ぶ日本古代史』全二冊、『人物で学ぶ日本古代史』全三冊を参照すれば、古代史の魅力をより深く感じることができるだろう。

古代史の舞台へ出かけられる際、本書が少しでもお役に立てば幸いである。

二〇二四年十月

『歩いて学ぶ日本古代史』編集委員を代表して

鈴木正信

編集委員・執筆者紹介（生年／現職）五十音順

〈編集委員〉＊本書執筆者

鈴木正信（すずき　まさのぶ）＊　一九七七年／成城大学文芸学部教授
中村友一（なかむら　ともかず）＊　一九七二年／明治大学文学部准教授
仁藤敦史（にとう　あつし）　一九六〇年／国立歴史民俗博物館名誉教授
三舟隆之（みふね　たかゆき）＊　一九五九年／立教大学文学部特任教授

〈執筆者〉

荒井秀規（あらい　ひでき）　一九六〇年／明治大学文学部兼任講師
市　大樹（いち　ひろき）　一九七一年／大阪大学大学院人文学研究科教授
井上さやか（いのうえ　さやか）　一九七一年／奈良県立万葉文化館企画・研究係長
菊地照夫（きくち　てるお）　一九五九年／法政大学文学部兼任講師
鷺森浩幸（さぎもり　ひろゆき）　一九六〇年／帝塚山大学文学部教授
高橋明裕（たかはし　あきひろ）　一九六五年／立命館大学文学部非常勤講師
竹内　亮（たけうち　りょう）　一九七三年／武庫川女子大学文学部教授
田中史生（たなか　ふみお）　一九六七年／早稲田大学文学学術院教授

田中禎昭（たなか　よしあき）　一九六二年／専修大学文学部教授

中村光一（なかむら　てるかず）　一九六〇年／上武大学ビジネス情報学部教授

西本昌弘（にしもと　まさひろ）　一九五五年／関西大学名誉教授

仁藤智子（にとう　さとこ）　一九六三年／国士舘大学文学部教授

廣瀬　覚（ひろせ　さとる）　一九七五年／奈良文化財研究所飛鳥資料館古墳壁画室長

古市　晃（ふるいち　あきら）　一九七〇年／神戸大学大学院人文学研究科教授

水口幹記（みずぐち　もとき）　一九七〇年／立命館大学文学部教授

溝口優樹（みぞぐち　ゆうき）　一九八六年／中京大学教養教育研究院准教授

宮瀧交二（みやたき　こうじ）　一九六一年／大東文化大学文学部教授

吉松大志（よしまつ　ひろし）　一九八二年／宮内庁書陵部編修課皇室制度調査室主任研究官

歩いて学ぶ日本古代史　1
邪馬台国から大化改新まで

二〇二五年(令和七)一月一日　第一刷発行
二〇二五年(令和七)五月十日　第二刷発行

編　者　新古代史の会

発行者　吉川道郎

発行所　株式会社 吉川弘文館
郵便番号一一三―〇〇三三
東京都文京区本郷七丁目二番八号
電話〇三―三八一三―九一五一(代)
振替口座〇〇一〇〇―五―二四四番
https://www.yoshikawa-k.co.jp/

印刷・製本・装幀＝藤原印刷株式会社

ISBN978-4-642-06896-3

新古代史の会編

人物で学ぶ 日本古代史 全3巻

各1900円（税別）

①古墳・飛鳥時代編

Ⅰ ヤマト王権の形成

卑弥呼／神武天皇と崇神天皇／飯豊青皇女／神功皇后／応神天皇と仁徳天皇／雄略天皇／ヲワケとムリテ／葛城襲津彦／継体天皇／筑紫磐井／欽明天皇／大伴金村／物部守屋／善信尼／ヤマトタケル／箭括麻多智

Ⅱ 飛鳥時代の政争と人物

蘇我稲目・馬子・蝦夷・入鹿／推古天皇／聖徳太子／舒明天皇と山背大兄王／皇極（斉明）天皇／孝徳天皇／中臣鎌足／蘇我倉山田石川麻呂／鞍作止利／大生部多

Ⅲ 律令国家への胎動

天智天皇／天武天皇／持統天皇と文武天皇／道昭／余豊璋と百済王氏／義淵／額田王／那須葦提／大神高市麻呂／身毛広と村国男依

②奈良時代編

Ⅰ 平城京遷都と律令体制のはじまり

藤原不比等／県犬養橘三千代／元明天皇と元正天皇／他田日奉部神護／舎人親王と伊吉博徳／道慈／太安麻呂／伊福吉部徳足と飯高諸高／井真成／柿本人麻呂と山上憶良

吉川弘文館

Ⅱ　天平の時代

聖武天皇と藤原光明子／長屋王／奴池麻呂／橘諸兄／行基／吉備真備／玄昉／良弁と実忠／鑑真／菩提僊那／大伴家持／大伴坂上郎女と旅人／百済王敬福と高麗福信／大伴古麻呂と橘奈良麻呂／藤原広嗣／藤原四子／笠麻呂／石上宅嗣と淡海三船／吉志火麻呂

Ⅲ　藤原仲麻呂・道鏡の政権

孝謙・称徳天皇／藤原仲麻呂と淳仁天皇／道鏡／和気清麻呂と広虫／生江東人と安都雄足／光仁天皇と藤原百川／井上内親王／阿倍仲麻呂と藤原清河／伊治呰麻呂／浦島子と役小角／田中広虫女／道忠／景戒

③平安時代編

Ⅰ　平安遷都と仏教文化のひろがり

桓武天皇と早良親王／平城天皇と藤原薬子／嵯峨天皇／橘嘉智子／高丘親王（真如）／藤原冬嗣／坂上田村麻呂と阿弖流為／仁明天皇／藤原順子／壬生福正／最澄と空海／徳一／円仁と円珍／菅野真道／橘広相

Ⅱ　摂政・関白の登場と地方の争乱

清和天皇／藤原良房と基経／伴善男／藤原時平と忠平／宇多天皇と醍醐天皇／菅原道真／平将門／藤原秀郷／藤原純友／源高明／安倍晴明／奝然／良源と源信／藤原兼通と兼家／田中豊益

Ⅲ　摂関政治

藤原道長／藤原彰子と詮子／藤原頼通／清少納言と紫式部／平忠常／成尋／藤原実頼と実資／藤原元命／一条天皇と後三条天皇／藤原行成／源頼光と頼信

吉川弘文館

佐藤　信監修・新古代史の会編

各1900円（税別）

テーマで学ぶ日本古代史　全2冊

日本古代史を学ぼうとする人にその魅力を伝えるべく、気鋭の研究者が集い執筆した恰好の概説書。項目別にまとまり、授業のテキストにも最適な、古代史研究の魅力がつまった二冊。

政治・外交編

古代王権の成立と展開、律令制のしくみ、天皇制や貴族の登場、遣唐使など、政治や外交に関わる主要なテーマを、研究の蓄積や最新の成果にふれながらわかりやすく解説する。

社会・史料編

戸籍や土地制度、宗教や文化、「記紀」をはじめとする古代の史料などについて、研究の蓄積や最新の成果にふれつつわかりやすく解説。近年注目の交通史や災害史、女性史も取りあげる。

吉川弘文館